Dänemark

Jakob Hansen

MERIAN-TopTen

Höhepunkte, die Sie unbedingt sehen sollten

1 **Legoland (Billund)**
Beeindruckend, was man aus den bunten Plastikklötzchen so alles bauen kann (→ S. 39).

2 **Tivoli (Kopenhagen)**
Das Vorbild aller Vergnügungsparks, auch heute noch ein kurzweiliger Zeitvertreib (→ S. 50).

3 **ARoS (Århus)**
Århus ist zu Recht stolz auf sein neues Kunstmuseum, eine tolle Sammlung in einer bemerkenswerten Architektur (→ S. 84).

4 **Grenen (Skagen)**
Mit einem Bein steht man in der Nord-, mit dem anderen in der Ostsee (→ S. 95).

5 **Egeskov Slot (Svendborg)**
Hier gibt es das große Wasserschloss zu bestaunen, ein Oldtimermuseum und ein Labyrinth zu besuchen (→ S. 107).

6 **Kronborg Slot (Helsingør)**
Hier mussten die Schiffe früher ihren Zoll bezahlen, heute wandelt man durch beeindruckende Räume (→ S. 113).

7 **Louisiana Museum (Humlebæk)**
Das Museum für moderne Kunst hat dank Sammlung und Lage Vorbildcharakter (→ S. 114).

8 **Domkirke (Roskilde)**
Hier finden die Regenten Dänemarks ihre letzte Ruhe (→ S. 119).

9 **Møns Klint**
Am schönsten glänzen sie im Morgenlicht: die mächtigen Kreidefelsen – außerdem hält sich dann der Trubel in Grenzen (→ S. 130).

10 **Hammershus (Bornholm)**
Wer einst die Burg besaß, beherrschte die Insel (→ S. 135).

MERIAN-Tipps ⇢
finden Sie auf Seite 192

Inhalt

10 **MERIAN-TopTen**
Höhepunkte in Dänemark, die Sie unbedingt sehen sollten
← S. 1

10 **MERIAN-Tipps**
Tipps und Empfehlungen für Kenner und Individualisten
S. 192 →

Erläuterung der Symbole

Für Familien mit Kindern besonders geeignet

Diese Unterkünfte haben behindertengerechte Zimmer

CREDIT *Alle Kreditkarten werden akzeptiert*

Keine Kreditkarten werden akzeptiert

Preise für ein Doppelzimmer mit Frühstück in der Hauptsaison Mai bis September:
●●●● *ab 1400 DKK* ●● *bis 1100 DKK*
●●● *bis 1400 DKK* ● *bis 700 DKK*

Preise für ein Hauptgericht (ohne Getränke):
●●●● *ab 250 DKK* ●● *bis 150 DKK*
●●● *bis 250 DKK* ● *bis 80 DKK*

Karten und Pläne

Die Buchstaben-Zahlen-Kombinationen im Text verweisen auf die Planquadrate der Karten, z. B.
S. 176, B 2 Kartenatlas
Umschlagkarte hinten, a 5

Dänemark stellt sich vor

Dänemark ist bis auf den südlichen Teil komplett von Wasser umgeben. Die Gesamtlänge der Küsten beträgt etwa 7300 Kilometer. Fast 40 in Größe und Form unterschiedliche Leuchttürme weisen den Schiffen den Weg.

Smørrebrød und Aquavit, Fischerhäfen und endlose Strände, Hightech-Design und fröhliche Menschen – typische Klischees, die sich allerdings tatsächlich überall im Land bestätigen.

Am 14. Juni 1998 wurde Dänemark kleiner. Die Limousine der Königin zerriss das Band, die Brücke zwischen Fünen und Seeland war freigegeben. Aus der einstündigen Fährfahrt über den Großen Belt **(Storebælt)** war eine Autofahrt von wenigen Minuten geworden. Die Romantiker trauerten, die Eiligen jubelten.

Zwei Jahre später wurde Dänemark wieder größer. Die Brücke nach Schweden **(Øresundsbro)** wurde eröffnet. Und plötzlich war es nur noch ein zeitlicher Katzensprung hinüber nach Malmö. Man entdeckte Schonen wieder, das bis 1658 ja zu Dänemark gehört hatte. Das Phänomen von 1998 wiederholte sich. Besuchten damals die Seeländer auf der einen und die Fünen und Jüten auf der anderen Seite einander dank der Brücke nun sehr viel intensiver, so zog es plötzlich die Schweden in wahren Scharen nach Kopenhagen. Heute ist der Trend umgekehrt, Einkaufen und Wohnen ist in Schweden günstiger, mehr und mehr Dänen pendeln. Das Land der Fähren war zum Land der Brücken geworden und veränderte seinen Charakter.

Skepsis und Innovation

Man mag darüber lachen, zu wie vielen jahrelangen Diskussionen der Brückenbau geführt hat. Doch wird hier auch eine Skepsis der Dänen vor allzu viel Fortschrittswahn deutlich. Sie fragen sich: Muss wirklich alles sein, was möglich ist?

Sehr sorgsam wägt man ab. Dient eine neue Idee wirklich allen Menschen, den großen wie den kleinen, den reichen wie den armen? Zieht sie die Umwelt in Mitleidenschaft? Wird der hohe soziale und kulturelle Standard eventuell gefährdet?

Überlegungen, die zu Sonderrollen führen. So zum Beispiel in der EU. Dänemark ist dabei, hat sich aber Ausnahmeregelungen erkämpfen können. So dürfen Ausländer zum Beispiel keine Sommerhäuser erwerben. Auch beim Euro macht man vorerst nicht mit. Die Skepsis der Dänen gegenüber der EU ist immens, man will sich schließlich von den Bürokraten in Brüssel nicht das Erreichte nehmen lassen.

Unterstrichen wird der Eindruck des national Orientierten auch durch andere Dinge. So weht immer und überall der **Danebrog**, die Fahne der Dänen. Sie fiel 1219 der Legende nach während der Schlacht bei Reval vom Himmel und gilt heute als älteste Nationalfahne der Welt. Und wer sich die Fernsehnachrichten anschaut, wird feststellen, dass sich mindestens 80 Prozent der Berichterstattung auf dänische Themen konzentrieren.

Andererseits gibt es aber sehr innovative dänische Firmen, die weltweit agieren und großes Ansehen genießen. Carlsberg-Tuborg etwa, einer der größten Bierbrauer der Erde. Die Pharmafirma Novo Nordisk gehört zu diesem Kreis, der Fensterhersteller Velux, die Firmengruppe Mærsk, die Hightech-Schmiede Bang & Olufsen, der Thermostatproduzent Danfoss, der Verbandhersteller Coloplast, der Hörgerätefabrikant Oticon, der Fleischverarbeiter Danish Crown, Lego natürlich auch.

Land der Kontraste

Dieser Kontrast zwischen Weltoffenheit und Provinzialität wird aber auch deutlich, wenn man durch das Land fährt. Ambitionierte Bauten wie die Brücken über Storebælt und Øresund, ein renommiertes Kunstmuseum wie Louisiana oder das hoch angesehene Königshaus atmen den Hauch der großen weiten Welt. Wie war man in Kopenhagen doch stolz, als endlich die U-Bahn starten konnte, nun befand man sich in einer Liga mit London und New York. Auf der anderen Seite aber die jütische Provinz, die abends menschenleer zu sein scheint. Kleine Fischerhäfen, die bei Sonnenschein bezaubernd, im Regen zuweilen eher deprimierend wirken. Und wer abseits der Hauptstraßen fährt, sieht plötzlich Autos vor sich, die einem Oldtimermuseum entstammen könnten.

Sicherlich ist es aber auch dieser Kontrast, der viele Urlauber reizt. Wer will, kann in Kopenhagen oder Århus großartig shoppen, in Silkeborg, Randers oder Odense Kunst von Weltrang sehen, in Roskilde und Ribe den Spuren der Wikinger folgen. Wer einfach nur relaxen mag, gibt sich schlicht der Landschaft hin. Den weiten wilden Stränden der Nordsee oder den bedächtigeren der Ostsee. Radelt entspannt in diesem vergleichsweise flachen Land. Schaut den Fischern in den Häfen zu. Oder macht es sich einfach im Ferienhaus bequem.

Was vielen Besuchern aber auch imponiert, das ist die Toleranz der Dänen. Großzügigkeit wird groß geschrieben, niemand wird ausgegrenzt. Sehr viel stärker als in den meisten anderen Ländern wird etwa auf Schwerbeschädigte Rücksicht genommen, werden Bauten ihren Bedürfnissen angepasst. Die Freigabe

Idylle mit Rissen

der Pornografie oder die legale Heirat Homosexueller haben Dänemark den Ruf großer Toleranz verschafft. Da mutete es schon kurios an, dass im Herbst 2005 extra das Grundgesetz geändert werden sollte, für den Fall, dass der Erstgeborene des Kronprinzen Fredrik und seiner Gemahlin Mary weiblich sein sollte. Denn bislang konnten Frauen nur dann den Thron besteigen, wenn sie keinen Bruder hatten. Kein Wunder, dass es also bislang nur zwei Königinnen gegeben hatte. Aber man wunderte sich. Diesen unemanzipatorischen Paragrafen hatten die Dänen noch nicht geändert?

Wer die Toleranz missbraucht, muss dann auch mit ebenso heftigen Gegenreaktionen rechnen. Ein Beispiel: Der Versuch manch Deutscher, mit Trickserein doch ein Ferienhaus

Der Nyhavn, der alte Hafen in Kopenhagen, ist besonders im Sommerhalbjahr ein beliebter Treff für Kopenhagener wie für Besucher.

Der zeitgenössische Künstler Wiig Hansen hat das imposante Ensemble »Menschen begegnen dem Meer« geschaffen: Vier je neun Meter große Statuen aus weißem Beton blicken im Norden von Esbjerg über die See.

erwerben zu können, wird von den Einheimischen massiv bekämpft. Da wird das entsprechende Haus dann genau beäugt, wird den Behörden Meldung gemacht, und flugs erreicht den illegalen Besitzer die Aufforderung, sein Haus binnen sechs Monaten zu veräußern, andernfalls drohe die Enteignung.

Dänen und Deutsche

Ein Hort der Harmonie also, eine Welt voller Glück und Gerechtigkeit? Nein, das ganz sicherlich nicht. Der Urlauber, der für ein paar Wochen in seinem Ferienhaus in Løkken oder Gilleleje Entspannung sucht, wird von den Rissen in der Wohlstandsgesellschaft Dänemark nichts merken. Doch natürlich gibt es auch hier Alltagsgewalt und Kleinkriminalität. Insbesondere Kopenhagen und Århus besitzen auch problematische Wohnviertel. Der Rockerkrieg, der Mitte der 1990er in ganz Europa wahrgenommen wurde, zog plötzlich auch normale Bürger in Mitleidenschaft. Und natürlich sind nach dem 11. September 2001 auch in Dänemark die Diskussionen aufgeflammt, wie viel Toleranz gegenüber gewaltbereiten Fanatikern richtig ist. Denn traditionell lässt man jeden agieren, selbst Neo-Nazis können einen Radiosender betreiben.

Goldene Zeiten

Die Diskussion gewann an Intensität, als Dänemark die Amerikaner mit eigenen Truppen im Irak-Krieg unterstützte. Denn nun drohten die Terroristen mit Rache innerhalb der dänischen Grenzen. Viele Dänen haben sich deshalb fremdenfeindlichen Parteien wie der Dansk Folkeparti angeschlossen, sie ist meist mit über 10 % der Stimmen im Parlament vertreten. Nicht zuletzt, weil auch die Boulevardpresse teilweise eine entsprechende Stimmung schuf.

In ihrer vom ganzen Volk alljährlich mit großer Aufmerksamkeit verfolgten Neujahrsansprache warnt Königin Margarethe II. immer wieder davor, nicht in Selbstzufriedenheit zu verfallen und kritische Entwicklungen zu übersehen. Durch ihre offene Art ist die Königin im Übrigen die beste Garantin für das Fortleben der Monarchie. Ein Fortleben, das die Dänen schätzen und brauchen, nicht zuletzt, weil es auch an einst bessere Zeiten erinnert.

Die besseren Zeiten, das waren natürlich jene der Wikinger, als diese auf Europas Meeren für Angst und Schrecken sorgten und Skandinavien ein wirkliches Machtzentrum war. Noch mehr Bedeutung im öffentlichen Bewusstsein hat mittlerweile das »Goldene Zeitalter« gewonnen, das die erste Hälfte des 19. Jahrhunderts prägte. Maler wie Eckersberg, Købke und Rørbye stellten das Land in absoluter Harmonie und Schönheit dar, alles war gut. Dieser Geist übertrug sich auf das Alltagsleben – zumindest derer, die es sich leisten konnten. Mittlerweile wird diese Zeit immer stärker verklärt, erreichen Bilder der genannten Maler Höchstpreise bei Auktionen.

Was danach kam, war denn auch ein Niedergang in Etappen. Ein Niedergang, der sich an den Deutschen manifestiert. Geliebt hat man sie und gehasst. Man hat einander erobert. Immerhin waren die Dänen über Jahrhunderte hinweg nicht nur eine weltweit bedeutende Handelsmacht, sondern auch die Herrscher Skandinaviens. Dort allerdings immer im Streit mit den Schweden. Noch Mitte des vorigen Jahrhunderts erstreckte sich Dänemark bis hinunter an die Elbe. Glückstadt etwa ist eine dänische Gründung. In Schleswig-Holstein zeugen unter anderem noch Dörfer mit der Endung »-by« von dänischer Herrschaft. Mit den Napoleonischen Kriegen verlor Dänemark den Schweden gegenüber an Bedeutung. Die Auseinandersetzung mit Preußen und die Niederlage 1864 bei den Düppeler Schanzen leitete den weiteren Abstieg ein. Plötzlich reichte das Deutsche Reich bis nach Ribe hinauf.

Der Versailler Vertrag zog die neue Grenze weiter im Süden. Das Dritte Reich revidierte diese Entscheidung von 1939 bis 1945 und besetzte das Land. Der König blieb, wo er war. Man versuchte durch schlichte Nichtbeachtung mit den Besatzern auszukommen. Und organisierte den Widerstand im Kleinen. Wirksam wurden Transportverbindungen zerstört oder Juden in aller Heimlichkeit nach Schweden gebracht.

Wohin nun?

Nach dem Krieg beäugte man sich voller Misstrauen. Die Wut auf die Deutschen währte lange. Offiziell einigte man sich allerdings bald auf gegenseitigen Minderheitenschutz, der zum Vorbild für ganz Europa wurde. Die Deutschen in Dänemark konnten sich ebenso akzeptiert fühlen wie die Dänen in Deutschland.

Erst mit der Wiedervereinigung kam erneut Skepsis auf. Wie können fünf Millionen Dänen sich neben 80 Millionen Deutschen behaupten? Das erste Nein zu den Maastrichter Verträgen war nicht zuletzt auch ein Misstrauen gegenüber der deutschen Führungsrolle in Europa.

Inzwischen hat sich Europa weiterentwickelt, osteuropäische Länder sind hinzugekommen. Länder, zu denen sich Dänemark hingezogen fühlt. Man hat deshalb nach dem Fall des Eisernen Vorhangs bald Kontakte nach Polen und insbesondere ins Baltikum aufgenommen. Hat diese Länder in ihrem Demokratisierungsprozess unterstützt. Und hat natürlich alle Handelschancen genutzt. Den Ostseeanrainern fühlt man sich eben stärker verbunden als vielleicht Italien oder Portugal.

Diese Entwicklung hat viele positive Folgen gehabt, aber auch manche bittere. Viele Produktionskapazitäten sind nämlich in diese Länder ausgelagert worden. Doch der positive Eindruck überwiegt.

Zugleich schaut man etwas neidisch auf Norwegen. Das Land, das einst zu Dänemark gehörte, schwimmt dank seiner Ölreserven im Geld. Auch Dänemark verdient an seiner Ölförderung in der Nordsee nicht schlecht. Doch natürlich hofft man, rund um die Færøer oder vor Grønland ebenfalls spektakuläre Rohstofffunde zu machen. Beide Inseln gehören zu Dänemark. Doch hat man ihnen weitgehend die Autonomie gewährt. Natürlich wird mit der Krone bezahlt und ist die Krone das Staatsoberhaupt. Doch im politischen Alltag besitzen beide Insel größtmögliche Freiheiten.

Gerade auf den Færøern wird gerne diskutiert, sich ganz von Dänemark zu lösen. Andererseits schwankt die wirtschaftliche Situation der Inselgruppe stark, da ist es vielleicht doch besser, eine zahlungskräftige Mutter im Hintergrund zu wissen. Die **Færøer** bestehen aus 18 Inseln, auf denen ca. 35 000 Menschen leben. Im Dezember nähert sich das Thermometer schon mal dem Gefrierpunkt, im August kommt es nur mühsam über die 10 °Celsius. Mild ist es hier also. Bis nach Kopenhagen sind es ca. 1500 Kilometer. Grønland ist die größte Insel der Welt, sie ist ca. 50-mal so groß wie das Mutterland. Die Insel ist in erster Linie im Westen bewohnt, wo es im Winter schnell - 25 °Celsius wird, im Sommer dann immerhin so 7 °Celsius. 55 000 Menschen leben auf der Insel. Beide Inseln werden in diesem Buch nicht weiter vorgestellt.

Vielleicht, ja vielleicht findet man hier also Rohstoffe, die den dänischen Wohlstand mehren könnten. So lange positioniert man sich stolz als kleines, feines Land mitten in Europa. Man definiert sich als wohlhabend, tolerant und innovativ und sieht sich in einer Liga mit den Niederlanden, denen ganz ähnliche Attribute zugedacht werden.

Das Netz des Wohlfahrtsstaates ist dicht geknüpft, der Umweltschutz nimmt breiten Raum ein, die Korruption im Wirtschaftsleben ist minimal, der Lebensstandard hoch. Die wirtschaftlichen Krisen, die viele Länder Europas nach dem Platzen der New-Economy-Blase erschütterten, hat man bestens bewältigt. Dazu wurde

Die Küste Nordjütlands ist für ausgedehnte Strandspaziergänge wie geschaffen. Steile Felsabbrüche wechseln sich mit sandigen Buchten ab.

eine aktive Arbeitsmarktpolitik betrieben, die den Einzelnen förderte, von ihm aber auch einiges forderte.

Die Nahrungsmittel sind recht uniform, das ist ein wohl berechtigter Einwand. Bei Milch und Käse dominiert z. B. Arla, beim Bier Carlsberg-Tuborg, egal wo man hinkommt, überall das fast identische Angebot.

Doch das scheint die Besucher nicht zu stören. Ganz im Gegenteil, dänische Atmosphäre und somit auch dänische Lebensmittel sind begehrt. der tägliche Pølser gehört zum gerne absolvierten Pflichtprogramm. Und wo reisen diese Besucher hin?

Die Insel Fünen wird wegen ihrer fruchtbaren Landschaft auch »Garten Dänemarks« genannt.

Die touristische Entwicklung ist doch recht unterschiedlich. Die Dänen selbst urlauben gerne in **Nord-Seeland** und **Nord-Jütland**, wer ein Haus in Skagen besitzt, gewinnt durchaus an Ansehen. Die Schweden schätzen **Seeland** und **Bornholm**, auf Fünen sieht man vergleichsweise viele Holländer. Und die Deutschen? Bornholm wird sehr gerne angesteuert, die »Sonnenscheininsel« hat viele Stammkunden, Radler finden ideale Bedingungen vor. Noch unentdeckt scheinen **Lolland** und **Falster**, vielleicht bieten sie zu wenig spektakuläre Höhepunkte. **Møn** bietet da mehr, so zum Beispiel die berühmten Kreidefelsen und interessante Kirchen, doch ist die Qualität der Strände höchst unterschiedlich. Seelands Nordküste hingegen ist herrlich und weist ein attraktives Hinterland mit Schlössern wie Kronborg in Helsingør oder Frederiksborg in Hillerød auf. Vielen ist der Weg aber zu weit. **Fünen** ist ein Schmuckstück, das gerade Radler gerne aufsuchen. Odense und Faaborg, Wasserschloss Egeskov und Valdemars Schloss, die Rundkirche in Horne und das Johannes-Larsen-Museum in Kerteminde, hier besitzt jede Ecke ihre Reize. Entsprechend viel besucht ist die Insel. Der Osten Jütlands ist mit Randers und Vejle, Aalborg und Århus, Frederikshavn und Skagen sehr städtisch, braucht seine Strände aber auch nicht zu verstecken. Das Landesinnere glänzt unter anderem mit der Seenplatte bei Silkeborg, den Runensteinen von Jelling und natürlich dem Legoland bei Billund. All das sind typische Ausflugsziele. Doch die Mehrheit der deutschen Urlauber zieht es an die **jütische Westküste** mit ihren langen, weiten Stränden.

Dänemark ist kein billiges Reiseland, für deutlich weniger Geld kann man ans Mittelmeer reisen. Dennoch kommen Jahr für Jahr Menschen wieder hierher. Weshalb? Vielleicht, weil sie eben nicht in Bettenburgen eingepfercht werden wollen. Weil sie Weite und Entspannung suchen, ein wenig Kultur, Geschäfte mit geschmackvoller Ware. Und weil sie gerne den hier lebenden freundlichen Menschen begegnen.

Gewusst wo...

Ferienhäuser gibt es für jeden Geschmack und Geldbeutel – die luxuriösesten, wie hier die reetgedeckte Version, sind am schnellsten ausgebucht. Doch auch wer weniger ausgeben möchte, findet ein breites Angebot hübscher Quartiere vor.

Landgasthof oder Luxushotel, Pølser oder Smørrebrød, Keramik oder Designerstuhl, Radeln oder Golfen, Legoland oder Haifischbecken – Urlaub in Dänemark erfüllt einfach jeden Wunsch.

Übernachten

Das ganze Land ist gut bestückt mit Ferienhäusern, Hotels und Landgasthöfen, »kroer« genannt.

Wer ein Faible für besonderes Ambiente hat, wird sich im Admiral Hotel in Kopenhagen wohl fühlen: Das ehemalige Lagerhaus aus dem Jahr 1787 liegt direkt am Hafen und bietet neben »gehobenem« Luxus auch einen exklusiven Ausblick.

Hotels spielen für Dänemark-Urlauber keine so große Rolle wie in anderen Ländern. Stattdessen prägen Sommerhäuser, Campingplätze oder auch kleinere Pensionen die dänische Urlaubslandschaft.

Dies allein mit finanziellen Aspekten zu begründen wäre sicherlich nicht richtig. Denn längst haben auch dänische **Ferienhäuser** Preise erreicht, die den Normalverdiener mitunter erschaudern lassen. Da werden in der Hochsaison an der jütischen Westküste mindestens 1000 € pro Woche verlangt, Luxushäuser (mit Sauna, Solarium, Whirlpool, Schwimmbad) für 1750 € pro Woche sind keine Seltenheit. Als Krönung hat man über die Hauptsaison im Sommer noch eine Extra-Hauptsaison gestellt, nämlich die Woche über den Jahreswechsel. Man weiß, dass viele Menschen gerade Silvester gerne in Dänemark feiern. Und so ist diese Woche noch teurer als die Sommersaison.

Erstaunlicherweise sind gerade die teuren Häuser die beliebtesten. Einer Statistik zufolge sind normale Ferienhäuser ca. 25 Wochen im Jahr ausgebucht, Luxushäuser aber 50 Wochen. Dies liegt nun keineswegs am Reichtum der Touristen, sondern schlicht daran, dass sich Familien zusammenschließen und diese meist sehr großen Häuser gemeinsam mieten. Dennoch wachsen auch in Dänemark die Bäume nicht in den Himmel, und so ist die Zahl der Ferienhausbuchungen rückläufig gewesen. Es wird nicht mehr jeder Preis akzeptiert. Dennoch gilt die alte Regel: Wer wirklich sicher sein möchte, das Haus seiner Wahl zu bekommen, sollte sich möglichst elf Monate vorher entscheiden zu buchen. Ab Januar sind für den Sommer zumeist nur noch »Reste« erhältlich. Ähnliches gilt im Übrigen auch für die Zeit um Pfingsten und zum Jahreswechsel.

MERIAN-Favoriten
Die 10 besten Adressen

Admiral Hotel, Kopenhagen
Aus einem alten Speicher blickt man auf Hafen und die neue Oper (→ S. 43).

Hotel d'Angleterre, Kopenhagen
Der Klassiker am Kongens Nytorv, teuer und schick (→ S. 43).

Hotel Dagmar, Ribe
Das älteste Hotel des Landes in der ältesten Stadt des Landes (→ S. 65).

Den Gamle Arrest, Ribe
Schlafen in einem ehemaligen Gefängnis, origineller geht es nicht (→ S. 65).

Marselis, Århus
Südlich der Stadt wohnt man dicht am Wasser und nahe der königlichen Sommerresidenz (→ S. 82).

Låsby Kro, Låsby bei Silkeborg
Genau so stellt man sich den typisch dänischen Landgasthof vor (→ S. 88).

Scheelsminde, Aalborg
Edel und ruhig geht es auf diesem ehemaligen Schloss zu (→ S. 91).

Hesselet, Nyborg
Unmittelbar am Wasser und mit Blick auf die Brücke über den Großen Belt (→ S. 105).

Liselund Ny Slot, Møn
Nur wenige Meter von Møns Kreidefelsen nächtigt man im Schlosspark (→ S. 131).

Hotel Fredensborg, Rønne
Die Ostsee zu Füßen und nur fünf Autominuten zur Rønner Altstadt (→ S. 133).

Rechtzeitig reservieren

Das größte Angebot an Sommerhäusern bieten übrigens dänische Vermittler wie **Dan-Center** oder **Novasol**, deren Kataloge in zahlreichen hiesigen Reisebüros erhältlich sind. Daneben gibt es noch eine Vielzahl regionaler Büros, deren Adressen man entweder über das Dänische Fremdenverkehrsamt in Hamburg oder bei den regionalen Fremdenverkehrsämtern erhält.

Auch wer längere Zeit auf einem der ca. 520 dänischen **Campingplätze** bleiben möchte, sollte sich recht-

Nostalgisch und schlicht: Das Badehotel Svinkløv hat sich äußerlich den Charme »alter Tage« bewahrt. Innen beherbergt es ein mehrfach prämiertes Restaurant.

zeitig um einen Stellplatz kümmern. Wer hingegen nur mit einem kleinen Zelt von Campingplatz zu Campingplatz fährt, wird immer problemlos einen Platz bekommen. Das sehr dichte Netz an Zeltplätzen ist gerade für Radler sehr hilfreich, da man ohne große Schwierigkeiten umdisponieren kann, falls es Kondition oder Wetter nötig machen. Ein Zeltplatz ist immer in der Nähe.

Aufgeteilt sind die Campingplätze in fünf Kategorien (Sterne), fünf Sterne versprechen dabei den größten Luxus. Auf dem ersten Campingplatz muss man im Übrigen einen Campingpass erwerben, der pro Person umgerechnet 4 €, für die ganze Familie 8 € kostet. Empfehlenswert ist das Buch »Camping i Danmark«, denn es zeigt die Campingplätze zumeist im Luftbild, so dass man auf einen Blick z. B. sehen kann, wie groß der Platz ist, wie nah er zum Strand liegt oder ob es überhaupt schattige Ecken gibt. Dazu gibt es natürlich noch jede Menge weitere nützliche Erläuterungen.

Wer beim Stichwort **Jugendherberge** mit Grauen an seine Schulzeit zurückdenkt, wird in Dänemark eines Besseren belehrt. Die gut 100 dortigen Jugendherbergen sind zumeist modern eingerichtet, bieten Familien und zum Teil auch Pärchen eigene Zimmer, verbarrikadieren nicht um 22 Uhr die Eingänge und bieten ein hervorragendes Frühstück. Im Sommer sollten Sie allerdings möglichst frühzeitig reservieren.

Gemütliche Landgasthöfe

In der Kette »Dansk Kroferie« haben sich derzeit **Landgasthöfe** zusammengeschlossen, die mittels Schecksystem vergünstigte Übernachtungen in zumeist schöner ländlicher Umgebung anbieten. Damit auch Menschen, die in Städten übernachten wollen, an diesem System partizipieren können, hat man sich mit den Ketten »City Hotels« und »Classic Hotels« zusammengeschlossen. Insgesamt 87 Häuser kann diese Gemeinschaft nun zu einem guten Preis-Leistungs-Verhältnis anbieten. Die Schecks für diese variieren von 689 DKK für ein Doppelzimmer bis 1399 DKK für vier Personen im Familienzimmer, jeweils mit Frühstück. Teilweise sind noch Zuschläge zu zahlen, je nachdem wie gut das Haus ist. In aller Regel kann man in diesen Häusern auch gut essen, meist wird traditionelle dänische Küche angeboten.

Die ersten »kroer« – fast immer gemütliche, aber gepflegte Häuser mit viel Atmosphäre – hat es übrigens schon im 13. Jh. gegeben, später wurden sie im ganzen Land alle 20 km errichtet. Heute sind noch ca. 450 erhalten, von denen gut 100 königlich privilegiert sind. Sie liegen oft verkehrsgünstig an Landstraßen, an denen es aber dank der Autobahnen ruhiger geworden ist. Zu beachten ist nur, dass sie oft recht hellhörig sind und am Wochenende gerne für Feiern genutzt werden.

Informationen:
**Dansk Kroferie, Vejlevej 16,
8700 Horsens; Tel. 75 64 87 00,
Fax 75 64 87 20; www. krohotel.dk**

Dänische **Hotels** sind meist sehr schlicht und funktional eingerichtet, hier erwartet man keine Urlauber, sondern eher Geschäftsreisende. Und weil diese während der Sommermonate ausbleiben, senken die Hotels dann auch spürbar die Preise. Die meisten Hotels statten ihre Zimmer nur mit Bett, Schreibtisch und Fernseher aus. Selbst in teureren Häusern ist das der Fall. Die Badezimmer gleichen zuweilen eher Nasszellen. Saunalandschaften oder Fitnessräume sind eher selten. Das Frühstück ist in aller Regel auch recht standardisiert. Im Großraum Kopenhagen sind allerdings in den letzten Jahren einige vorzügliche Häuser hinzugekommen, hier entspricht das Angebot internationalem Standard.

Ferienhäuser und Campingplätze haben den Vorteil, dass man die langen Sommerabende noch in freier Natur genießen kann. Einfach im Garten liegen oder noch mit Fußball, Federball oder Minigolf aktiv sein, das unterscheidet den Dänemark-Urlauber vom Mittelmeer-Touristen, der sich abends im Hotelzimmer nur schnell für das Nachtleben frisch macht. Empfehlenswerte Hotels und andere Unterkünfte finden Sie jeweils bei den Orten im Kapitel »Unterwegs in Dänemark« beschrieben.

MERIAN-Tipp

1 Gemütlich: Svinkløv Badehotel

So ein richtig typisches klassisches Badehotel, einfach, aber gemütlich und liebevoll eingerichtet. Die Zimmer sind teilweise ohne Bad, die Küche ist sehr gut, und den Gast erwartet eine traumhafte Lage mit Blick auf Dünen, Strand und Nordsee. Das Haus hat viele, viele Stammgäste, reservieren Sie also so früh wie nur möglich. Bei längerem Aufenthalt gibt es sogar 10–15 % Rabatt.

Svinkløvvej 593, Svinkløv;
Tel. 98 21 17 02, Fax 98 21 70 38;
Mitte April–Sept. ●●

→ S. 176, C 2

Dieses einladende Schild schmückt einen der vielen dänischen Landgasthöfe, die auch Zimmer vermieten.

Essen und Trinken

Fisch und Fleisch, Kaffee und Bier prägen die dänische Küche. Weltberühmt ist das Smørrebrød.

Das Restaurant Falsled Kro zählt schon seit geraumer Zeit zu den besten Adressen in Dänemark. Hier wird französische Küche auf hohem Niveau serviert.

Der Schriftsteller Siegfried Lenz hat in einer Erzählung einmal sehr treffend beschrieben, wie er als Gast am dänischen Kaffeedurst gelitten hat. Spät war es, längst wollte er ins Bett, und immer wieder und ungefragt gossen seine Gastgeber Kaffee nach. Nicht ohne die Aufforderung, doch beim nächtlichen Kuchenessen ordentlich zuzulangen. Und das nach einem opulenten Abendbrot.

Die Dänen essen gerne, reichlich und gut. Begonnen wird morgens mit dem »morgenmad«, dem Frühstück, das sich nicht von dem uns bekannten unterscheidet. Gegen Mittag dann vielleicht schon der Höhepunkt des Tages, das »smørrebrød«. Eine dünne Scheibe Brot, darauf ein großes Salatblatt und darauf vielleicht Lachs oder Krabben, Pastete oder Roastbeef oder irgendetwas anderes, darauf entsprechend noch Zwiebeln, Sahne oder Preiselbeeren, vielleicht auch alles und noch viel mehr zusammen. Der Fantasie sind keinerlei Grenzen gesetzt. Entstanden sind diese Brote vor gut 100 Jahren als Grundlage für das vormittägliche Bier im Kopenhagener Lokal von Oscar Davidsen. Wer heute die volle Pracht des in der ganzen Welt berühmten »smørrebrøds« genießen will, sollte zu seinen Ursprüngen zurückkehren: in das Restaurant Ida Davidsen in Kopenhagen (→ S. 58). Ein allerdings nicht ganz preiswertes Vergnügen.

Gab es mittags »frokost«, gibt es abends »middag«. Fleisch prägt die dänische Küche sehr stark, jahrelang dominierte das Schweinefleisch, heute findet Lammfleisch immer stärkeres Interesse. Ständige Beigabe zum Essen ist traditionell die braune Sauce, die sich gleichermaßen über Gemüse und Fleisch ergießt. Allerdings hat sich auch in Dänemark der Trend zu gesundheitsbewusstem Essen durchgesetzt. Fettarm ist wichtig, und auf diese Weise versucht man auch die traditionelle Küche in die Moderne zu überführen.

MERIAN-Favoriten
Die 10 besten Adressen

Kong Hans Kælder, Kopenhagen
Seit vielen, vielen Jahren auf höchstem Niveau in der Hauptstadt (→ S. 56).

Restaurationen, Kopenhagen
Kompromisslose dänisch-französische Küche (→ S. 56).

Henne Kirkeby Kro, Henne
Der Dauerbrenner an der jütischen Westküste mit eigener Lammzucht (→ S. 75).

Molskroen, Ebeltoft
Oft gewagt und ungewöhnlich, aber immer für positive Überraschungen gut (→ S. 79).

Prins Ferdinand, Århus
Perfekte, zuweilen experimentierfreudige Küche am Freilichtmuseum (→ S. 84).

Van Koch, Århus
Die schwergewichtigen Zwillinge Koch bieten Perfektion zu gutem Preis (→ S. 85).

Mortens Kro, Aalborg
Cool, trendig, perfekt, am Wochenende mit DJ´s nach dem Essen (→ S. 92).

Rudolf Mathis, Kerteminde
Einer der Allerbesten, insbesondere für Fischgerichte (→ S. 105).

Falsled Kro, Millinge
Wahrlich exklusiv, französische Küche mit Übernachtungsmöglichkeit (→ S. 108).

Brasserie Truberg, Neksø
Der Boden mit Sand ausgelegt, lockere Stimmung und gutes Essen (→ S. 138).

Fleisch oder lieber Fisch?

Immer und überall gibt es selbstverständlich Fisch. Aber wo sonst sollte man ihn auch so frisch und günstig bekommen? In kleineren Hafenstädten kann man mitunter direkt zum Kutter gehen und den Fisch von Bord kaufen. Die gängisten Sorten sind Hering, Makrele, Aal, Scholle, Lachs, Dorsch und Seewolf.

Essengehen ist in Dänemark nicht gerade billig. Dabei sind die Es-

MERIAN-Tipp

2 Fein: Restaurant Fakkelgaarden

Dieses Feinschmecker-Restaurant befindet sich zwischen Flensburg und Sønderborg in dem wenige Kilometer hinter der Grenze liegenden Ort Kollund. Hier erwartet Sie dänisch-französische Küche vom Feinsten. Chefkoch Christian Bind lernte bei den legendären Brüdern Haeberlin im Elsass. Die Speisekarte wird bewusst klein gehalten, um die 1A-Qualität wahren zu können. Neben den tollen Fisch-Kreationen sind auch die Wildgerichte zu empfehlen. Dem Restaurant angeschlossen ist ein Hotel (●●).

Fjordvejen 44, Kollund;
Tel. 74 67 83 00 ●●● DINERS MASTER VISA

→ S. 178, C 8

senspreise mitunter noch ganz verträglich, doch durch die hohe Besteuerung des Alkohols summiert sich die Rechnung manchmal zu recht stolzen Höhen. Eine Alternative sind die Restaurants der Kaufhäuser, wo man eine schnelle und dennoch gute Küche zu moderaten Preisen genießen kann. Achten Sie insbesondere auf das Tagesgericht, »dagens ret«. Zum günstigen Festpreis servieren viele »kroer« auch das »Dan Menu«, das eine dreigängige Mahlzeit samt Getränk beinhaltet.

Wer es sich dann aber doch einmal leisten mag und richtig essen geht, dem steht in den Städten, zuweilen aber auch auf dem Lande ein überraschend vielseitiges Angebot zur Verfügung. Vor allem Kopenhagen weiß mit absoluter Spitzengastronomie aufzuwarten. Da wechseln Trends und Köche manchmal schneller, als man schauen kann. Wurde gestern noch die Ideen aus aller Welt sammelnde Fusionsküche bejubelt, so ist es heute die spanische Küche. Und morgen? Da erkochen sich zwei Köche die einzigen zwei Michelin-Sterne des Landes – und verkaufen das Restaurant zwei Monate später. Die Traditionalisten orientieren sich hingegen an der französischen Küche, die tatsächlich nach wie vor einen großen Einfluss auf die dänischen Köche ausübt. Die Mischung aus dänischer und französischer Küche ist in der Spitzengastronomie eigentlich

Typisch: die Würstchenbude

am häufigsten vertreten. Die bessere italienische Küche etwa hat sich in Dänemark nicht so durchsetzen können wie im deutschsprachigen Raum. Meistens bedeutet italienische Küche in Dänemark Spaghetti und Pizza.

Für den kleinen Hunger zwischendurch gibt es nur eine Alternative: die Würstchenbude, »pølsevogn« genannt. Sie finden den Pølserwagen in aller Regel an strategisch wichtigen Plätzen, also am Hafen, in Rathausnähe, am Markt etc. Dort können Sie zwischen Würstchenzubereitungen verschiedenster Art wählen. Ob nun ein roter »pølser« oder der uns farblich vertrautere »Hot dog«, gebraten oder gekocht, mit rohen oder gerösteten Zwiebeln, mit oder ohne Gurken, ob mit Remoulade, Ketchup und Senf oder oder oder, für jeden Ge-

Im Restaurant Fakkelgaarden genießen die Gäste auch im Freien, was die dänisch-französische Küche zu bieten hat.

schmack ist ein »pølser« dabei. Als Huldigung an die Neuzeit gibt es an den Würstchenbuden auch Hamburger, in der dänischen Variante »dansk bøf« genannt.

»Hamburgerryg« hingegen ist gekochtes Kassler, zu dem verschiedene Gemüse und Salzkartoffeln serviert werden. Andere landestypische Gerichte sind unter anderem Fischfrikadellen, gebratene Scholle (mit Krabben gefüllt), gekochter Dorsch mit harten Eiern und Salzkartoffeln, »ribbensteg« (Bauchstück mit Schwarte) mit Rotkohl und Kartoffeln, »biksemad« (eine Art Resteessen aus Kartoffeln und Fleisch), der Apfelkuchen aus Äpfeln, Paniermehl und Makronen sowie die berühmte Rote Grütze mit Sahne, deren dänische Bezeichnung gerne als Zungenbrecher an Besuchern ausprobiert wird: »rødgrød med fløde«.

Wer es überhaupt süßer mag, betrete eine »bageri«. Dort erwarten einen weniger die großen Obst- und Sahnetorten als vielmehr viele kleine, unendlich süße, leckere Teilchen. Oder aber das berühmte Blätterteiggebäck »wienerbrød«.

Picknick ist eine Leidenschaft der Dänen. Machen Sie es ebenso – Brot, Käse, Hering, Lachs, Frikadellen und Getränke in den Picknickkorb oder die Kühltasche packen und dann ab auf die nächste Wiese oder an einen der vielen Strände.

Nationalgetränk Kaffee

Und was wird getrunken? Drei Getränke braucht der Däne: Kaffee, Bier und Aquavit. In kaum einem anderen Land wird so viel Kaffee getrunken wie in dem kleinen Königreich. Trotz des vergleichsweise hohen Preises ist das dänische Bier sozusagen das Nationalgetränk des Landes. Wenn Sie einfach ein »øl« (ausgesprochen »öll«) bestellen, kommt meist ein Bier vom Fass. »Letøl« ist ein Leichtbier mit weniger Alkohol, ein »Elephant« hingegen ist mit 7,2 Prozent ein veritables Starkbier, das eigentlich nur vom Fass schmeckt. Viele Dänen sind dem Einheitsbier von Carlsberg-Tuborg überdrüsssig. Sie greifen lieber zu kleineren Brauereien wie Faxe oder Ceres oder zu ausländischen Bieren.

Ob zum rustikalen Picknick oder auf der Sonnenterrasse im gepflegten Restaurant: Im Sommer zieht es alle nach draußen.

Besonders bekömmlich zu Hering, Käse oder den doch recht fetten Lunchbuffets ist Aquavit, der Kartoffelschnaps mit Kümmelgeschmack. Ihn gibt es in etwas raueren Varianten wie etwa den »Rød Aalborg« oder in milderen Versionen wie »Brøndum Snaps«.

In der gehobeneren Küche wird selbstverständlich Wein getrunken. Auch wenn der französische Wein noch immer als das Maß aller Dinge gilt, so haben gerade die überseeischen Weine in den letzten Jahren viel Zuspruch erhalten. Wein ist in Dänemark vergleichsweise günstig.

Empfehlenswerte Restaurants und andere Lokale finden Sie jeweils bei den Orten im Kapitel »Unterwegs in Dänemark« beschrieben.

Einkaufen

Dänemark ist teuer, aber wer mit ein wenig Köpfchen shoppt, wird dennoch fündig werden.

Vorsicht Suchtgefahr! Im Kopenhagener Kaufhaus Illum macht es Spaß zu bummeln oder zu shoppen: Angebot und Qualität lassen keine Wünsche offen.

Dänemark gilt allgemein als nicht ganz billiges Urlaubsland. Bier beispielsweise ist deutlich teurer, auch Schnaps und Schallplatten, ja selbst Waren wie Zucker oder Salz. Günstig sind hingegen nur wenige Dinge wie zum Beispiel Tee, Kerzen und Pfeifentabak. Andere Waren, wie Kaffee, Brot oder Käse, bewegen sich auf dem uns bekannten Preisniveau.

Entscheidend für den Preisvergleich ist allerdings, wo man einkauft. Die dänische Einkaufslandschaft lässt sich jedenfalls in zwei große Kategorien einteilen. Zum einen gibt es landesweite Ketten wie Super Brugsen, Føtex, Bilka oder Kvickly, die gute und frische Qualität zu allerdings auch leicht höheren Preisen anbieten. Zum anderen aber auch Läden wie Fakta oder Netto, die sich als reine Discounter à la Aldi und Lidl (gibt es in Dänemark übrigens auch) verstehen. Hier ist die Auswahl sehr viel eingeschränkter, Wurst, Käse, Obst und Gemüse sind nur abgepackt erhältlich, dafür sind die Preise deutlich niedriger.

MERIAN-Favoriten
Die 10 besten Adressen

Illum, Kopenhagen
Das Kopenhagener Edelkaufhaus, schon das Bummeln bringt Spaß (→ S. 58).

Illums Bolighus, Kopenhagen
Ein beeindruckender Querschnitt durch skandinavische Wohnkultur (→ S. 59).

Petitgas, Kopenhagen
Seit 1857 werden hier feinste Hüte verkauft (→ S. 59).

Staarup Hovedgaard, Skive
Top-Antiquitäten, präsentiert auf einem herrschaftlichen Anwesen (→ S. 77).

Rikki Tikki Shop, Skagen
Originelle Geschenkartikel wie typisch dänische Häuser oder Gallionsfiguren (→ S. 95).

Rosengårdcentret, Odense
Das riesige Einkaufszentrum am Stadtrand lässt keine Wünsche offen (→ S. 103).

Kunstgården, Bogense
Galerie mit moderner Kunst, Werkstatt und Café in einem (→ S. 104).

Alotria, Søby
Alles, was das gotländische Lamm so hergibt, ist hier zu erwerben (→ S. 111).

Holmegaard Glasværk, Næstved
In der berühmten Glasfabrik kann man Glas mit leichten Fehlern äußerst günstig erstehen (→ S. 116).

Stærmose, Boderne
Nicht nur die Modemarken sind hier top, sondern auch der Service (→ S. 139).

Die Ladenöffnungszeiten

Normalerweise öffnen die Geschäfte um 10 Uhr, um um 18.30 Uhr wieder zu schließen. Am Freitag wird zumeist erst um 19 Uhr geschlossen, am Samstag dafür teilweise schon um 12.30 Uhr. In den Großstädten und den Einkaufszentren auf der »grünen Wiese« ist freitags um 20 Uhr Schluss, samstags um 16 Uhr. Mehrmals im Jahr ist auch die Sonntagsöffnung erlaubt, dann gibt es spezielle Angebote nur für diesen Tag.

Einkaufsläden auf Campingplätzen haben länger geöffnet, oft bis 20 oder gar 22 Uhr, außerdem auch sonntags. Das gilt auch für so genannte »Døgn-Kioske«, die in den Großstädten unter Umständen rund um die Uhr, in der Provinz aber meist bis 22 Uhr geöffnet haben und ein kleines Nahrungsmittelsortiment bereithalten. Letzter Ausweg bei Nahrungsmittelknappheit sind die Tankstellen oder Ketten wie »7-eleven«.

Berühmt und begehrt ist dänisches Design. Ob geschmackvolle Gläser von Holmegaard, die einzigartigen Stereoanlagen von Bang & Olufsen, die Tee- und Kaffeekannen von Bodum oder die wunderschöne Keramik, die die zahlreichen Künstler im

Streetwear oder Designer Klamotte: Wer ein besonderes Mitbringsel oder ein schönes Stück für sich selbst sucht, wird in der Straße Volden in Århus bestimmt fündig.

ganzen Land anbieten. All diese Produkte sind nützlich und gleichzeitig äußerst geschmackvoll. Landesweit vertreten sind dabei die Ketten »Inspiration« und »Imerco«.

Ein Wort wird der Dänemark-Besucher schnell lernen – »udsalg«. Das bedeutet nichts anderes als Ausverkauf. Und tatsächlich scheint dieses Land ständig im »udsalg« zu sein, manche Geschäfte nehmen die Schilder anscheinend gar nicht erst ab. Dennoch darf man ruhig einen Blick hineinwerfen.

Vor allem unter Seglern sind die Jacken, Hosen und Pullover von Red/Green sehr beliebt. Andere bekannte dänische Modemarken sind Cottonfield, InWear, Buksesnedkeren, Sand, Blues, Bison und Bitte Kai Rand. Beliebt sind auch die Uhren des einstigen B&O-Chefdesigners Jacob Jensen oder die von Ole Mathiesen, die Flensted-Mobiles, die T-Shirts von Bo Bendixen und die ph-Lampen von Poul Henningsen. Empfehlenswerte Geschäfte und Märkte finden Sie jeweils bei den Orten im Kapitel »Unterwegs in Dänemark« beschrieben.

MERIAN-Tipp

3 Originell: Volden

Die kleine Århuser Straße »Volden« beginnt am Lille Torv. Hier findet man ganz außergewöhnliche Geschäfte: Ob Schmuck, Textilien oder Schuhe, die Waren unterscheiden sich doch deutlich vom Massengeschmack der Fußgängerzone. Sicher, manches Geschäft schließt auch schnell wieder, doch ihm folgt das nächste ungewöhnliche. Dass solch ein besonderes Angebot manchmal auch seinen Preis hat, versteht sich. Mit der parallel verlaufenden Badstuegade sowie den angrenzenden Straßen bildet »Volden« das Latinerkvarter, in dem auch schöne Cafés und gute Restaurants auf Gäste warten.

→ S. 83, c 2

Feste und Events

Ob Hafenfest, Wikingerspektakel oder Rockfestival, in Dänemark wird gern und häufig gefeiert.

Einen Höhepunkt im dänischen Musikjahr – zumindest sehen das Jazzfans so – stellt das Kopenhagen Jazzfestival im Juli dar.

Gefeiert wird gerne im Staate Dänemark. Dabei wird natürlich das gesamte Spektrum geboten, vom kleinen Dorffest mit Flohmarkt und Küren der »Miss Hering« bis zum gigantischen Rock-Festival mit 80 000 Zuschauern. Gerade die Musikfestivals, ob in Kopenhagen oder Skanderborg, Tønder oder Roskilde, haben Tradition. Dabei treten eigentlich auch immer bekannte Künstler auf.

Aber auch auf die Wahrung kultureller Traditionen wird Wert gelegt. Die typischen Wikingerfestspiele etwa gibt es gleich mehrfach, in Südjütland sind außerdem Ringreiterfestspiele fester Bestandteil des Kalenders.

Mai

Tag des Meeres
Auf der Insel Læsø gibt es Fisch satt, geräuchert oder frisch, zubereitet von den Köchen der Insel.
Pfingstsonntag

Karneval in Aalborg
Was die Brasilianer können, kann man in Nordjütland schon lange.
Ende Mai

Juni

Sankt Hans Aften
Überall im Land wird die Sonnwende gefeiert.
23. Juni

SPOT-Festival
Dänemarks beste Nachwuchsbands treten hier auf, und manche große Karriere begann mit diesem Festival in Århus.
Anfang Juni

Drachenfest
Das weltweit größte seiner Art auf Fanø/Jütland.
Mitte Juni

Riverboat Festival
Typischer Südstaaten-Jazz füllt die Straßen Silkeborgs.
Mitte Juni

Orgelfestival
Klassik in Odense.
Mitte Juni bis Ende Aug.

Sommer Jazz
Großes Fest in der fünischen Metropole Odense.
Mitte Juni

Midtfyns Festival
Nach zwei Jahren Pause soll das traditionsreiche Festival 2006 wiederbelebt werden, entweder in Ringe oder Odense.
Ende Juni

Wikingerfestspiele
In Frederikssund/Seeland wird die Sagaliteratur lebendig.
Ende Juni

Wikingerfestspiele in Jels
Ähnlichkeiten mit Frederikssund sind hier in Südjütland beabsichtigt.
Ende Juni/Mitte Juli

Juli

Rockfestival in Roskilde
Legendäres Festival mit dänischen und internationalen Größen und meist mit Regengarantie.
Erste Juliwoche

Die dänische Meisterschaft im Feuerwerk kann man im August beim Stadtfest in Silkeborg miterleben.

Ringreiter Festival
Brot und Spiele in Åbenrå und kurz darauf in Sønderborg.
Anfang Juli

Kopenhagen Jazzfestival
Für Jazz-Fans ein absolutes Muss.
Erste Monatshälfte

Århus Jazzfestival
Nach Kopenhagen können Jazz-Freunde weiter nach Jütland ziehen.
Dritte Juliwoche

Internationales Gitarrenfestival
Gitarrenmusik quer durch die Jahrhunderte in Sønderho/Fanø.
Anfang Juli bis Mitte Aug.

Europeade
Volksmusik aus aller Herren Länder in Horsens/Jütland.
Mitte Juli

Vendsyssel Festival
Ca. 50 klassische Konzerte an verschiedenen Orten in Nordjütland.
Juli und Aug.

Viborgdage
Jeden Donnerstag im Juli. Unterhaltung rund um Viborgs Hjultorvet.

Ærø Jazzfestival
Eines der ganz traditionsreichen Festivals, mit Prominenz aus dem In- und Ausland.
Ende Juli

Kirschfest
In Kerteminde findet das Straßenfest statt, in dessen Mittelpunkt Leckereien aus dem Garten stehen.
Ende Juli

Langelands Festival
Eines der renommiertesten dänischen Rockfestivals, immer gute Künstler.
Ende Juli

AUGUST

Ildfest Regatta
Riesen-Stadtfest in Silkeborg, auf dem die dänischen Meisterschaften im Feuerwerk ausgetragen werden, am lautesten ist es am Samstagabend.
Anfang August

Hirtshals Fiskefestival
Einen Tag gibt es Leckerstes vom Fisch, um Mitternacht wird die Veranstaltung mit einem großen Feuerwerk beendet.
Anfang August

Ob in der Wikingerburg bei Ribe oder bei den Wikingerfestspielen: Die Geschichte der dänischen Ahnen wird gern gezeigt und gelebt.

Open Air Opera
Opern-Fans strömen von weit her zur Skamlinksbanke (südöstlich von Kolding an der Binderup Bugt), um kostenlos unter freiem Himmel feinste Musik zu genießen. Und das sogar kostenlos.
2. Sonntag im August

Korfestival Randers
Mit ca. 1000 Teilnehmern das größte Chorfest in Dänemark.
Mitte August

Country Music Festival
Traditionsreiches Festival, bei dem in Silkeborg Top-Musiker aus aller Welt auftreten.
2. Wochenende im August

Randers Woche
Das große Stadtfest, eine Woche wird in der Stadt ausführlich gefeiert, das Thema wechselt von Jahr zu Jahr. Am besten erkundigt man sich vorher bei der Touristeninformation.
Mitte August

Svendborger Festtage
Sieben Tage voller Vergnügen, ob Musik oder Sport, Vorführungen oder Verkaufsstände.
Mitte August

Tønder Festival
Jazz, Soul und Folklore erster Qualität.
Ende August

Europæisk Middelalder Festival
Ritter und Burgfräuleins, Gaukler und Handwerker, dazu mittelalterliche Musik und Hochzeit nach damaliger Zeremonie, Freunde des Mittelalters treffen sich in Horsens.
Ende August

Danmarks Smukkeste Festival
Populäres Rockfestival in Skanderborg/Jütland, äußerst beliebt, weshalb die Karten immer sehr schnell vergriffen sind.
Anfang August

Ein Fest für Groß und Klein ist die Århus Festwoche im September: Unter anderem stehen Klassik und Jazz, Theater und Tanz auf dem Programm.

September

Århus Festwoche
Skandinaviens größtes Kulturfest bietet u. a. Klassik und Ballett.
Erste Monatshälfte

Golden Days
Großes Fest in Kopenhagen mit Ausstellung, Musik etc. in Erinnerung an das »Goldene Zeitalter«.
Erste Monatshälfte

Kindertheater-Festival
Kindertheater satt in ganz Horsens. Natürlich ist es schöner, wenn das Kind Dänisch kann – aber viele Stücke kennt man ja auch oder versteht man ohne Worte.
Mitte September

Comic-Festival
Für Comic-Fans wird Kolding für ein paar Tage zum Mekka.
Ende September

Sport und Strände

Sport bedeutet in Dänemark Aktivsein, zahllose schöne Strände bieten Badevergnügen satt.

Die beiden Badeorte Blokhus und Løkken bilden die touristischen Zentren an der sonst menschenleeren Jammerbucht. Sie erstreckt sich von Hanstholm bis fast an die Nordspitze Jütlands.

Dass die Dänen Fußball und Handball spielen können, ist bekannt. Aber wussten Sie auch, dass sie zum Beispiel im Badminton seit vielen Jahren Weltklassespieler stellen? Die Dänen sind sportlich ungemein aktiv, und das scheint auch auf ihre Besucher abzufärben. Kaum ein Urlauber, der nicht wandert oder radelt, sich beim Windsurfen der brausenden Nordsee aussetzt oder in aller Ruhe in einem der zahllosen Gewässer angelt. Zunehmende Bedeutung gewinnt auch das Golfen, nicht als Elitesportart, sondern als Volkssport. Muss noch betont werden, dass Dänemark eines der reizvollsten Segelreviere Europas darstellt? Die südfünische Inselwelt um Ærø herum ist im Sommer das Mekka der Segler, die Häfen von Marstal, Svendborg oder Rudkøbing sind dann hoffnungslos überfüllt. In Jütland hingegen ist die Seenplatte um Silkeborg Anziehungspunkt für Kanuten.

Auch hier nicht explizit genannte Sportarten können Sie in Dänemark problemlos ausüben. Bowling ist weit verbreitet, Tennisplätze sind gut zu finden, Squashcourts ebenfalls. Schwimmhallen stehen in jedem größeren Ort. Vereinzelt wird Tauchen angeboten. Und das Nordic-Walking-Fieber hat auch die Dänen gepackt.

Bei all Ihren Aktivitäten sollten Sie allerdings zwei Dinge beachten: Es gilt, sich an gewisse (Spiel-)Regeln zu halten. Und die Natur sollte darunter nicht leiden.

Angeln

Sowohl rund um die Küste als auch in den zahllosen Bächen und Seen lässt sich problemlos angeln. Auf den Haken können Sie dabei u. a. Dorsch, Aal, Forelle, Lachs und Barsch bekommen.

Zu den besten Revieren gehört die Insel Langeland. Dort gibt es in Spodsbjerg auch einen 20 000 qm großen Salzsee, was sicherlich für alle die, die langsam einsteigen oder es ruhiger haben wollen, eine ideale Alternative zum Hochseeangeln ist. Auch das Seengebiet um Silkeborg (Jütland) bietet hervorragende Möglichkeiten. Infos finden Sie unter www.silkebord-fiskeriforening.dk oder www.angling-eastjutland.dk.

Wer eher der Küstenfischerei anhängt und auf Fünen Meerforellen angeln möchte, sollte sich zuvor das Buch »Meerforellenführer Fünen« zulegen: Es beschreibt über 100 geeignete Angelplätze. Dieses Buch sowie weitere aktuelle Informationen gibt es auf www.seatrout.dk.

In allen größeren Häfen finden Sie auch Angebote für das Hochseeangeln.

Erkundigen Sie sich vor Ort beim Touristenbüro nach geeigneten Plätzen. Dort erfahren Sie auch, wo Sie den Angelschein erhalten, den Sie zumindest dann benötigen, wenn Sie zwischen 18 und 67 Jahre alt sind. Sie können den Schein pro Tag (30 DKK),

Ein Fang wie dieser ist keine Seltenheit: Zu den besten Revieren zählt der große Salzsee bei Spodsbjerg.

pro Woche (90 DKK) oder auch pro Jahr (125 DKK) erwerben. Werden Sie ohne Schein erwischt, ist eine Buße von 200 DKK fällig. In dem Schein steht auch, welche Mindestgrößen die Fische haben müssen und wann Schutzzeiten herrschen. In den Ferienregionen werden auch Hochseeangelfahrten angeboten.

Fahrrad fahren

Als Radlerparadies kann es mit Dänemark wohl höchstens Holland aufnehmen. Die Landschaft ist abwechslungsreich, hügelig, aber nur selten wirklich anstrengend. Das Vorurteil vom »flachen Dänemark« bestätigt sich allerdings nur auf Lolland und Falster. Schon Møn ist anspruchsvoller. Das gilt auch für Fünen und Langeland, beide Inseln sind seit Jahren mit die beliebtesten Radlerdomizile. Wem es in erster Linie auf die Landschaft ankommt, ist dort wohl auch besser aufgehoben als auf Seeland, das sehr viel städtischer ist. Doch sollte man sich nicht vor den Stadtkernen selbst von Roskilde oder Kopenhagen scheuen. Der Status der Radler in Dänemark ist außerordentlich hoch, es wird sehr viel Rücksicht genommen. Zudem sind die Radwege hervorragend ausgebaut und ausgeschildert. Das gilt auch für Jütland. Dort fordert die Ostküste schon mit einigen Steigungen heraus. An der flachen Nordseeküste wird der kräftige Wind für viele zum Problem. Dem wird man auch auf Bornholm nicht immer ausweichen können. Das hervorragend ausgebaute Radwegenetz macht jedoch das Radeln auch dort zum Vergnügen. Außerdem hat man die Wahl zwischen dem flachen Süden und dem etwas anspruchsvolleren Norden.

Natürlich radelt es sich auf dem eigenen Rad immer besser. Wer doch lieber auf ein Leihrad zurückgreifen möchte, wird mit Angeboten überhäuft. Ob Touristenbüro, Hotel, Radhändler, Jugendherberge oder Campingplatz, überall kann man sich ein Rad leihen.

Im örtlichen Buchhandel finden Sie spezielle Radlerkarten. Die Touristenbüros haben zudem gute Broschüren mit kleinen Ausflügen in die

Urlaub im Sattel: Vor allem Jütland und Seeland bieten ein abwechslungsreiches Terrain für lange, genussvolle Ausritte.

Umgebung erarbeitet, die man kostenlos oder für einige wenige Kronen bekommen kann.

Golf

Ist der Golfsport bei uns immer noch vorwiegend einer zahlungskräftigen Minderheit vorbehalten, so wird er in Dänemark mehr und mehr zum Volkssport. Über 100 Plätze verteilen sich quer über das Land, von Tinglev und Tønder im Süden bis hinauf nach Skagen, vereinzelt auf Fünen, dicht an dicht in Nord-Seeland.

Gastspieler müssen zu Hause Mitglied in einem Golfclub sein und ihren Mitgliedsausweis vorzeigen können. Teilweise ist auch ein Handicap vorgegeben, das zwischen 36 und 54 liegt. Weitere Informationen erhalten Sie über einen Golf-Prospekt des Dänischen Fremdenverkehrsamtes (→ Auskunft, S. 167) sowie bei den jeweiligen Touristenbüros vor Ort.

Kanu und Kajak

Das dänische Kanuparadies heißt Gudenå, ist der längste Fluss des Landes und zieht sich durch das Hochland im jütischen Norden. Der Fluss durchläuft auch die Silkeborger Seenplatte. Die Beliebtheit dieser Region sorgt natürlich dafür, dass es im Sommer hier nicht gerade ruhig ist. Doch die Mischung aus Anfängern und Profis, Einzelkämpfern und Familien sorgt für eine sehr entspannte Stimmung.

Kanuverleih in Silkeborg

Silkeborg Kanocenter, Åhave Allé 7; Tel. 86 80 30 03; www.silkeborgkanocenter.dk

Slusekioskens Kanoudlejning, Havnen; Tel. 86 80 08 93

Wer sich mehr für das Kajak auf offener See interessiert, wird an der Küste Südfünens sein Eldorado finden, so z. B. in Fåborg, mehr Infos unter www.hcatour.com. Auch auf Ærø gibt es gute Gelegenheiten zum Kajakfahren. Kajaks ausleihen können Sie dort z. B. in Marstal, mehr Infos unter www.havkajak-center-marstal.dk.

Zehn Fahrradrouten ohne großen Autoverkehr durchqueren Dänemark auf insgesamt 3500 Kilometern Länge.

Reiten

Viele Bauernhöfe bieten das Ausleihen von Pferden oder gar Reitunterricht an. Die eher ländliche Prägung weiter Teile Dänemarks macht diesen Sport dann auch zum Vergnügen. Weitgehend ungestört kann man inmitten herrlichster Natur zu Pferde unterwegs sein.

Bakkegård Rideskole

Reitschule, die allerdings während der dänischen Sommerferien (Ende Juni–Anfang Aug.) keine Ausritte für Touristen anbietet.

Frellesvigvej 6, Frellesvig, 5953 Tranekær, Langeland; Tel. 62 59 12 66; www.bakkegard-ridelejr.dk

Meldgaard Heste

Reitcenter ca. 40 km nördlich von Viborg mit geführten Touren, Shop und Spielplatz sowie Kanuverleih.

Sjørupvej 13, Grønnerup, 9640 Farsø; www.meldinfo.dk

Surfen einmal anders: Die Beach Surfer rasen bei entsprechendem Wind mit ziemlicher Geschwindigkeit über den flachen Strand.

Stutteri Bækgård

Ausritte auf Isländern in Kleingruppen bis zu vier Personen.
Horsensvej 113, Skanderborg;
Tel. 86 53 86 08;
www.stutteribaekgaard.dk

Wandern

Wer beim Wandern eher an die Bergwelt Nordskandinaviens oder an die Alpen denkt, wird derartige Herausforderungen in Dänemark vergeblich suchen. Immerhin überschreitet in diesem Land keine Erhebung die 200 m. Insofern sollte man eher vom Spazierengehen reden. Das kann man entlang der Küste, aber auch durch die zahlreichen Wälder. Vielfach sind Wege ausgewiesen. Die Touristenbüros halten außerdem Faltblätter mit Vorschlägen parat.

Windsurfen

Dänemark wirbt mit einer Küste von 7500 km Länge. Die schönsten Reviere findet man rund um Fünen, Ærø und Langeland, an Seelands Nordküste und an der jütischen Nordseeküste. Besonders reizvolle Gebiete sind in Jütland der Ringkøbing Fjord und der Limfjord, über die der Wind nicht ganz so hart bläst, ohne den das Wasser eher ruhig ist. Wer erst mit dem Surfen beginnen will, findet zum Beispiel an der jütischen Nordseeküste und an den Fjorden diverse Schulen, in denen auch Deutsch gesprochen wird.

Strände

Für die »Wasserratten« stehen in Dänemark rund 5000 km Badeküste zur Wahl. Im Westen Jütlands erstrecken sich haushohe Dünen, und in der Brandung macht es enorm viel Spaß herumzutoben. Die Nordsee ist allerdings nicht ganz ungefährlich, besonders wenn man mit Luftmatratzen oder anderen Hilfsmitteln die Wellen bezwingen will. Für Familien mit kleinen Kindern kommen eher die seichten Ostseestrände für einen Badeurlaub in Betracht. Sand gibt es überall, von feinkörnig bis steinig.

Es ist vermutlich einfacher zu beschreiben, wo es in Dänemark keinen guten Strand gibt: Ein Land mit einer solchen Küstenlänge bietet so viele Strände, dass sie hier nur unvollständig aufzuzählen sind. Die Wasseruntersuchungen beweisen zudem alljährlich, dass das dänische Badewasser von hervorragender Qualität ist.

Bornholm

Der Bornholmer Strand zieht sich rund um die Südspitze. Er beginnt an der Ostküste südlich von Nexø bei Balka und endet erst kurz vor Rønne im Westen. Bekanntester Ort ist Dueodde, zugleich die Südspitze der Insel. Nördlich von Rønne gibt es auch noch ein kleines Stück Strand, ebenso ganz im Norden in Sandvig

Falster

Ein sehr guter, steinloser Strand zieht sich von Gedser an der Ostküste bis ungefähr Höhe Horbelev hoch.

Fünen und Südfünische Inseln
Sehr guter Strand nördlich und südlich von Nyborg. Ebenso an der Nordküste zwischen Bogense und Båring sowie zwischen Agernes und Østerballe. An der Westküste besonders nördlich von Assens.

Auf Langeland ist der Strand von Ristinge im Süden hervorzuheben. Im Norden der Insel findet man bei Lohals gute Bademöglichkeiten.

Auf Ærø befindet sich am Nordrand von Ærøskøbing der Vesterstrand, weitere Badeplätze findet man z. B. an der Nordwestküste auf Höhe Søby oder auch ganz im Süden bei Rise Mark.

Jütland – Die Ostküste
Praktisch von Åbenrå bis hoch nach Skagen gibt es hervorragende Strände, hier und da allerdings stark mit Steinen durchsetzt. Besonders schön ist der Strand südlich von Århus und nördlich bzw. südlich der Limfjord-Mündung. Auch Djursland bietet ganz hervorragende Strände, insbesondere im Norden bei Fjellerup und Bønnerup Strand.

Jütland – Die Westküste
Die Westküste von Rømø besitzt einen herrlichen breiten Strand. Nördlich von Esbjerg beginnt dann ein einmalig langer und breiter Strand bis hinauf nach Skagen. Vorsicht ist allerdings vor den tückischen Strömungen der Nordsee angeraten.

Lolland
Von Rødby Havn die Südküste entlang bis ins westliche Kappel erstreckt sich ein feiner Strand.

Møn
Der Strand auf Møn ist nicht ganz so überragend. Südlich von Harbølle präsentiert sich ein doch recht steiniger Sandstreifen, schön ist er allerdings auf der nördlichen Landzunge Udby.

Seeland
Die schönsten Strände Seelands finden Sie zwischen Kopenhagen und Køge sowie insbesondere im Norden zwischen Helsingør und Hundested bzw. zwischen Helsingør und Kopenhagen.

Die Gudenå in Mitteljütland kann man auf etwa 150 Kilometern per Kanu oder mit dem Kanadier befahren – für einen Urlaub reicht das garantiert!

Familientipps – Hits für Kids

Wenn es ein Urlaubsparadies für Kinder gibt, dann ist es Dänemark – Eltern können aufatmen.

Wer hier seinen Augen nicht traut, ist auf dem richtigen Dampfer: (Fast) die ganze Welt en miniature wurde im Legoland aus Millionen von kleinen Steinen nachgebaut.

Die Qual der Wahl

Welche Eltern kennen diese Situationen nicht. Da fragt man im Restaurant nach einem Kinderstuhl, doch die Bedienung schüttelt nur mit dem Kopf. Da können die Kinder nach dem Essen nicht mehr ruhig sitzen, wollen innerhalb des Lokals ein wenig toben, und die Eltern ernten missmutige Blicke von Seiten der anderen Gäste. In Dänemark wird Ihnen dies, abgesehen von dem einen oder anderen Gourmet-Tempel, nicht passieren. Kinder gehören einfach zum Alltag. Kinderstühle sind selbstverständlich, und die Bedienung bringt oft ungefragt Malblock und Stifte.

Auf den besseren Campingplätzen gehören separate Spielplätze zur Grundausstattung, ein Wickelraum mit Babybadewanne ist meist auch dabei. Erlebnisbäder und Abenteuer-Spielparks sind in den letzten Jahren im ganzen Land entstanden. Kaum ein Tierpark, in dem es nicht auch einen Streichelzoo gibt, und auch viele Museen gehen besonders auf die Bedürfnisse der Kleinen ein, weil man weiß, dass sie die Besucher von morgen sind. Neuester Trend sind maritime Museen. Nach den Erfolgen von Esbjerg und Silkeborg sind bald in Grenå mit dem Kattegatcentret, mit dem Fjord-og Bæltcenter in Kerteminde und dem Nordsømuseet in Hirtshals ähnlich konzeptionierte Museen entstanden. Wie es überhaupt schnell zu Doppelungen kommt. Das gilt nicht nur für die nachstehend erwähnten »Sommerländer«, sondern etwa auch für den Givskud Zoo (Jütland) und den Knuthenborg Safaripark auf Lolland oder die Freilichtmuseen in Hjerl Hede und Lejre.

Da viele Radwege über Dorfstraßen oder durch Wälder führen, kann man sich auch bei Radtouren mit Kindern weitgehend sicher fühlen. Ein weiterer Trumpf sind sicherlich die unendlich langen und sauberen Strände. Hier sollten Eltern allerdings aus zwei Gründen sehr aufmerksam sein: Die Strömung ist mancherorts recht tückisch, und einige Strände dürfen auch von Wagen befahren werden.

Die nachfolgende Liste ist nur eine kleine Auswahl an kindgerechten Zielen. Weitere Empfehlungen für Aktivitäten mit Kindern bekommen Sie bei den jeweiligen Orten im Kapitel »Unterwegs in Dänemark«.

Djurs Sommerland

Zwischen Grenå und Randers gelegener Vergnügungspark, der thematisch in Länder unterteilt ist. Man kann durch das Cowboy- und Indianerland streifen, mit dem Boot im Afrikaland an gefräßigen Tieren vorbeifahren oder im Wasserland baden.

Randdersvej 17, Nimtofte; Mai–Juni, Aug.–Anfang Sept. tgl. 10–18, Juli–Anfang Aug. tgl 10–20 Uhr; Eintritt 160/140 DKK

EL-Museet → S. 177, D 4

Wie wird Strom erzeugt? Wie viel Energie ist notwendig, um eine Glühbirne zum Brennen zu bringen? Wie haben all die berühmten Physiker gearbeitet? Fragen, die das EL-Museum beantwortet. Überall können Kinder auf Knöpfe drücken, selbst experimentieren, sich wie kleine Forscher bewegen. Daneben steht passenderweise Dänemarks größtes Wasserkraftwerk Gudenaacentralen. In einem Nebengebäude wird die Bedeutung der Windkraft beschrieben. Unbedingt empfehlenswert!

Bjerringbrovej 44, Tange (nördl. von Silkeborg, Jütland); Ostern–Okt. tgl. 10–17 Uhr; Eintritt 50 DKK, Kinder 25 DKK

Fårup Aquapark & Sommerland → S. 177, D 2

Wie Pilze aus dem Boden schossen in den letzten Jahren Vergnügungsparks unter dem Namen »Sommerland«. Es

MERIAN-Tipp

4 Eindrucksvoll: Jernbanemuseet

Das 1998 erweiterte Eisenbahnmuseum **(Jernbanemuseet)** in Fünens Hauptstadt Odense liegt unmittelbar hinter dem Hauptbahnhof. Es ist eines der schönsten Museen seiner Art in ganz Skandinavien, untergebracht in einem halbrunden Lokschuppen. Hier stehen historische Züge und Waggons, teilweise inmitten zeittypischer Umgebung. Die nostalgisch-schönen Waggons können ebenso bestiegen werden wie die Züge, die neben dem Museumsgebäude stehen. Höhepunkt sind die Salonwagen der Könige mit viel Plüsch. Eine große Modellbahnanlage ist ständig in Betrieb. Modelle wichtiger Eisenbahnfähren gehören ebenso zu dieser eindrucksvollen Schau wie ein Shop mit Souvenirs und eine Cafeteria.

Dannebrogsgade 24; Tel. 66 13 66 30; tgl. 10–16 Uhr; Eintritt 48 DKK, Kinder 20 DKK → S. 101, b 1

gibt sie u. a. in Djursland, Südjütland und auf Fünen. Der wohl größte ist derjenige an der Nordseeküste zwischen Blokhus und Løkken (bei Saltum).

Im Sommerland können Kinder mit verschiedensten Autos und Booten fahren, auf Pferden reiten, Minigolf spielen oder mit dem Gruben-Express achterbahnähnliche Gefühle erleben. Im angeschlossenen Aquapark sorgen riesige Wasserrutschen für ein feucht-fröhliches Spektakel. Die Rutschen sind bis zu 130 m lang. Für ganz Kleine gibt es entsprechende Becken und Rutschen.

Pirupvejen 147, Saltum; Tel. 98 88 16 00; Mitte Mai–Anfang Sept. tgl. ab 10 Uhr, im Mai, Juni, zweite Hälfte Aug. und Anfang Sept. meist bis 17 oder 18 Uhr, im Juli und Anfang Aug. bis 20 oder 21 Uhr; Eintritt 135 DKK, Mitte Juni–Anfang Sept. 160 DKK, Kinder bis 3 Jahre frei

Givskud Zoo → S. 178, C 5

Unweit vom Legoland liegt in Givskud (zwischen Vejle und Give) einer der schönsten dänischen Zoos. Das Besondere an diesem Tiergarten: Man kann mit dem eigenen Wagen durch den Park fahren, vorbei an Elefanten, Zebras und Giraffen. Die Tiere erwarten, dass man sie füttert – tut man es nicht, gibt es manchmal einen leichten Schubs gegen den Wagen. Spektakulärer Höhepunkt ist dann die Fahrt durch den Löwentrakt.

Tel. 75 73 02 22; Ende Juni–Mitte Aug. tgl. 10–20, Mai–Mitte Juni und Mitte Aug.–Mitte Sept. 10–18, Mitte Sept.–Mitte Okt. 10–17 Uhr; Eintritt 110 DKK, Kinder 55 DKK

Hjerl Hede → S. 176, B 4

Falls Sie Ihren Kindern einmal zeigen möchten, wie unsere Vorfahren gelebt haben, so ist Hjerl Hede, in Jütland zwischen Holstebro und Skive bei Vinderup gelegen, der richtige Ort. In diesem sehr sehenswerten Museum ist das Dorfleben zwischen 1600 und 1900 originalgetreu nachgebildet worden. Und wie so oft in Dänemark ist dies ein »lebendiges Museum«, in dem Menschen so wohnen, so gekleidet sind und so arbeiten wie damals. Für Kinder besonders spannend ist die Steinzeitsiedlung, in der Menschen noch Felle tragen und das Werkzeug mühsam selbst herstellen. Da wird trockene Geschichte lebendig!

Vinderup; Tel. 97 44 80 60; April–Okt. tgl. 10–17 Uhr, Aktivitäten Mitte Juni–Mitte Aug. 13–17 Uhr; Eintritt 45 DKK, Kinder 20 DKK, in der Aktivitätszeit 65 DKK, Kinder 25 DKK

Kattegatcentret → S. 177, F 4

Eines der beliebtesten Ausflugsziele ist dieses eindrucksvolle Aquarium unmittelbar am Fährhafen in Grenå (an der Ostküste Jütlands). Unbedingter Höhepunkt ist das Bassin mit den Haien, das man durch einen gläsernen Tunnel durchschreitet. Daneben wird das gesamte Leben im Kattegat auf eine wahrlich faszinierende Weise dargestellt.

Færgevej 4, Grenå; Jan. Di–Fr 10–16, Sa, So 10–17, Feb.–Mitte Juni Mo–Fr 10–16, Sa, So 10–17, Mitte Juni–Anfang Juli tgl. 10–17, Anfang Juli–Mitte Aug. tgl. 9.30–18.30, zweite Hälfte Aug. tgl. 10–17, Ende Aug.–Anfang Dez. Mo–Fr 10–16, Sa, So 10–17 Uhr Uhr; Eintritt 100 DKK, Kinder 55 DKK

Legoland ···› S. 178, C 5

Wohl jedes Kind spielt gern mit Legosteinen. Entsprechend groß ist auch allsommerlich der Andrang im Legoland, nordwestlich von Vejle im jütischen Billund gelegen. Es ist schier unglaublich, was man aus Legosteinen alles bauen kann: amerikanische Berglandschaften, asiatische Tempel oder europäische Schlösser. Und alles getreu den Vorbildern aus der ganzen Welt. Natürlich muss man hier nicht nur den Einfallsreichtum der Legobauer bestaunen, sondern kann auch selbst aktiv werden. Die Kinder können außerdem mit kleinen Elektroautos oder der Eisenbahn fahren, mit Booten geht es an gefährlichen Piraten vorbei, oder man schürft selber Gold.

In den Innengebäuden gibt es ein wunderschönes Spielzeugmuseum mit zum Beispiel Titania's Palace, dem größten und wertvollsten Miniaturschloss der Welt, zumindest laut Eigenwerbung.

Zwei Warnungen für Eltern: Das Gedränge ist immer groß, und manchmal muss man lange in der Warteschlange stehen. Zudem wollen Kinder gerne noch etwas Lego kaufen, was hier im Park jedoch nicht gerade billig ist.

Ostern–Mitte Juni, Ende Aug.–Mitte Okt. tgl. 10–18, Sa, So 10–20, März, April, Sept., Okt. Mi, Do geschl., zweite Hälfte Juni, zweite Hälfte Aug. tgl. 10–20, Juli–Anfang Aug. tgl. 10–21 Uhr, die Fahrgeschäfte schließen 1–2 Stunden vorher; Eintritt 199 DKK, Kinder (3–13 Jahre) 185 DKK

Nordsømuseet ···› S. 177, D 1

Nach einem schweren Brand im Dezember 2003 präsentiert sich das Museum nun wieder so, wie es zuvor war: einfach sensationell! Europas größtes Aquarium mit 4,5 Millionen Litern Inhalt. Hier leben Heringe, Makrelen, Haie und andere Fische vor den Augen der Besucher miteinander. Etwas Unruhe kommt nur auf, wenn die Taucher hinabsteigen, die Fische füttern und währenddessen auch Fragen der Besucher beantworten. Beliebt ist auch das Robbenbecken (Fütterung 11 und 15 Uhr), eindrucksvoll und informativ die Ausstellung zum Leben in und auf der Nordsee.

Willemoes Vej, Hirtshals; Tel. 98 94 44 44; Juli, Aug. 10–20, Sept.–Juni 10–17 Uhr; Eintritt 110 DKK, Kinder 55 DKK

Randers Regnskov

An der Ringstraße gelegen, bietet dieser Regenwald bei 25 °C und 99 % Luftfeuchtigkeit exotische Tiere aus aller Welt, die nicht nur zur Schau gestellt werden, sondern über die auch viel Wissenswertes vermittelt wird.

Torvebryggen 11; Juni, Juli 10–18, Aug. 10–17, Sept.–Mai Mo–Fr 10–16, Sa, So 10–17 Uhr; Eintritt 95 DKK, Kinder 50 DKK

Ein Muss für kleine und große Eisenbahnfans ist das Danmarks Jernbanemuseet, das Eisenbahnmuseum, in Odense.

Unterwegs in Dänemark

Rund 700 Begräbnisstätten aus der Zeit der Wikinger sind im Gräberfeld von Lindholm Høje nördlich von Aalborg zu sehen. Darunter finden sich zahlreiche ovale Steinsetzungen, die von Forschern als Schiffsrümpfe gedeutet werden.

Weißstrandige Meeresküsten und vorgeschichtliche Stätten, prachtvolle Schlösser und malerische Dörfer, nette Menschen – Dänemark ist viel mehr als nur die »Brücke nach Nordeuropa«.

Kopenhagen

Ein Drittel aller Dänen wohnt im Großraum Kopenhagen – und natürlich die Königsfamilie.

Eine Fahrt auf dem Nyhavn, dem Kanal zwischen Kongens Nytorv und Inderhavn, gehört für viele zu einem Kopenhagenbesuch. Wer nicht am Kai flaniert, bedient sich der »Wassertaxis«, in denen man mit dem normalen Fahrschein von Bus oder Metro mitfahren kann.

Kopenhagen

⇢ S. 181, D 10

500 000 Einwohner
Stadtplan → S. 52/53

Dänemarks Hauptstadt besitzt ein einmaliges Flair: Die ganze Stadt scheint ständig in Bewegung zu sein, dennoch wirkt Kopenhagen nie hektisch. Toleranz wird an jeder Ecke spürbar, Weltläufigkeit und gleichwohl die Sehnsucht nach Geborgenheit. Aus allen Ecken der Erde strömen im Sommer die Besucher in die Stadt, pilgern zum Tivoli, zur Kleinen Meerjungfrau, durch den Strøget (die Fußgängerzone), in eines der zahlreichen Museen oder wandern einfach durch die Gassen der Stadt. Wie oft man auch in diese Stadt kommt, immer wieder entdeckt man Neues.

Kopenhagen wurde erstmals im Jahr 1026 erwähnt, damals noch als »Hafn« (»Hafen«). Zu diesem Zeitpunkt waren andere Städte wie Roskilde, Nyborg oder Viborg noch viel bedeutender. Doch dank seiner günstigen Lage wurde Kopenhagen im 14. Jh. zur Hauptstadt ernannt. In der Folgezeit war die Stadt oft belagert und umkämpft, Schweden und Engländer zogen Kopenhagen in Mitleidenschaft, und was sie nicht erledigten, schafften Pest und Brände.

Dennoch hat sich Kopenhagen ein sehr sehenswertes historisches Zentrum erhalten. Am Hafen und in den Außenbezirken ist es allerdings zu einem rasanten Modernisierungsschub gekommen. Die Region rings um Kopenhagen und Malmö wächst nämlich gewaltig. Der Besucher bemerkt das nicht nur an den breiter gewordenen Straßen, sondern z. B. auch an der Metro, die seit wenigen Jahren in der City verkehrt. Und dennoch ist Kopenhagen im Vergleich zu anderen Hauptstädten wie London oder Paris noch immer frei von Hektik.

Ausführlichere Informationen über die dänische Hauptstadt können Sie im MERIAN *live*!-Band »Kopenhagen« finden.

Hotels/andere Unterkünfte

Hotelübernachtungen sind in Kopenhagen kein günstiges Vergnügen. Das gilt z. B. für die SAS-Hotels, das Nyhavn 71 und das berühmte d'Angleterre, die allesamt in der Luxusklasse anzusiedeln sind. Hinter dem Hauptbahnhof befinden sich die preislich etwas moderateren Hotels.

Admiral Hotel ⇢ S. 52/53, f 3

In einem alten Speicher ist dieses Hotel ganz im maritimen Stil eingerichtet. Aus den kleinen Fenstern zur Seeseite kann man auf die neue Oper gegenüber schauen. Das Hotel besitzt das sehr gute, von Terence Conran gestaltete Restaurant »Salt« (internationale Küche) sowie den Nachtclub »Nautilus«.

Toldbodgade 24–28; Tel. 33 74 14 14, Fax 33 74 14 16; www.admiral-hotel.dk; 366 Zimmer ●●●●

Grand Hotel ⇢ S. 52/53, b 2

In einem etwa 100 Jahre alten Gebäude eingerichtetes, klassisch orientiertes Hotel mit höherem Niveau als die meisten anderen Hotels in der Gegend. Allerdings an der nicht ganz leisen Vesterbrogade gelegen.

Vesterbrogade 9 a; Tel. 33 27 69 00, Fax 33 27 69 01; 161 Zimmer ●●●●

Hotel d'Angleterre ⇢ S. 52/53, e 3

Zugegebenermaßen sind Hotels wie das »Admiralen« oder »Nyhavn 71« schöner am Wasser gelegen. Und die Lage dieses Luxushotels am belebten Kongens Nytorv lässt Ruhe und Entspannung kaum vermuten. Doch im Inneren besitzt das d'Angleterre eine Klasse und einen Stil, der in Kopenhagen seinesgleichen sucht: Klassisch ist hierfür wohl der richtige Ausdruck. Kein Wunder also, dass Berühmtheiten wie Michael Jackson und Steven Spielberg, die Musiker von Pink Floyd und U 2, Königin Fabiola und Roger Whittaker hier bereits nächtigten. Zudem gehört das Restaurant zur absoluten Spitzenklasse.

Kongens Nytorv 34; Tel. 33 12 00 95,
Fax 33 12 11 18; www.remmen.dk;
130 Zimmer ●●●● CREDIT

Neptun Hotel S. 52/53, e 3
Konservativ gehaltenes Klasse-Hotel in zentraler Lage mit schönen großen Zimmern. Haus der Clarion-Kette. Dachterrasse mit einmaligem Blick über die City.
Skt. Annæ Plads 14–20; Tel. 33 96 20 00,
Fax 33 96 20 66; 133 Zimmer ●●●●
CREDIT

Radisson SAS Royal Hotel S. 52/53, b 5
Der berühmte Arne Jacobsen entwarf dieses funktionale Gebäude ohne Schnickschnack außen und sehr durchgestylt innen. Suite 606 ist noch so, wie sich Jacobsen alle Zimmer vorgestellt hatte. Das Hotel ist auch bei Promis recht beliebt und besitzt ein erstklassiges Restaurant mit italienischer Küche.
Hammerichsgade 1; Tel. 33 42 60 00,
Fax 33 42 61 00; www.radissonsas.com;
265 Zimmer ●●●● CREDIT

Radisson SAS Scandinavia Hotel S. 52/53, östl. f 6
Großes Hotel an der Straße vom Bahnhof zum Flughafen mit internationalem Publikum. Toller Blick auf die Innenstadt, sehr schön ausgestattete Zimmer.
Amager Boulevard 70; Tel. 33 96 50 00,
Fax 33 96 55 00; www.radissonsas.com;
542 Betten ●●●● CREDIT

Romantik Hotel 71 Nyhavn S. 52/53, f 4
Eines der am schönsten gelegenen Hotels der Stadt am Nyhavn mit Blick auf Hafen und die neue Oper. Der alte Speicher ist eindrucksvoll restauriert worden und strahlt ein sehr gemütliches Ambiente aus.
Nyhavn 71;
Tel. 33 43 62 00, Fax 33 43 62 01;
www.71nyhavnhotelcopenhagen.dk;
159 Zimmer ●●●● CREDIT

Skt. Petri S. 52/53, d 3
In einem ehemaligen Warenhaus wurde 2003 dieses Luxushotel in klassisch-modernem Stil eröffnet. Zentral gelegen. Schön sitzt man auf der Terrasse mit Blick über die Altstadt.
Krystalgade 22; Tel. 33 45 91 00,
Fax 33 45 91 10; www.hotelsktpetri.com;
270 Zimmer ●●●● CREDIT

Hotel City S. 52/53, e 4
Sehr schönes, helles Hotel, zentral und ruhig. Das Haus gehört zur Best-Western-Hotelkette und ist unter den etwas anspruchsvolleren Hotels eine der besten Möglichkeiten.
Peder Skramsgade 24; Tel. 33 13 06 66,
Fax 33 13 06 67; www.hotelcity.dk;
81 Zimmer ●●● CREDIT

Hotel Danmark S. 52/53, c 5
Nur wenige Schritte vom Rathausplatz gelegenes Haus. Sehr sauber, hübsche Zimmer und Tiefgarage.
Vester Voldgade 89; Tel. 33 11 48 06,
Fax 33 14 36 30; www.hotel-danmark.dk;
51 Zimmer ●●● CREDIT

Ibsens Hotel S. 52/53, c 3
Sehr beliebtes, eher familiär geprägtes Hotel in reiner Wohngegend. Nahe der Fußgängerzone.
Vendersgade 23; Tel. 33 13 19 13,
Fax 33 13 19 16; www.ibsenshotel.dk;
103 Zimmer ●●● CREDIT

Comfort Hotel Europa S. 52/53, b 5
Beliebtes Hotel im mittleren Preisbereich. Ordentliche, einfache Zimmer.
Colbjørnsensgade 5–11; Tel. 33 21 33 33,
Fax 33 31 33 99; www.cosmopole.dk;
206 Zimmer ●● CREDIT

Hotel Cab Inn Scandinavia S. 52/53, a 3
Die Zimmer sind mit Bett, Fernseher und Tauchsieder ausgerüstet, und das Bad ist klein. Doch alles ist sehr sauber und für Kopenhagener Verhältnisse günstig. Etwa 15 Gehminuten vom Rathausplatz entfernt.

Vodroffsvej 57; Tel. 35 36 11 11,
Fax 35 36 11 14; www.cab-inn.dk;
201 Zimmer ●● CREDIT

SPAZIERGANG

Startpunkt ist der Rathausplatz. Von hier geht es in die Fußgängerzone **Strøget**. Nach einer Weile halten wir uns links in die kleine Straße Jorks Passage und hin zum Frue Plads. Dort geht es rechts in die Store Kannikestræde. Sie stoßen dann auf die Købmagergade und können sich links auf den **Runden Turm** begeben, um einen Überblick über die Stadt zu bekommen. Von hier weiter in die Straße Landemærket, über die Gothersgade hinein in den **Königlichen Garten** (Kongens Have). Links ist Schloss Rosenborg erkennbar. Am Ende des Gartens rechts in die Sølvgade, links in die Borgergade, rechts in die Hindegade, dann erkennen Sie rechts die Marmorkirche. An ihr vorbei links in die Bredgade und durch den Churchillpark kommt man zur berühmten Kleinen Meerjungfrau. Zurück immer am Wasser entlang, an der Abgusssammlung vorbei bis **Schloss Amalienborg**. Am Ende der Amaliegade links und gleich rechts in die Toldbodgade. Nun sind Sie in **Nyhavn** und können sich in einem der zahllosen Cafés oder Kneipen ausruhen. Über Nyhavnsbro, Holbergsgade und Holmens Kanal erreichen Sie unweigerlich **Schloss Christiansborg**. Weiterhin quasi geradeaus und somit am Schloss vorbei. Über Kongensgade oder Ny Vestergade auf die Vester Voldgade, dort rechts am **Nationalmuseum** vorbei und wieder zurück auf den Rathausplatz.

SEHENSWERTES

Alexander Newskij Kirke

⇢ S. 52/53, e 2

Eine der auffälligsten Kirchen der Stadt, denn wer erwartet hier schon Zwiebeltürme? Sie gehören zur zwischen 1881 und 1883 erbauten russisch-orthodoxen Kirche. Ins Leben rief den Bau Maria Feodorovna, besser bekannt als Dagmar, Tochter von König Christian IX., die mit dem Zaren Alexander III. verheiratet war.

Bredgade 53

Amalienborg

⇢ S. 52/53, f 3

Hier wohnt noch heute die königliche Familie! Bis 1689 stand an dieser Stelle ein kleineres Schloss, das Sophie Amalie errichten ließ und welches nach ihr Sophie Amalienborg benannt wurde. Nachdem der Bau durch einen Brand dem Erdboden gleichgemacht wurde, entstanden hier ab 1750 vier Rokokopalais. Bereits 1794 übernahm das Königshaus die Räume, da das eigene Schloss, Christiansborg, abgebrannt war. Das südwestliche Palais, Christian VII's Palæ, wird

Immer einen Blick wert: Wer nicht pünktlich um 12 Uhr zur Wachablösung am Schloss ist, kann die Gardeoffiziere in ihren Bärenfellmützen auch so bewundern.

heute für repräsentative Anlässe verwendet. Im nordwestlichen Palais, Christian VIII's Palæ, wohnt Kronprinz Frederik. Das nordöstliche Palais, Frederik VIII's Palæ, wird derzeit nicht bewohnt. Und im südöstlichen Palais, Christian IX's Palæ, schließlich wohnt Königin Margrethe II. zusammen mit ihrem Mann, Prinz Henrik.

Von der Gesamtanlage her gilt das von Niels Eigtved entworfene Amalienborg als ein Schmuckstück europäischer Architektur.

Ob die Königin zu Hause ist, erkennt man an der aufgezogenen Flagge. Um 12 Uhr findet dann die Wachablösung statt, während die Touristen mit Foto- und Videokameras um die besten Plätze drängeln. Besucht werden darf das Palais von Christian VIII., das im Erdgeschoss des Levetzaus Palæ eingerichtet ist. Es zeigt die Wohnräume und Reichtümer der letzten Christians.

Autofahrern ist es gestattet, über den Schlossplatz zu fahren. Die mitten auf dem Platz platzierte Statue Frederik V. gestaltete der französische Bildhauer Jacques François Joseph Saly (1717–1776).

Amaliegade/Frederiksgade, Christian VIII. Palæ; Mai–Okt. tgl. 10–16, Nov.–April Di–So 11–16 Uhr; Eintritt 50 DKK, Kinder 15 DKK

Assistens Kirkegård → S. 52/53, a 1

Auf dem berühmtesten Friedhof der Stadt befinden sich u. a. die Gräber der Schriftsteller Hans Christian Andersen, Martin Andersen Nexø oder Hans Scherfig, des Philosophen Søren Kierkegaard, der Maler Christian Købke, Joachim und P. C. Skovgaard sowie des Atomphysikers Niels Bohr.

Nørrebrogade, Nørrebro; Mai–Aug. 8–20, Jan., Feb., Nov., Dez. 8–16, März, April, Sept., Okt. 10–18 Uhr

Botanisk Have → S. 52/53, c/d 2

Eine der vielen grünen Lungen der Stadt ist der 1871 bis 1874 angelegte Botanische Garten, der zur Universität gehört. Empfehlenswert ist das Palmenhaus, in dem man vom obersten Treppenansatz aus einen guten Blick hinab in den »Dschungel« hat.

Øster Farimagsgade 2a/Gothersgade 140; Mai–Sept. 8.30–18, Okt.–April 8.30–16, Palmenhaus 10–15 Uhr

Børsen → S. 52/53, d 5

Wohl das Gebäude mit dem markantesten Turm: Vier steinerne Drachenschwänze verschlingen sich dekorativ

Die Börse auf der Schlossinsel ließ König Christian IV. zu Beginn des 17. Jahrhunderts errichten. Beeindruckend ist der Turm, dessen Spitze drei ineinander verschlungene Drachenschwänze bilden. Architekten waren die Brüder Lorenz und Hans van Steenwinckel aus Holland.

ineinander. Der Bau gehört zu den schönsten der Stadt und ist eines der Wahrzeichen von Kopenhagen. Erst im 19. Jh. begann man das 127 m lange Gebäude als Börse zu nutzen, obgleich Christian IV. es zu diesem Zweck bereits 1619 bis 1620 hatte errichten lassen. Heute befinden sich im Inneren Büroräume.
Ved Christiansborg Slotsplads

Christiansborg Slot S. 52/53, d 5
Bereits 1167 entstand unter Absalon ein zweites Schloss, über dessen Vorgänger nichts bekannt ist. Der Bau verfiel mit der Zeit jedoch zusehends, und man riss ihn schließlich 1369 ab. »København Slot«, der darauf folgende Neubau, wurde mit der Zeit immer mehr erweitert, dabei aber kaum schöner. Deshalb entstand bis 1727 ein neues Schloss auf altem Grund. Doch auch dieser Neubau gefiel so wenig, dass er 1732 abgerissen und durch Christiansborg ersetzt wurde. Dieses brannte wiederum 1794 nieder. Ihm folgten ein zweites Christiansborg, das ebenfalls 1884 in einem Flammenmeer aufging, welches man angeblich bis Jütland sehen konnte. Dank Spenden aus der Bevölkerung konnte man im Jahr 1907 mit dem siebenten Schloss beginnen, das 1928 fertig gestellt war. Und noch heute empfängt hier die Königin ihre Gäste, auch das Parlament (»Folketing«) tagt hier.

Wer durch die königlichen Gemächer wandern möchte, muss sich einer Führung anschließen. Auf eigene Faust kann man allerdings die Ruinen der unter Absalon entstandenen Burg, die sich unterhalb des Schlosses befinden, erkunden und dabei etwas über den Ursprung der Stadt erfahren.

»De kongelige Stalde« beinhalten ein kleines Kutschenmuseum mit Zubehör. Aus dem Jahr 1826 stammt die Schlosskirche. Empfehlenswert ist auch ein Blick in das »Teatermuseet«, das ehemalige Hoftheater, in dem seit 1922 ein Museum eingerichtet ist. Es zeigt die Entwicklung des Theaters in Dänemark während der letzten Jahrhunderte.
Slotsholmen

Christiansborg, De Kongelige Repræsentationslokaler
Führungen Juni–Aug. tgl. 11, 13, 15, Mai, Sept. tgl. 11, 15, Okt.–April Di, Do, Sa, So 11, 15 Uhr; Eintritt 60 DKK, Kinder 25 DKK

Kongelige Stalde og Kareter på Christiansborg Slot
Mai–Sept. Fr–So 14–16, Okt.–April Sa, So 14–16 Uhr; Eintritt 20 DKK, Kinder 10 DKK

Ruinerne under Christiansborg
Mai–Sept. tgl. 9.30–15.30, Okt.–April Di–Fr, So 9.30–15.30 Uhr; Eintritt 25 DKK, Kinder 10 DKK

Teatermuseet
Mi 14–16, So 12–16 Uhr; Eintritt 30 DKK, Kinder frei

Christians Kirke S. 52/53, e 5
Als Kirche für die deutsche lutherische Gemeinde 1755 bis 1759 errichtet und damals noch Frederiks Kirke genannt. Erst 1899 übernahmen die Dänen den Sakralbau und benannten ihn 1901 um.

Beachtlich sind die architektonischen Feinheiten wie etwa die von ionischen Säulen aus norwegischem Marmor getragene Kanzel. Nach Luftangriffen der Engländer im Jahr 1943 musste die Kirche restauriert werden.
Strandgade 2 (Christianshavn); März–Okt. 8–18, Nov.–Feb. 8–17 Uhr

Frederiks Kirke (Marmorkirche) S. 52/53, e 2
Der besser als »Marmorkirche« bekannte Bau wurde bis 1770 im klassizistischen Stil errichtet. Zu diesem Zeitpunkt halbfertig, war sie bereits so teuer geworden, dass man sie erst einmal 100 Jahre in diesem Zustand

stehen ließ. Norwegischer Marmor hat eben seinen Preis. Dann kaufte der Finanzmann C. F. Tietgen das Gelände und finanzierte die Vollendung der Kirche. 1894 stand schließlich die größte Zentralkirche Skandinaviens.

Im Inneren der Marmorkirche fallen besonders die zwölf Apostel auf, die die Kuppel schmücken. Draußen stehen 14 Statuen, die praktisch einen Querschnitt durch die dänische Kirchengeschichte bilden. Unter anderem erkennt man Knud den Heiligen, den Bischof Thomas Kingo sowie den Pastor und Schriftsteller Nicolai Frederik Severin Grundtvig.

Bredgade 63

Gefion Springvand → S. 52/53, f 1

Auf dem Weg von Schloss Amalienborg zur Kleinen Meerjungfrau kommt jeder Kopenhagen-Besucher an dem mächtigen Gefion-Brunnen vorbei. Anders Bundgaard erbaute ihn zwischen 1897 und 1908. Der Brunnen zeigt, wie die Göttin Gefion Seeland aus Schweden herausreißt. Die Legende besagt, dass ihr der schwedische König so viel Land anbot, wie sie in einer Nacht umpflügen könne. So verwandelte sie ihre vier Söhne in Ochsen und ließ sie das Land mit hundertfacher Kraft bearbeiten. Das so entstandene Loch in Mittelschweden wurde zum Vänernsee. Ihr neues Land legte die Göttin zwischen Schweden und Fünen an.

Langelinieparken 6; Nov.–März Mo–Sa 9–16, So 12–13 Uhr

Holmens Kirke → S. 52/53, e 4

Um die ehemalige Schmiede für Schiffsanker herum ließ Christian IV. diese Kirche für die dänischen Schiffer unmittelbar am Kanal errichten. Mitte des 17. und Anfang des 18. Jh. erweiterte man sie erstmals und später nochmals in den 1870ern. Der Giebel stellt Kopenhagens ältestes architektonisches Renaissancewerk dar. Im Inneren besitzt die Kirche sehr schöne Malereien und einen aufwendig verzierten Altar. Nicht weniger barock nimmt sich die Kanzel aus. Sehr ungewöhnlich wirkt das 117 cm hohe Taufbecken, das auf menschlichen Füßen zu stehen scheint. Man nutzte es früher zur Taufe erwachsener Sklaven aus Afrika.

Holmens Kanal; Mitte Mai–Mitte Sept. Mo–Fr 9–14, Sa 9–12, Mitte Sept.–Mitte Mai Mo–Sa 9–12 Uhr

Det kongelige Teater & Operahus → S. 52/53, e 4

Das Theater am Kongens Nytorv wurde 1872 bis 1874 im Stil der Neorenaissance errichtet. Die Figurengruppe über dem Portal zeigt Apollo, Melpomene (Muse der Tragödie), Pegasus und Thalia (Muse der Komödie). Vor dem Gebäude sind Ludvig Holberg, der große Komödiendichter, und Adam Oehlenschläger, der Meister der Tragödie, zu sehen. Auffällig ist der Anbau direkt über der Tordenskjoldsgade, der »Starenkasten« genannt wird.

Da man den Raum aber für nicht mehr ausreichend ansah, entschied man sich für einen Opernneubau. Dieser wurde im Januar 2005 eröffnet. Gestiftet wurde er von Mærsk McKinney Møller, dem Inhaber des Mærsk Konzerns (u. a. Transport) und reichstem Mann des Landes. Er setzte seine Vorstellungen innen wie außen durch und zerstritt sich dabei mit fast allen Beteiligten. Ob der Bau nun gelungen ist oder nicht, darüber wird kräftig diskutiert. Vielen ist er zu dominant, vor allem auf der Achse mit Schloss Amalienborg und der Marmorkirche. Am Ende des Skt. Annæ Plads entsteht nun das neue Schauspielhaus, so dass eines Tages im alten Theater nur noch die Verwaltung sitzen wird.

Kongens Nytorv 9 & Dokøen

Den Lille Havfrue (Die Kleine Meerjungfrau) → S. 52/53, f 1

Nichts und niemand in Kopenhagen wird so oft fotografiert wie die Kleine

Meerjungfrau. Entlehnt ist das Motiv einem Märchen Hans Christian Andersens. Den Auftrag für die Statue, die der Künstler Edvard Eriksen nach dem Modell seiner Frau bildete, erteilte der Bierbrauer Carl Jacobsen. 1913 stellte man das Werk auf, das seither des Öfteren Misshandlungen ausgesetzt ist. Sei es, dass Kopf oder Arm geraubt wurden oder man die Dame mit Farbe übergoss. Doch weder derartige Missetaten noch die unzähligen Menschenmassen, die die Kleine Meerjungfrau täglich besuchen, konnten ihren sehnsüchtigen Blick hinaus auf das offene Meer trüben.

Langelinie

Rosenborg Slot S. 52/53, d 2

Das Schloss gehört eher zu den unscheinbareren seiner Art in Seeland. Christian IV. ließ die Anlage angeblich nach eigenen Plänen zwischen 1606 und 1617 erbauen. In den folgenden Jahren wurde es erweitert und 1759 erheblich restauriert. Ursprünglich war der Bau als Vergnügungsschloss gedacht. Auch Christians Nachfolger Frederik III. und Christian V. nutzten es dementsprechend, und erst Frederik IV. brach mit der Tradition, ließ sich mit Frederiksberg sein eigenes Lustschloss errichten und Rosenborg unbedeutender werden.

Heute kann man durch die königlichen Räume schlendern, die 1833 zum Museum umfunktioniert wurden. Überaus eindrucksvoll ist der gigantische Rittersaal in der zweiten Etage. Jede Menge Schmuck und vor allem die Kronjuwelen kann man in der Schatzkammer besichtigen.

Umgeben wird das Schloss vom »Kongens Have«, dem königlichen Garten, der heute wie vor 100 Jahren der Bevölkerung zum Ausspannen, Spazierengehen und manchmal auch zum Feiern dient. Vereinzelte Statuen und ein Springbrunnen verleihen dem königlichen Park zusätzlichen Charme.

Øster Voldgade; Juni–Aug. tgl. 10–17, Mai, Sept. tgl. 10–16, Okt. tgl. 11–15, Nov.–April Di–Fr 11–14 Uhr; Eintritt 65 DKK, Kinder 20 DKK

Ein beliebter Aussichtsturm in der Kopenhagener Innenstadt ist der 35 Meter hohe Rundetårn.

Rundetårn S. 52/53, d 3

König Christian IV. ließ den Runden Turm 1640 bis 1642 erbauen. Der Turm, 35 m hoch und 15 m im Durchmesser, stellt ein Kuriosum dar. Statt über Treppen schreitet man auf einem gewundenen Gang nach oben. Mancher kommt dabei bald ins Keuchen. Erst auf den letzten Metern wartet noch eine sehr enge Treppe. Oben angekommen, stellt man fest, dass sich die Mühe gelohnt hat: Der Blick über die Stadt ist großartig. Katharina I., Frau Peters des Großen und spätere Zarin, ließ sich hier übrigens im Jahr 1716 mit der Kutsche hochfahren.

Købmagergade 52 a; Sept.–Mai Mo–Sa 10–17, So 12–17, Juni–Aug. tgl. 10–20, So 12–20 Uhr; Eintritt 20 DKK, Kinder 5 DKK

Rådhus → S. 52/53, c 5

In der Geschichte der Stadt ist dieses Bauwerk aus dem Jahr 1905 bereits das siebte Rathaus in Folge. Unübersehbar ist der norditalienisch geprägte Stil des Architekten Martin Nyrop. Auf den 110,5 m hohen Turm kann man hinaufsteigen. Eine Besonderheit im Inneren des Rathauses stellt Jens Olsens »Verdensur« (J. O. Weltuhr) dar, die aus 13 verschiedenen Werken besteht, welche synchron laufen und somit die Zeit an jedem Ort der Erde anzeigen können.

1995 restaurierte man den Rathausplatz und gestaltete ihn völlig neu. Der neue schwarze Busterminal gilt allerdings als städtebaulicher Schandfleck, und die Diskussion hält an, ihn wieder zu entfernen.

Rådhuspladsen; Weltuhr: Mo–Fr 10–16, Sa 10–13 Uhr; Eintritt 10 DKK, Kinder 5 DKK; Rathaus: Mo–Fr 10–15 Uhr; Eintritt frei; Turm: Juni–Sept. Mo–Fr 10, 12, 14, Sa 12 Uhr, Okt.–Mai Mo–Sa 12 Uhr; Eintritt 20 DKK; Führungen: Mo–Fr 15, Sa 10 Uhr; Eintritt 30 DKK

Den Sorte Diamant → S. 118, A 23

Unter all den Neubauten am Kopenhagener Hafen zählt der Erweiterungsbau der Königlichen Bibliothek, »Der schwarze Diamant«, schon heute unbestritten zu den Meisterwerken. Das lichtdurchflutete Gebäude unmittelbar am Ufer wird auch gerne für Musikveranstaltungen genutzt.

Tivoli → S. 52/53, c 5

Wenn sich das Volk vergnüge, komme es nicht auf die dumme Idee einer Revolution. Das war Mitte des 19. Jh. die Begründung für die Eröffnung dieses Vergnügungsparkes. Auch heute noch strömt das Volk unverdrossen auf das Gelände. Fahrgeschäfte, Spielautomaten und Livemusik prägen den Tivoli, in dem es diverse Restaurants gibt. Der Park hat auch in der Vorweihnachtszeit geöffnet.

Vesterbrogade 3; Mitte April–Mitte Juni, Mitte Aug.–Mitte Sept. Mo–Do, So 11–23, Fr 11–1, Sa 11–24, Mitte Juni–Mitte Aug. Mo–Do, Sa 11–24, Fr, Sa 11–1 Uhr; Eintritt 75 DKK, 35 DKK

Vor Frelsers Kirke → S. 52/53, f 5

Sind Sie schwindelfrei? Dann sollten Sie es wagen, die außen verlaufenden 150 Stufen auf den Kirchturm hinaufzusteigen, um von dort aus einen herrlichen Blick über Kopenhagen zu genießen. 1995 wurde der Turm, der 1752 auf die gegen Ende des 17. Jh. fertig gestellte Kirche ge-

Vor allem in der Vorweihnachtszeit erstrahlt der Vergnügungspark Tivoli, weltweit der erste dieser Art, in stimmungsvollem Glanz.

setzt wurde, vollständig restauriert. Die Idee zu dem Bauwerk mit seiner Weltkugel und der Christusfigur entlehnte der Architekt der Kirche S. Ivo della Sapienza in Rom. Auch das Innere der Kirche ist sehenswert. Die Orgel ruht auf zwei Elefanten, der Altar ist reich geschmückt, der Taufstein aus kostbarem Marmor, und an den Wänden entlang ranken sich Stuckverzierungen.

Annægade 29, Christianshavn; April–Aug. 11–16.30, Sept.–März Mo–Sa 11–15.30, So 12–15.30 Uhr, Turm Nov.-März geschl.; Eintritt Turm 20 DKK, Kinder 10 DKK

MUSEEN

Arbejdermuseet

→ S. 52/53, c 3

Ein angenehm kleines Museum, das die Geschichte der dänischen Arbeiter und den Kampf um ihre Rechte dokumentiert. Historische Einrichtungen, nachgestellte Szenen aus dem Arbeiterleben, Bilder und andere Dokumente sowie eine historisch gestaltete Gaststätte.

Rømersgade 22; 10–16 Uhr; Eintritt 50 DKK, Kinder 30 DKK

Dansk Arkitektur Center

→ S. 52/53, e 5

Ein in einem alten Speicher in Christianshavn direkt am Wasser liegendes Museum mit kommerziellem Hintergrund. Denn hier wird die Qualität dänischer Architektur und Baukunst in Bildern und Modellen nicht nur gepriesen, um den Besucher zu erfreuen, sondern auch in der Hoffnung, dadurch Aufträge aus aller Welt zu erhalten. Verschiedene Sonderausstellungen.

Strandgade 27b, Christianshavn; tgl. 10–17 Uhr; Eintritt 40 DKK, Kinder frei

Dansk Design Center

→ S. 52/53, d 5

Dieses Center will Sammelpunkt aller im Bereich Design Arbeitenden sein, bietet Besuchern aber zugleich ständig wechselnde Ausstellungen über dänische Designgeschichte, bestimmte Marken oder Tendenzen. Wenn man bedenkt, wie innovativ dänisches Design war und ist, von Radios über Lampen bis zu Aschenbechern, von Spielzeug bis hin zu Mode, dann wird deutlich, wie faszinierend ein Besuch des im Jahr 2000 eröffneten Centers sein kann.

H.C. Andersens Boulevard 27; Mo–Fr 10–17, Sa, So 11–16 Uhr; Eintritt 40 DKK, Kinder 20 DKK

Dansk Jødisk Museum

→ S. 52/53, d 5

Das Museum sammelt unterschiedlichste Gegenstände zum jüdischen Leben in Dänemark. Bücher und Bilder sind ebenso darunter wie Kunsthandwerk. Auf dem Gelände der Königlichen Bibliothek gelegen.

Proviantpassagen 6; Di–Fr 13–16, Sa–So 10–17 Uhr; Eintritt 40 DKK, Kinder frei

Davids Samling

→ S. 112, A 12

Mit Geschick und Glück baute der Jurist C. L. David eine mittlerweile berühmte Kollektion auf, die unter anderem eine der interessantesten

MERIAN-Tipp

5 Überschaubar: Den Hirschsprungske Samling

Ein kleines, feines Museum, das viele Berühmtheiten dänischer Malkunst unter seinem Dach vereint, darunter Eckersberg und Købke, Zahrtmann und Larsen, Kyhn und Dreyer. Es macht Spaß, durch die mit Kennerblick zusammengestellte Sammlung zu schlendern. Zusammengetragen hat sie der Tabakfabrikant Hirschsprung, der sie 1902 dem Staat schenkte. Zwischen 1908 und 1911 wurde das Gebäude hinter dem Statens Museum for Kunst errichtet.

Stockholmsgade 20; Mo, Mi–So 11–16 Uhr; Eintritt 35 DKK, Kinder frei, Mi freier Eintritt → S. 52/53, d 1

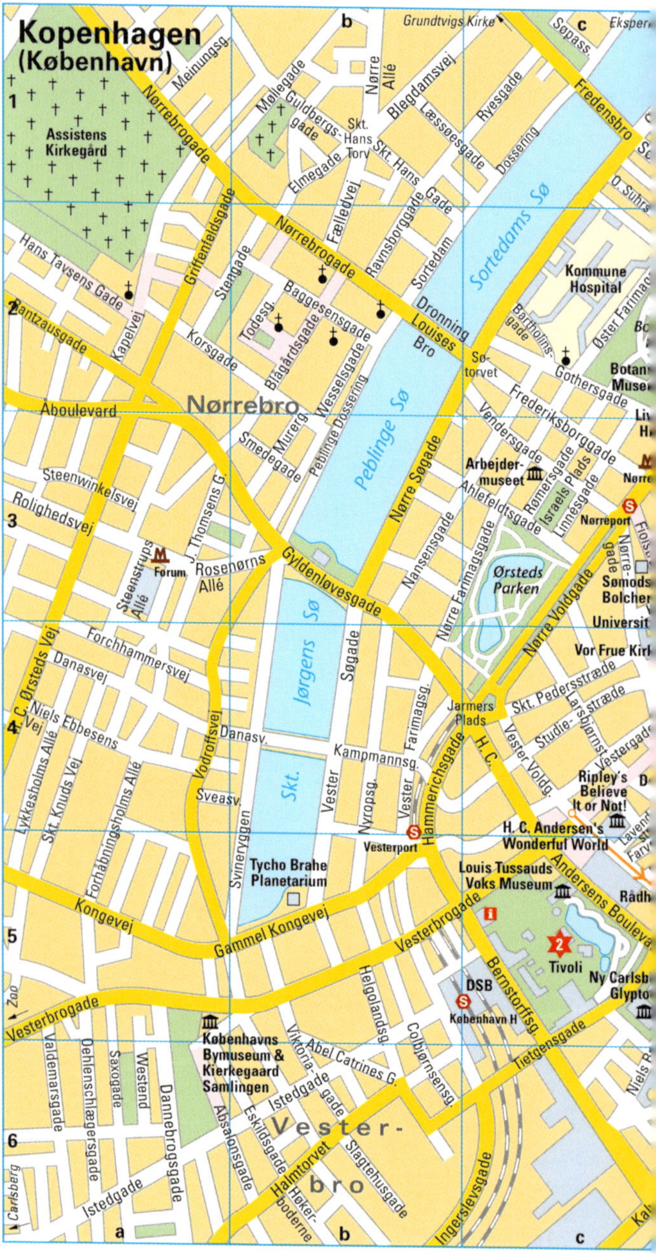
Kopenhagen
(København)
Assistens Kirkegård
Nørrebrogade
Meinungsg.
Møllegade
Guldbergs-gade
Skt. Hans Torv
Elmegade
Nørre Allé
Blegdamsvej
Læssøesgade
Ryesgade
Grundtvigs Kirke
Søpass.
Fredensbro
Eksper
Skt. Hans Gade
Ravnsborggade
Sortedam
Dossering
Sortedams Sø
Ø. Suhrs
Fælledvej
Griffenfeldsgade
Stengade
Hans Tavsens Gade
Kapelvej
Rantzausgade
Korsgade
Todesg.
Baggesensgade
Blågårdsgade
Wesselsgade
Dronning Louises Bro
Sø-torvet
Kommune Hospital
Bartholins-gade
Øster Farimag
Gothersgade
Botan Muse
Frederiksborggade
Åboulevard
Nørrebro
Murerg.
Smedegade
Peblinge Dossering
Peblinge Sø
Nørre Søgade
Vendersgade
Arbejder-museet
Rømersgade
Israels Plads
Linnésgade
Ahlefeldtsgade
Nørreport
Steenwinkelsvej
Rolighedsvej
J. Thomsens G.
Forum
Rosenørns Allé
Steenstrups Allé
Gyldenløvesgade
Nansensgade
Ørsteds Parken
Nørre Farimagsgade
Nørre Voldgade
Nørre-gade
Sømods Bolcher
Universit
Vor Frue Kirk
H. C. Ørsteds Vej
Forchhammersvej
Danasvej
Jørgens Sø
Søgade
Skt. Pedersstræde
Larsbjørnst.
Studie-stræde
Jarmers Plads
Niels Ebbesens Vej
Vodroffsvej
Danasv.
Kampmannsg.
Farimagsg.
Vester Voldg.
Vestergade
H. C.
Hammerichsgade
Ripley's Believe It or Not!
Lykkesholms Allé
Skt. Knuds Vej
Forhåbningsholms Allé
Sveasv.
Skt. Sø
Vester
Nyropsg.
Vesterport
H. C. Andersen's Wonderful World
Svineryggen
Tycho Brahe Planetarium
Louis Tussauds Voks Museum
Andersens Bouleva
Rådh
Kongevej
Gammel Kongevej
Vesterbrogade
Tivoli
Ny Carlsb Glypto
DSB
København H
Bernstorffsg.
Helgolandsg.
Colbjørnsensg.
Zoo
Københavns Bymuseum & Kierkegaard Samlingen
Abel Catrines G.
Tietgensgade
Valdemarsgade
Oehlenschlægersgade
Saxogade
Westend
Dannebrogsgade
Viktoria-gade
Istedgade
Absalonsgade
Eskildsgade
Vester-bro
Halmtorvet
Høker-boderne
Slagtehusgade
Ingerslevsgade
Niels
Carlsberg
a
b
c
1
2
3
4
5
6

Østerport
DSB
Oslo Pl.
F. Bernadottes Allé
Den Lille Havfrue (Kleine Meerjungfrau)
Kastellet
Uppsalag.
Malmøg.
Stockholmsgade
Øster Farimagsgade
Østre Anlæg
Den Hirschsprungske Samling
Statens Museum for Kunst
Sølvgade
Geologisk Museum
Øster Voldgade
Nyboder
Delfingade
Gernersgade
Skt. Pauls Gade
Grønningen
St. Kongensgade
Gefion Springvand
Churchill Parken
Frihedsmuseet
Esplanaden
Kunstindustrimuseet
Bredgade
Rigensgade
Klerkegade
Fredericiagade
Frederiksstaden
Alexander Newskij Kirke
Frederiks Kirke
Amaliegade
Toldbodgade
Rosenborg Slot
Rosenborg Have (Kongens Have)
Kronprinsessegade
Dronningens Tværgade
Davids Samling
Amalienborg Slot
Amalienborg Plads
Den Kongelige Afstøbningssamling
Ny Opera
Musikhistorisk Museum
Åbenrå
Hauser Pl.
Gothersgade
Adelgade
Borgergade
Baron Boltens Gård
CH
Skt. Annæ Plads
Kvæsthusbroen
Trinitatis Kirke
Landemærket
Gl. Mønt
Ny Østergade
Ny Adelgade
Kongens Nytorv
St. Strandstr.
Nyhavn
Købmagerg.
Guinness World of Records
Museum Erotica
Gråbrødre Torv
Pilestr.
Post- og Telegrafmuseet
Valkendorffsgade
Østergade
Charlottenborg
Det Kgl. Teater
Illums Bolighus
Vingårdsstr.
Bremerholm
Holmens Kanal
Peder Skrams G.
Inderhavnen
Trangravens Kanal
Gl. Strand
Ved Stranden
Holmens Kirke
Juels G.
Niels
Erichsens Gård
Havnegade
Krøyers Plads
Christianshavn
Thorvaldsens Museum
Vindebrog.
Christiansborg Slot
Børsen
Børsgade
Dansk Arkitektur Center
Wilders Plads
Christianshavns Kanal
Nationalmuseet
Dansk Jødisk Museum
Kgl. Bibliotek
Brygge
Knippelsbro
Strandgade
Wildersgade
Orlogsmuseet
Overgaden neden Vandet
Overgaden oven Vandet
Prinsessegade
Kongensgade
Fr.holms Kanal
Vester Voldg.
Torvegade
Christians Kirke
B&W Museum
Christianshavn
Vor Frelsers Kirke
Voldgade
Applebys Plads
Dronningensgade
Langebrogade
Chr. Havns
Langebro
Sydhavnen
Amager Boulevard
Thorshavnsgade
Stadsgraven
Enveloppevej
Flughafen, Malmö
0
300 m
N
© MERIAN-Kartographie
d
e
f
1
2
3
4
5
6

Sammlungen islamischer Kunst in Europa beinhaltet. David nutzte den Umstand, dass viele Juden vor der Flucht vor den Nazis gezwungen waren, ihren Besitz zu verkaufen. Auch vermögende dänische Großgrundbesitzer wurden während des Zweiten Weltkrieges vom Staat gezwungen, Werte abzugeben. Doch statt des erhofften Landes opferten sie lieber Kunstgegenstände, die David erwarb und die hier zusammengetragen sind. Zu sehen sind außerdem frühes Porzellan aus Meißen und von der Kongelige Porcelainsfabrik sowie Kunst aus dem 18. Jh.

Kronprinsessegade 30; Di–So 13–16, Mi 10–16 Uhr; Eintritt frei

Frihedsmuseet → S. 52/53, f 2

Die Feiern und Reden zum Tag der Befreiung, die anlässlich des 60. Jahrestages 2005 gehalten wurden, haben nochmals deutlich gezeigt, wie sehr die Dänen während des Zweiten Weltkrieges unter der deutschen Besatzung gelitten haben. Eindringlich wird in dem Museum diese Zeit anhand historischer Dokumente dargestellt.

Churchillparken; Mai–Mitte Sept. Di–Sa 10–16, So 10–17, Sept.–April Di–Sa 11–15, So 11–16 Uhr; Eintritt 40 DKK, Kinder frei, Mi Eintritt frei

Kunstindustrimuseet → S. 112, C 12

Kunstgewerbe aus Europa und Übersee in überbordender Fülle ist hier zusammengestellt. Für Interessierte mit Vorkenntnissen stellt die Sammlung sicher einen Leckerbissen dar. Andere könnten ob der Menge Orientierungsprobleme haben.

Bredgade 68; Di–Fr 10–16, Sa, So 12–16 Uhr; Eintritt 40 DKK, Kinder frei

Museum Erotica → S. 118, A 21

Die Dänen gaben als erste Nation die Pornografie frei. Im Museum Erotica können Besucher einen Streifzug durch die Geschichte der Erotik unternehmen, sich über Heimlichkeiten und Zensur informieren oder Aktfotos von einst mit heutigen Porno-Videos vergleichen.

Købmagergade 18; Okt.–April 11–20, Mai–Sept. 10–23 Uhr; Eintritt 109 DKK

Nationalmuseet → S. 52/53, d 5

Ein klassisches Geschichtsmuseum, das in schönen und sehr sorgfältig ausgestatteten Räumen einen Überblick über die Geschichte des Landes verschafft. Vergleichbar mit Schloss Frederiksborg in Hillerød.

Ny Vestergade 10; Di–So 10–17 Uhr; Eintritt 50 DKK, Kinder frei, Mi Eintritt frei

Ny Carlsberg Glyptotek → S. 52/53, c 5

Ein Traum von einem Museum, selbst wenn man sonst kein besonderes Faible für antike Kunst besitzt. Carl und Ottilia Jacobsen, Inhaber der Carlsberg-Brauerei, ließen das venezianisch anmutende Gebäude zwischen 1892 und 1895 errichten. 1906 wurde es erweitert. Helle, großzügig und großartig ausgestaltete Räume bilden den idealen Rahmen für die Skulpturen aus Ägypten, Griechenland und Italien. Eine Sammlung mit Werken Rodins und eine eindrucksvolle Sammlung etruskischer Kunst runden die Ausstellung ab. Bis Mitte 2006 ist das Museum nur eingeschränkt zugänglich, es werden nur Highlights der Sammlung gezeigt.

Dantes Plads 7; Di–So 10–16 Uhr; Eintritt 20 DKK, Mi, So gratis, Kinder frei

Ordrupgaardsamlingen → S. 112, nördl. B 9

Auch dieses Museum ist der Initiative eines Privatmannes zu verdanken. Der Versicherungsdirektor Wilhelm Hansen stellte sich eine Sammlung aus dänischen Goldaltermalern und französischen Künstlern wie Degas, Pissarro und Monet zusammen. 1951 bekam der Staat die außergewöhnlich schönen Kunstwerke geschenkt. Der große Erweiterungsbau 2005 wurde von der iranischen Stararchitektin Zaha Hadid gezeichnet.

Die Ny Carlsberg Glyptotek besticht durch ihre anmutige Architektur wie durch ihre ungewöhnlichen Sammlungen. Gelegentlich finden auch Konzerte statt.

Vilvordevej 110, Charlottenlund; Di, Do, Fr 13–17, Mi 10–20, Sa, So 11–17 Uhr; Eintritt 65 DKK, Kinder frei

Orlogsmuseet → S. 52/53, f 5

Hier geht es um die Marine in friedlichen wie in kriegerischen Zeiten. Historische Modelle und Bilder vermitteln einen guten Einblick, unter anderem auch in die Stadtgeschichte.

Overgaden oven Vandet 58 a, Christianshavn; Di–So 12–16 Uhr; Eintritt 40 DKK, Kinder frei

Ripley's Believe It or Not!

→ S. 52/53, c 4

Ein lohnenswertes Museum voller Kuriosa der extremen Art. Da tragen Menschen Schlösser in der Nase oder haben Fleischerhaken in der Zunge. Man sieht eine Kuh mit acht Beinen. Auf Fernsehschirmen flimmern Naturkatastrophen oder Versuche von Niagaraabfahrten. Gruselig auch die Hinrichtung von El Fusilado 1915, der diese trotz neun Schüssen aus nächster Nähe überlebte.

Rådhuspladsen 57; Juni–Aug. 9.30–22.30, Sept.–Mai Mo–Fr, So 10–18, Sa 10–20 Uhr; Eintritt 80 DKK, Kinder 40 DKK

Statens Museum for Kunst

→ S. 52/53, d 2

1996 wurde dieses Museum für einen großen Erweiterungsumbau geschlossen und im November 1998 wieder eröffnet. Ein lichtdurchfluteter weißer Bau ragt nun hinter dem alten Gebäude in den Park Østre Anlæg hinein. Die Resonanz fiel sehr unterschiedlich aus, die dänische Architekturkritik fand den Anbau mehrheitlich jedenfalls missraten. Das ursprüngliche Gebäude wurde 1889 bis 1896 nach Plänen von Vilhelm Dahlerup gebaut.

Doch zweifellos ist hier ein hervorragender Querschnitt durch die dänische Kunst zu finden. Das Goldalter (Købke, Eckersberg, Bendz) ist überreich vertreten, natürlich auch die Skagenmaler (Anna und Michael Ancher, P. S. Krøyer), die Bornholmer Schule (Zahrtmann, Isakson, Weie, Høst) ebenso wie die Fünenmaler (Larsen, Syberg, Nielsen). Dann selbstverständlich auch international renommierte Größen des 20. Jh. wie Jorn, Kirkeby und Mortensen. Und die jüngeren Etablierten wie Peter Bonde und Troels Wörsel. Aber auch andere Skandinavier, Deutsche, Niederländer

und nun vor allem Franzosen sind gut vertreten. Der Anbau hat zudem eine breitere Präsentation der Moderne ermöglicht. Da droht die sehr schöne Sammlung niederländischer Kupferstiche fast übersehen zu werden.
Sølvgade 38–40; wegen Umbauarbeiten ist das Museum bis Anfang 2006 nur eingeschränkt zugänglich; Di, Do–So 10–17, Mi 10–20 Uhr; Eintritt 50–70 DKK, Kinder frei

Thorvaldsens Museum

→ S. 52/53, d 4

Er ist der bekannteste dänische Bildhauer geblieben – Bertel Thorvaldsen, 1770 geboren und 1793 für seine ersten Arbeiten mit einem Stipendium nach Rom belohnt. Dort blieb er 45 Jahre lang und stieg bald zur Elite der neoklassizistischen europäischen Bildhauer auf. Königshäuser und Päpste bestellten bei ihm, und nicht nur sie. Thorvaldsen musste bald Helfer einstellen, die in seinem Namen Skulpturen und Reliefs anfertigten. 1838 kam der Künstler nach Kopenhagen zurück, wurde begeistert empfangen und bezog sein Atelier bei Præstø an der Ostküste Seelands. Auch das Museumsgebäude ist bemerkenswert.
Porthusgade 2; Di–So 10–17, Juli tgl. 10–16 Uhr; Eintritt 20 DKK, Kinder frei, Mi Eintritt frei

Essen und Trinken

Gammel Mønt

→ S. 52/53, d 3

Sehr lauschiges Restaurant in einem alten Fachwerkhaus. Französisch inspirierte Küche mit exzellenter Fischzubereitung.
Gammel Mønt 41; Tel. 33 15 10 60; Di–Fr 11.30–24 Uhr ●●●● CREDIT

Kong Hans Kælder

→ S. 52/53, e 4

Vielleicht das beste Restaurant der Stadt. Seezunge mit Basilikumsauce und Lammfilet mit Koriander und Zitronengras sind nur einige Beispiele aus der Karte. Im Schnitt kostet ein Hauptgericht 300 DKK. Einfachere Kreationen bereits 160 DKK.
Vingårdstræde 6; Tel. 33 11 68 68; Mo–Sa 18–24 Uhr, Juni–Aug. Mo geschl. ●●●● CREDIT

Restaurationen

→ S. 52/53, d 3

Atmosphärisch eher kühles, qualitativ aber überragendes Restaurant im französischen Stil mit bemerkenswerter Weinkarte.
Møntergade 19; Tel. 33 14 94 95; Di–Sa 18–24 Uhr, Juli geschl. ●●●● CREDIT

Das Kong Hans Kælder im Keller des ältesten Gebäudes von Kopenhagen ist seit langem eines der führenden Restaurants der Stadt.

Le Sommelier → S. 52/53 e 2
Eines der reizvollsten Lokale der Stadt. Bodenständige französische Landküche mit Niveau, dazu eine sehr umfangreiche Weinkarte. Zahlreiche Weine kann man auch glasweise bestellen.
Bredgade 63–65; Tel. 33 11 45 15; Mo–Do 12–14, 18–22, Fr 12–14, 18–23, Sa 18–23, So 18–22 Uhr ●●●● DINERS MASTER VISA

Saison → S. 52/53, nördl. e 1
Erwin Lauterbach wird zu den Top-Ten der dänischen Köche gezählt. In dem im Park Hotel eingerichteten Restaurant sind vor allem Fischliebhaber an der richtigen Adresse.
Strandvejen 203, Hellerup; Tel. 31 62 48 42; Mo–Sa 12–24 Uhr ●●●●

Café Ketchup → S. 52/53, d 3
Hinter diesem eher launigen Namen stecken zwei der kreativsten Kopenhagener Köche. Entsprechend beliebt ist das Restaurant. Inspiration holen sich die beiden aus aller Welt und kombinieren unterschiedlichste Zutaten. Immer wieder überraschend auf höchstem Niveau.
Pilestræde 19; Tel. 33 32 30 30; Mo–Sa 10–23 Uhr ●●● DINERS MASTER VISA

L'Education Nationale → S. 52/53, c 4
Schlichtes und dennoch gemütliches Szene-Restaurant im Latinerviertel. Vorzugsweise junges Publikum genießt die französische Küche.
Larsbjørnsstræde 12; Tel. 33 91 53 60; Mo–Sa 12–16, 18–24 Uhr ●●● MASTER VISA

Extra → S. 52/53, d 4
Tapas sind gerade große Mode in Kopenhagen, im Extra werden sie in Vollendung serviert, 12 Stück kosten 455 DKK. Alternativ kann man sich spanischer Regionalküche zuwenden.
Østergade 13; Tel. 35 26 09 52; Bar tgl. 11–24 Uhr, Restaurant Mo–Fr 12–15, 17–22, Sa, So Bar bis 23 Uhr ●●● DINERS MASTER VISA

Peder Oxe → S. 52/53, d 4
In-Lokal, deshalb unbedingt reservieren. Es wird dänisch-französische Küche serviert. Der Kellner kommt, sobald Sie die Tischlampe bedient haben.
Gråbrødre Torv 11; Tel. 33 11 00 77; tgl. 11.30–1 Uhr ●●● DINERS MASTER VISA

Sult → S. 52/53, d 3
»Sult« heißt »Hunger«, der Name bezieht sich auf den Roman des Norwegers Knut Hamsun. Doch Hunger muss in diesem Restaurant, das im Filmhaus eingerichtet wurde, niemand leiden. Im Gegenteil – die Mittelmeer-Küche ist empfehlenswert.
Vognmagergade 8b; Tel. 33 74 34 17; Di–Sa 12–24, So 12–22 Uhr ●●●

TyvenKokkenHansKoneOg HendesElsker → S. 52/53, d 4
In dem gemütlichen Haus kann man z. B. ein wunderbares achtgängiges Menü genießen. Vorzugsweise Gerichte aus Dänemark und Italien. Der Service ist großartig und macht einen Abend in »Der Dieb, der Koch, seine Frau und ihr Liebhaber« (nach dem gleichnamigen Film von Peter Greenaway) zum Erlebnis.
Magstræde 16; Tel. 33 16 12 92; Di–Sa 18–2 Uhr ●●● DINERS MASTER VISA

Bryggeriet Apollo → S. 52/53, c 5
Hier kommt man nicht zum Essen her, obgleich die Spareribs sehr lecker sind. Der Clou ist das hauseigene Bier, das serviert wird. Ideal vor einem Besuch des Tivoli.
Vesterbrogade 3; Tel. 33 12 33 13; Mo–Do 11.30–24, Fr, Sa 11.30–2, So 15–24 Uhr ●● MASTER VISA

Casa d'Antino → S. 52/53, d 3
Italienische Küche, eine riesige Weinkarte, sehr entspannte Stimmung, äußerst freundlicher Service, und im Sommer wird auch draußen serviert.
Dronningens Tværgade 43; Tel. 33 15 15 05; Mo–Sa 17.30–22.30 Uhr ●● CREDIT

Ida Davidsen → S. 52/53, e 2
Hier wurden vor über 100 Jahren die ersten Smørrebrøder kreiert. Und auch heute noch beherrscht man die Kunst ideenreich und kunstvoll bereiteter Brote absolut perfekt.
Store Kongensgade 70; Tel. 33 91 36 55; Mo–Fr 10–17 Uhr, Juli geschl. ●● CREDIT

Nytorv Restaurant → S. 52/53, c 4
Gemütliches, urig-dänisches Restaurant. Ideal auch für einen Frokost-Stopp im Zentrum.
Nytorv 15; Tel. 33 11 77 06; tgl. 10–24 Uhr ●● CREDIT

Pasta Basta → S. 52/53, d 4
Restaurant mit exzellentem Vorspeisenbuffet italienischer Art, leckeren Suppen und geschmackvollen Pastagerichten. Und dank der langen Öffnungszeiten geben sich auch nach 24 Uhr noch viele Menschen der Völlerei hin. Bei solchen Gelegenheiten herrscht eine tolle Stimmung!
Valkendorffsgade 22; Tel. 33 11 21 31; So–Do 11.30–3, Fr–Sa 11.30–5 Uhr
●● MASTER VISA

Riz Raz → S. 52/53, d 4
Eines der besten unter den wirklich günstigen Restaurants der Stadt. Den Schwerpunkt setzt Mittelmeerküche, vor allem aus Ägypten. Großartig auch das Buffet voller Oliven, Käse, Auberginen, Reis ...
Kompagnistræde 20; Tel. 33 15 05 75; Mo–Fr 11.30–22, Sa, So 11.30–23 Uhr
●● DINERS MASTER VISA

Drei Getränke braucht der Däne: Aquavit Kaffee und Bier.

EINKAUFEN

Bitte Kai Rand → S. 52/53, e 3
Die Kopenhagenerin hat sich zu einer der beliebtesten Marken für Frauenmode entwickelt. Fröhliche Farben, originelle Schnitte und nicht nur von ganz jungen Frauen tragbar.
Store Strandstræde 22

Blue Willi's → S. 52/53, c 4
Diese Jeans kommen aus Dänemark, genauer aus dem jütischen Silkeborg. Und weil sie immer beliebter werden, gibt es jetzt auch noch Hemden, Pullover, Mützen und anderes.
Frederiksberggade 32

Buksesnedkeren → S. 52/53, d 3
Dänische, farbenfrohe Freizeitmode. Außerdem Sportmode von H_2O, optisch sicherlich eine der interessantesten Marken. Mehrfach in der Innenstadt vertreten, auch in den großen Kaufhäusern.
Købmagergade 47

Filippa K → S. 52/53, d 3
Trendiges schwedisches Label für Jüngere und etwas Ältere beiderlei Geschlechts.
Ny Østergade 1

Georg Jensen → S. 52/53, d 4
Der Name für qualitativ hochwertigen Schmuck aus Dänemark. 1904 begründete Jensen seine Silberschmiede. In dem Strøget kann man die teure Pracht erwerben.
Amagertorv, Strøget

Illum → S. 52/53, d 4
Traditionsreiches Kaufhaus der gehobenen Preisklasse. Sehr große Parfümabteilung, die Mode ist nach

Marken geordnet, es wird nicht in Frauen- und Männerabteilung unterschieden. Allein das Bummeln macht in diesem wunderschönen Haus großen Spaß.
Østergade 52, Strøget

Illums Bolighus → S. 52/53, d 4
Das Einrichtungshaus bietet zwar auch Mode an, in erster Linie jedoch Stoffe, Möbel, Lampen, Glas, Küchenutensilien und natürlich jede Menge Schnickschnack. Ein Bummel durch das Bolighus ist wie ein Streifzug durch die skandinavische Design-Welt in ihrer höchsten Vollendung. Kaum ein Besucher verlässt das Haus ohne Einkaufstüte.
Amagertorv 10, Strøget

Klassik → S. 52/53, e 3
Gebrauchte Designermöbel der klassischen Moderne, so beispielsweise von Jacobsen, Klint und Mogensen. Außerdem werden Bilder und Kunsthandwerk aus dieser Zeit verkauft. Alles in gutem Zustand und deshalb nicht ganz billig.
Bredgade 3

Könrøg → S. 52/53, d 3
Sechs dänische Designer haben sich unter einem Dach versammelt und bieten ihre individuell gestaltete Damenmode an.
Hyskenstræde 11

Kost & Mask → S. 52/53, e 4
Wie wäre es mit original Theaterklamotten? Das Theater verkauft Kleider, Anzüge und anderes aus eigenen Beständen!
Tordenskjoldsgade 3; Fr 12–18, Sa 10–14 Uhr während der Theatersaison

Magasin du Nord → S. 52/53, e 3
Das älteste Kaufhaus Skandinaviens und eines der am besten sortierten. Großartig sind u. a. die Modeabteilungen. Ein wahrer Augenschmaus ist die Food-Abteilung im Untergeschoss.
Kongens Nytorv 13

Dieser Name steht für Qualität: Georg Jensen entwirft seit über 100 Jahren Schmuck, Silberwaren und Besteck.

Nørgaard på Strøget → S. 52/53, d 4
Nørgaard ist *die* Kopenhagener Modeinstitution für jüngere Leute. Auch trendige Mode anderer Designer.
Amagertorv und Frederiksberggade/ Kattesundet (Strøget)

Quickstep → S. 52/53, d 3
Große Auswahl von Baby- und Kinderkleidung, skandinavische Marken sind ebenso vertreten wie internationale Designerlabel.
Købmagergade 62

Petitgas → S. 52/53, d 4
In dem zweitältesten Hutgeschäft der Welt, es wurde 1857 eröffnet, sind Hüte und Bedienung selbstverständlich absolute Spitzenklasse.
Købmagergade 5

Red/Green → S. 52/53, d 4
Mit ihren Kreationen vor allem auf Segler und Golfer abzielende Edelmarke.
Østergade 35, Strøget

Das Royal Copenhagen ist die erste Adresse für Porzellan in Kopenhagen. Wer nur schauen möchte: Alljährlich zur Weihnachtszeit sorgen die berühmten, kunstvoll gedeckten »Weihnachtstische« für Bewunderung.

Royal Copenhagen → S. 52/53, d 4
»Den Kongelige Porcellanfabrik« und »Bing & Grøndahl« schlossen sich vor vielen Jahren zu »Royal Copenhagen« zusammen. Die Marke gilt heute als Inbegriff dänischen Porzellans, ob als einfaches Geschirr oder als dekorativer Weihnachtsteller. Im Geschäft kann man auch Ware zweiter Wahl erstehen. Nebenan gibt es ein gemütliches Café.
Amagertorv 6/Strøget

Sand → S. 52/53, d 4
Im jütischen Randers entwickelte Edelmarke für Sie und Ihn. Der Laden ist sehr cool und düster, ganz im Gegensatz zur Mode.
Østergade 52

Am Abend

Café Krasnapolsky → S. 52/53, c 4
Ein Klassiker der Kopenhagener Café-Szene mit eher jüngerem Publikum. Sehr entspannte Atmosphäre.
Vestergade 10; Mo–Mi 10–2, Do 10–4, Fr, Sa 10–6, So 14–24 Uhr

Café Sommersko → S. 52/53, d 3
Junges Publikum, gutes, günstiges Essen, sehr freundlicher Service.
Kronprinsensgade 6; Mo–Mi 8–24, Do–Fr 8–2, Sa 9–2, So 10–24 Uhr

Copenhagen Jazz House → S. 52/53, d 4
Bestes Jazzhaus, täglich Livemusik.
Niels Hemmingsens Gade 10; So–Mi 18–24, Do–Sa 18–5 Uhr

JazzHuset Vognporten → S. 52/53, d 4
Am Wochenende gibt's hier tanzbaren Jazz der 20er bis 50er, sonst eher Bebop und Mainstream.
Rådhusstræde 13; Mo, Mi, Fr, Sa 20–0.30 Uhr

Rust → S. 52/53, b 1
Nach dem durchgeknallten Moskau-Flieger benannte Mischung aus Disco, Livebühne mit Rockmusik und Cocktailbar. Nennt sich selbst »Subkultureller Palast«. Immer voll.
Guldbergsgade 8; Mo–Sa 17.30–5 Uhr

Woodstock → S. 52/53, c 4
Dauerbrenner der hiesigen Disco-Szene. Publikum aller Altersstufen, Musik der 60er- und 70er-Jahre.
Vestergade 12; Mi–Do 21–5, Fr, Sa 22–5 Uhr

Reigen der Regenten

Umstritten und bejubelt – das Königshaus von König Gorm bis Königin Margrethe II.

Das dänische Königshaus erfreut sich einer ungebrochenen Popularität. Das verdankt es in erster Linie seinen Frauen. Zuvorderst natürlich Margrethe II., die 1940 geboren wurde und 1972 den Thron bestieg. Mit ihrer Natürlichkeit, ihrer moralischen Integrität und ihren vielseitigen Interessen wie Malerei und Design hat sie das Bild einer modernen Regentin mitgeprägt. Da kann sie noch so viel Zigaretten rauchen oder es noch so viele Diskussion über ihre künstlerischen Qualitäten geben, sie ist unter der Bevölkerung über jeden Zweifel erhaben.

Das gilt ebenso für die Frau des Kronprinzen, für Prinzessin Mary. Die gebürtige Australierin hat die Herzen der Dänen im Sturm erobert. Für viele war es auch eine Erleichterung, dass sich der Kronprinz nach einigen Freundinnen nun schließlich für eine attraktive und sehr gut ausgebildete Frau entschied.

Eine hervorragende Ausbildung konnte auch Alexandra Manley vorweisen, die 1995 Prinz Joachim heiratete. Die Ehe wurde zehn Jahre später geschieden, die Sympathien der Dänen gehörten eindeutig der heute in Kopenhagen lebenden Alexandra und ihren zwei Söhnen.

Umstrittene Prinzen

Prinz Joachim hingegen blieb auf Schloss Schackenborg in Südjütland. Ihn verfolgen weiterhin finstere Andeutungen eines recht unsteten Lebenswandels. Das galt auch lange Zeit für seinen Bruder Kronprinz Frederik. Da war manchmal vom Kornprinz statt vom Kronprinz die Rede, der Hang beider Söhne zu schnellen Autos war berüchtigt. Und auch über Margrethes Mann, Prinz Henrik, gibt es sehr geteilte Meinungen, gerne macht man sich über sein mäßiges Dänisch und seinen angeblich sauren Wein, den er in Südfrankreich anbaut, lustig.

Seit dem 958 gestorbenen Gorm ist die Geschichte des dänischen Königshauses verbürgt. Sein Nachfolger

war sein Sohn Harald Blauzahn, in den nächsten Jahrhunderten folgten einige Valdemars, die den dänischen Einfluss in der Ostsee erhöhten. 1337 bestieg mit Margrethe I. erstmals eine Frau den Thron. Doch mit dem plötzlichen Tod Christoffers III. von Bayern 1448 gab es keinen Nachfolger mehr. Nach langem Suchen in der weit verzweigten Königsfamilie fand man den jungen Graf Christian von Oldenburg, der als Christian I. die Oldenburger Linie begründete.

Zu dieser Linie gehören so illustre Personen wie Christian IV., der nicht nur als Baumeister Kopenhagens gilt, sondern der das Land auch in den verlustreichen 30-jährigen Krieg führte und viele eheliche und uneheliche Kinder produzierte. Bekannt ist auch Christian VII., der als schwachsinnig galt und in erster Linie in Bordellen gesehen wurde. Sein deutscher Leibarzt Johann Friedrich Struensee drängte nicht nur den Einfluss einiger Personen am Hofe zurück und propagierte aufklärerische Ideen. Sondern er hatte auch noch ein Verhältnis mit Königin Caroline Mathilde. Das wurde ihm zum Verhängnis, und er starb 1772 auf dem Schafott.

Ein Machtwechsel im Königshaus

1863 endete die Oldenburger Linie, als Frederik VII. ohne Thronfolger starb. Doch man fand einen Verwandten, der ihm als Christian IX. folgen konnte. Er begründete die bis heute gültige glücksburgische Linie. Zu ihr gehört der Großvater Margrethes II., nämlich Christian X., der 1920 unter großem Jubel hinein nach Nordschleswig, das nach dem Ersten Weltkrieg wieder Dänemark zugeschlagen wurde, ritt. Und der den Dänen im Zweiten Weltkrieg eine große moralische Unterstützung war.

Margrethes Vater war der beliebte, volkstümliche Frederik IX., der mit Ingrid von Schweden verheiratet war. Was beweist, dass das Verhältnis zwischen Dänen und Schweden wieder in Ordnung ist. Margrethes Schwester Anne Marie ist mit Griechenlands Ex-König Konstantin II. verheiratet. Doch ansonsten suchen sich Königs heute ihre Partner zunehmend bei den Bürgerlichen. Dänemark zeigt, dass das eine gute Idee ist.

Und mit der Geburt von Christian am 15. Oktober 2005 erfüllte sich für die Dänen der Traum vom Thronfolger.

Besuch bei der königlichen Familie – allerdings nicht bei der echten, sondern bei ihren Abbildern aus Wachs im Kopenhagener Wax-Museet.

Jütland – Der Süden

Statt »Hej« sagt man hier »Mojn«, der deutsche Einfluss ist in Südjütland überall spürbar.

Die farbenfrohe Statue auf dem Marktplatz der ehemaligen Handelsstadt Tønder soll die Bürger gestern wie heute zur Gesetzestreue ermahnen.

Hin und her ging es für die Südjüten in den letzten Jahrhunderten. Mal gehörten sie zum Herzogtum Schleswig, mal zu Dänemark. Dem Besucher wird schnell die Zweisprachigkeit in diesem Landesteil auffallen. Dänisch dominiert, doch gibt es viele Einrichtungen für die deutschsprachige Minderheit. Die Landschaft hingegen ist unspektakulär, leicht hügelig im Osten, grenzenlos flach im Westen. In seinen Städten allerdings ist Südjütland vielfach wirklich besonders.

Ribe

→ S. 178, B 6

18 000 Einwohner

Eben noch hat man sich in der Wagenschlange Richtung Nordseeküste gequält, da befindet man sich plötzlich mittendrin im Mittelalter. Ribe, Dänemarks älteste Stadt, war einst Wikingerhochburg und zu jener Zeit als Handelsplatz so bedeutend wie etwa Haithabu (bei Schleswig). Mitte des 10. Jh. wurde Ribe gar Bischofssitz und blieb auch in der Folgezeit eine mächtige und wohlhabende Stadt. Erst nach der Reformation setzte der Niedergang ein, der mit der neuen Grenzziehung 1864 seinen Abschluss fand. Ribe verlor sein südliches Hinterland, das nahe Esbjerg wurde zum aufstrebenden Handelshafen.

Und so scheint es heute noch, dass in Ribe die Zeit stehen geblieben ist. Wunderschöne alte Häuser, Kopfsteinpflaster, und über allem thront der mächtige Dom – mittelalterliches Flair pur. Im Sommer zieht allabendlich der Nachtwächter durch die Stadt.

Hotels/andere Unterkünfte

Hotel Dagmar

Das renommierteste Haus am Platz (und älteste Hotel Dänemarks) mit klassisch eingerichteten Zimmern. Mitten in der Innenstadt gelegen.

Torvet 1; Tel. 75 42 00 33, Fax 75 42 36 52; 48 Zimmer ●●● CREDIT

Den Gamle Arrest

Ohne Zweifel ein ganz besonderes Hotel, denn es ist in einem ehemaligen Gefängnis eingerichtet. Die ehemaligen Zellen sind etwas komfortabler eingerichtet, aber nicht wirklich luxuriös. Toilette und Bad befinden sich für die meisten Zimmer auf dem Gang.

Torvet 11; Tel. 75 42 37 00, Fax 75 42 37 22; www.dengamlearrest.dk; 11 Zimmer ● CREDIT

Sehenswertes

Dom

Ein wunderschöner, weithin sichtbarer Bau. Das helle und freundliche Innere ist äußerst großzügig ausgestaltet worden. Einen Blick verdienen die großen Grabplatten in den Außenschiffen, eindrucksvoll sind die bunten, vom dänischen Künstler Carl-Henning Pedersen gestalteten Fenster über dem Altar. Unbedingt lohnend ist der mit 250 Stufen zweifelsohne mühsame Aufstieg auf den Glockenturm, von dem man einen hervorragenden Blick bis nach Fanø hat.

Juni–Aug. tgl. 10–18, So 12–18, Mai, Sept. tgl. 10–17, So 12–17, April, Okt. tgl. 11–16, So 12–16, Nov.–März 11–15, So 12–15 Uhr; Eintritt 10 DKK, Kinder 3 DKK

Sturmflutsäule

Auf Höhe der Skibbroen 19 dokumentiert eine Sturmflutsäule den Wasserstand während der Flutkatastrophe von 1634 sowie einiger anderer im 20. Jh.

Museen

Hjemsted Oltidspark

Leben wie unsere Vorfahren, das kann man hier. In diesem Park wird die Eisenzeit nachgestellt und nachgelebt, Besucher sind zum Mitmachen herzlich eingeladen.

Hjemstedvej 60, Skærbæk; Mitte Juni–Mitte Aug. tgl. 10–18, Mai–Mitte Juni, Mitte Aug.–Mitte Okt. Di–So 9–16 Uhr; Eintritt 65 DKK, Kinder 40 DKK

Die schlichte Backsteinkirche des Løgumklosters wurde in der Zeit der Wende zwischen Romanik und Gotik erbaut.

Ribes Vikinger

Das überschaubare Museum für die Wikingerzeit und das Mittelalter dokumentiert auf stolzen 2500 qm Momentaufnahmen der Stadtgeschichte. So wird ein Tag des Jahres 800 sehr lebendig dargestellt, ebenso die Szenerie des Mittelalters.

Odins Plads; Mai, Sept. Mo–Fr 11–16, Juni–Aug. tgl. 11–16.30 Uhr; Eintritt 50 DKK, Kinder 20 DKK

Essen und Trinken

Kammerslusen

Außerhalb der Stadt direkt an der im Jahre 1913 in Betrieb genommenen Kammerschleuse gelegenes, modernes Restaurant mit sehr guter dänischer Küche. Nicht so edel wie das Restaurant im Hotel Dagmar, dafür aber etwas günstiger. Sehr freundlicher Service.

Bjerrumvej 30; Tel. 75 42 07 96; Mo–Sa 11–21, So 10–21 Uhr ●● CREDIT

Ziele in der Umgebung

Løgumkloster S. 178, C 7

6000 Einwohner

Ein kleiner, beschaulicher Ort, der durch die Ruine des gleichnamigen Klosters, das Gelände um die Kirche, den Marktplatz sowie den Glockenspielturm allerdings äußerst sehenswert ist. Zisterziensermönche erbauten hier 1173 ein Kloster, das während der Reformation aufgelöst wurde.

Hotels/andere Unterkünfte

Løgumkloster Refugium

Wunderschön in der Innenstadt neben der Kirche gelegen, große, gut ausgestattete Zimmer. Stolz ist man auf die hauseigene Bibliothek. Wer Ruhe und Besinnung sucht, ist hier richtig.

Refugievej 1; Tel. 74 74 33 01, Fax 74 74 33 25; 48 Zimmer ● CREDIT

Sehenswertes

Glockenspielturm

Gegenüber der Kirche steht der 25 m hohe, 1973 zur Erinnerung an Frederik IX. errichtete Glockenspielturm mit seinen 49 verschiedenen Glocken. Hier kann man sich zum Glockenspieler ausbilden lassen. Entsprechend »laut« geht es tagsüber zu, mehrmals am Tag läuten die Glocken. Nur im Juli haben die Glocken Ruhe.

Spielzeiten 8.15, 11.45, 15.15, 16.45, 18.15 und 21 Uhr

Rømø S. 178, B 7

Ein 9 km langer Damm verbindet seit 1948 Rømø mit dem Festland. Ein Damm, der Radfahrern bei entsprechendem Wind zur Tortur werden kann. Im Osten prägt das Watt die Insel, in der Mitte die Kiefernwälder und Heideflächen, an der Westküste der unendlich breite (bis zu 3 km) und lange (18 km) Strand. Ansonsten sind die vielen Feriensiedlungen unübersehbar.

SERVICE

Rømø-Sylt-Linie

Havneby; Tel. 74 75 53 03

Fährverbindung nach List auf Sylt 5- bis 10-mal tgl., Fahrtdauer 35 Min.

Tønder

S. 178, B 7

13 000 Einwohner

Tønder ist vermutlich die schönste Stadt gleich hinter der Grenze. Im 17. Jh. brachte die Spitzenklöppelei Geld in die Stadt, der Reichtum der Bürger spiegelt sich noch heute in den wunderschönen Backsteinhäusern in der Altstadt wider. Die Fußgängerzone versammelt zahlreiche interesssante Boutiquen, der Marktplatz samt der Kirche fügt sich gut in das Bild der Stadt ein.

HOTELS/ANDERE UNTERKÜNFTE

Tønderhus

Gediegenes, konservativ gehaltenes Hotel im Zentrum mit schönem Wintergarten.

Jomfrustien 1; Tel. 74 72 22 22, Fax 74 72 05 92; 61 Zimmer ●● CREDIT ♿

SEHENSWERTES

Gallehus

In diesem nordwestlich von Tønder gelegenen Ort (Straße 419 Richtung Højer) wurden 1639 und 1734 zwei Goldhörner aus der Zeit um 500 gefunden. Sie wurden in die Kunstkammer nach Kopenhagen gebracht, dort gestohlen und vermutlich eingeschmolzen. Zur Erinnerung stehen in Gallehus jetzt zwei große Steine.

Møgeltønder

Wer wissen möchte, wie das perfekte Idyll aussieht, sollte in diesem Ort, wenige Kilometer westlich (Straße 419), durch die Slotsgade schlendern. Kopfsteinpflaster, hohe Linden, reetgedeckte Häuser – einzigartig. In das Schloss Schackenborg dürfen Sie allerdings nicht, es gehört Prinz Joachim, er lebt hier als Landwirt.

MUSEEN

Tønder Museum

Wer sich für das Klöppeln interessiert, sollte unbedingt dieses Museum besuchen. Es zeigt die Historie der Klöppelei in Tønder, außerdem Möbel aus Südjütland und Norddeutschland sowie lokale Silberkunst.

Kongevej 55; Mai–Okt. Di–So 10–17, Nov.–April Di–So 13–17 Uhr; Eintritt 40 DKK, Kinder 25 DKK

EINKAUFEN

Det Gamle Apotek

In dem Eckhaus am Markt werden Kerzen, Leuchter, Küchengeschirr und vieles mehr sehr günstig verkauft, das wenigste entstammt allerdings dänischer Produktion.

Sønderborg

S. 179, D 7

30 000 Einwohner

Bezaubernd schön auf der Halbinsel Als platziert ist Sønderborg. Die Fußgängerzone wirkt recht gemütlich, die Bebauung ist gefällig. Am Wasser gibt es gute Bademöglichkeiten, der Blick über den Fjord ist wunderschön. Einzig die zahlreichen Ausflugsschif-

In Tønder hat das Klöppeln eine lange Tradition und wird von Generation zu Generation weitergegeben.

Die über 40 Räume des Sonderborg Slot beherbergen verschiedene kulturhistorische Sammlungen zur Regional- und Militärgeschichte.

fe aus Deutschland (zollfreier Einkauf) und die Reisebusse lassen den Hafen weniger reizvoll wirken.

Wichtigstes Fest in der Stadt ist das **Ringreiterfest** im Juli (→ Feste und Events, S. 28).

Eine Fahrt nach Sønderborg und in das etwas westlicher gelegene **Dybbøl** ist im Übrigen auch eine Reise in die deutsch-dänische Geschichte. Schließlich fanden hier 1848 und 1864 jene großen Schlachten statt, in denen Preußen schließlich die Dänen niederrang.

MUSEEN

Dybbøl Mølle

Als Mühle ist diese Mühle nicht bemerkenswert. Wichtiger ist sie als nationales Symbol. Denn genau hier stürmten die Preußen im April 1864 die letzten dänischen Stellungen. In den Räumen der Mühle befindet sich deshalb eine Ausstellung zu den damaligen Ereignissen.

Dybbøl Banke 7; Mitte April–Sept. tgl. 10–17 Uhr; Eintritt 25 DKK, Kinder 10 DKK

Historiecenter Dybbøl Banke

Unweit der Mühle dokumentiert dieses Geschichtszentrum die Auseinandersetzung um die Herrschaft über Schleswig und Holstein, aus der Preußen schließlich siegreich hervorging. Neben zeitgenössischen Darstellungen und Dokumenten verdeutlicht auch eine Tonschau die Historie.

Dybbøl Banke 16; Mitte April–Sept. tgl. 10–17 Uhr; Eintritt 45–55 DKK, Kinder 18 DKK

Museet på Sønderborg Slot

Das massige Schloss liegt unmittelbar am Wasser. Es wurde 1150 als Burg errichtet. Unfreiwilliger Gast war Anfang des 16. Jh. König Christian II., der ab 1532 wegen eines Adelsaufstandes für 17 Jahre in Sønderborg einsaß. Im weiteren Verlauf des Jahrhunderts wurde aus der Burg ein Schloss.

Mai–Sept. 10–17, Okt.–März Di–Do 13–16, April Di–Do 10–16 Uhr; Eintritt 30 DKK, Kinder 15 DKK

ESSEN UND TRINKEN

Fakkelgaarden

→ MERIAN-Tipp, S. 20

Strandpavillonen

Tolle Lage, tolles Essen. In den großzügigen Räumen wird von dem freundlichen Service vor allem ein vorzügliches Fischangebot serviert.

Strandvej 25; Tel. 74 42 22 28; tgl. 7–1 Uhr ●●● CREDIT

Ziele in der Umgebung

Als

→ S. 177, E 3

Zu den leider oft übersehenen Schätzen Jütlands gehört die Halbinsel Als, auf der auch Sønderborg liegt. Die Halbinsel eignet sich hervorragend für eine kleine Radtour, auf der man, zumindest von außen, zwei wunderschöne Schlösser, in Augustenborg und in Nordborg, entdecken kann.

Sehenswert sind außerdem die größte Sonnenuhr in Guderup, die Kirche von Lysabild sowie die Mühle von Harnbjerg und selbstverständlich die wunderschönen Strände, die zum Ausruhen einladen.

Christiansfeld

⇢ S. 178, C 6

9000 Einwohner

Vielleicht der eigenartigste Ort des ganzen Landes. Er wurde von den Herrnhutern begründet, die ihr Leben streng nach der Bibel ausrichten. Die Häuser in dem rechtwinklig angelegten Ort sind von schlichter Architektur, und die Kirche, deren Inneres allein durch die großen Kerzenleuchter an der Decke geschmückt wird, ähnelt eher einem Wohn- als einem Gotteshaus. Auf dem Friedhof liegen die Frauen rechts, die Männer links bestattet, alle in Richtung der aufgehenden Sonne. Bekannt ist Christiansfeld auch für die von den Glaubensbrüdern gebackenen Honigkuchen, die noch heute nach altem Rezept hergestellt werden.

Haderslev

⇢ S. 178, C 7

31 000 Einwohner

Sicherlich eine der interessantesten südjütischen Städte. Vor allem um den Markt herum und entlang der lebendigen Fußgängerzone gibt es einige sehr hübsche Gebäude. Ein weiterer Höhepunkt ist der Haderslev Dam, die Fortsetzung des Fjords. Hier kann man im Sommer ausspannen, das neue große Wildgehege besuchen oder mit dem Leihboot über das Wasser schippern. Interessant ist auch die östlich der Stadt gelegene Starup Kirke, die älteste Kirche Südjütlands und eine Mixtur verschiedener Stile.

Sehenswertes

Dom Skt. Marien

Das Stadtbild dominierend und wirklich sehenswert ist der Dom aus dem 15. Jh., immerhin der höchste des Landes. Sie sollten hier auf die Orgel achten, die vom Eingang bis hinauf zur Decke reicht.

Streng geht es zu auf dem Friedhof von Christiansfeld, auch »Gottesacker« genannt: Frauen werden nur rechts, Männer nur links vom Mittelgang bestattet.

Dänen und Deutsche

Sie liebten und sie schlugen sich – über ein zuweilen schwieriges Verhältnis.

Im Süden Dänemarks hatte es die Jahrhunderte hindurch immer wieder Grenzverschiebungen gegeben. Christian I. war beispielsweise 1460 auch Landesherr über die Herzogtümer Schleswig (dänisch orientiert) und Holstein (deutsch orientiert) geworden. Christian IV. hatte 1617 das wunderschöne Glückstadt unmittelbar an der Elbe gründen lassen.

Zu Beginn des 19. Jahrhunderts reichte das eigentliche Dänemark nur bis zur Kongeå bei Kolding, allerdings gehörten auch die beiden erwähnten Herzogtümer sowie das Herzogtum Lauenburg dazu. Mit dem aufkommenden Nationalismus kam jedoch in den Herzogtümern der Wunsch nach Selbstbestimmung, sprich Trennung von Dänemark, auf. In Dänemark gab es zugleich von nationalliberaler Seite Forderungen, neben der Einführung eines allgemeinen Wahlrechts zumindest Schleswig dem Staat vollends einzuverleiben (Eiderdänemark).

Preußen unterstützte die Separatisten, wurde von Russland jedoch zur Neutralität gezwungen. Nach diversen Schlachten mit wechselnden Siegern und einer zeitweiligen Beteiligung Preußens kam es im Juli 1850 bei Idstedt (nahe Schleswig) zur entscheidenden Schlacht, die die Dänen gewannen. Schleswig und Holstein durften sich nicht dem Deutschen Bund anschließen.

Doch die Spannung ließ nicht nach. Zwar waren maßgebliche Kräfte in Dänemark bereit, Lauenburg und Holstein preiszugeben, dafür sollte Schleswig allerdings verfassungsmäßig in das Reich integriert werden. Diese Lösung kam auch in der »Novemberverfassung« 1863 zur Geltung. Doch im gleichen Monat starb König Frederik VII. Sein Nachfolger Christian IX. unterzeichnete das Vorhaben. Preußen und Österreich rückten am Weihnachtstag in Holstein ein, Russland verhielt sich neutral, auch Frankreich und England versagten den Dänen die Unterstützung.

Am 1. Februar 1864 überschritten die preußischen und österreichischen

Truppen die Eider. Die Dänen wurden erfolgreich zurückgedrängt. Zur großen Schlacht kam es Mitte April bei Dybbøl. Die Dänen verloren und erlitten große Verluste.

Verlierer Dänemark

Auf der anschließenden Friedenskonferenz in Wien stimmte Preußen dem Vorschlag zu, Schleswig zu teilen und den Norden bei Dänemark zu belassen. Dänemark war damit aber nicht einverstanden, pokerte um mehr und verlor alles, denn nun wurde ganz Schleswig Preußen zugeschlagen.

Erst nach der deutschen Niederlage im Ersten Weltkrieg flammte die Schleswig-Debatte wieder auf. Dabei war man sich aber auf dänischer Seite einig, nur auf Nordschleswig Anspruch zu erheben, da im Rest der einstigen Herzogtümer durch die preußische Politik die Deutschen eh in der Mehrheit waren. Durch geschickte Ziehung der drei Wahlkreise, der nördlichste verlief südlich von Tønder, aber nördlich von Flensburg, gelang es in der Volksabstimmung 1920, in Nordschleswig die deutsche Mehrheit in den Städten durch die dänische Mehrheit auf dem Lande zu überstimmen (75 % für Dänemark). In Flensburg und weiter südlich war die Stimmung mit ca. 75 % für Deutschland ebenfalls eindeutig.

Der grosse Einschnitt

Am 9. April 1940 marschierten deutsche Truppen in Dänemark ein. Vergeblich hatte die dänische Regierung gehofft, durch möglichst viele Konzessionen an das NS-Regime einen Einmarsch verhindern zu können.

König und Regierung übten sich aber weiterhin in Neutralität. Mit der sich abzeichnenden deutschen Niederlage nahm die Zahl der Sabotageaktionen zu. Weshalb die Deutschen auch Ende August 1943 die Regierung übernahmen. Am 5. Mai 1945 war Dänemark wieder befreit.

Natürlich hat diese Zeit Spuren hinterlassen, Ressentiments gegenüber Deutschen hat es lange gegeben. Das ist aber vorbei, lieber pflegt man das Vorurteil von den effektiven Deutschen, die ohne nachzudenken jeden Befehl ausführen.

In der Bonn-Kopenhagener Erklärung 1950 wurde dann der Umgang mit den jeweiligen Minderheiten geregelt. Heute gilt der Umgang mit den Minderheiten dies- und jenseits der Grenze eigentlich als vorbildlich.

Dieses Gemälde von Jørgen Sonne stellt die große Schlacht von Dybbøl im Jahr 1870 dar: Dänemark hatte damals gegen Deutschland verloren.

Jütland – Der Westen

Die Westküste bietet unendliche Strände, weitläufige Sommerhaussiedlungen und wenig Städte.

Fast wie ein Binnensee wirkt der flache Ringkobing Fjord. Er ist aufgrund seiner konstanten Winde ideal für Windsurfer, aber auch zum Baden oder Angeln sind seine ruhigen Wasser gut geeignet.

Der Westen, das ist Strand pur, schier unendlich zieht sich die Küste nördlich von Esbjerg hinauf in den Norden. Ob Kinder hier im Sand buddeln möchten, andere nur einfach die Sonne genießen wollen oder eine kleine Gruppe Ball spielen mag – Platz ist für alle reichlich da. Sommers wie winters lassen sich ausgedehnte Spaziergänge unternehmen, die salzige Luft tut bestimmt gut. Vielleicht hat man Glück und findet etwas Bernstein, denn der kommt hier häufig vor. Ärgerlich hingegen sind die Ölklumpen, in die man ab und an treten kann. Draußen auf dem Meer finden Surfer ein ideales Revier.

Die jütische Westküste bietet Abgeschiedenheit von städtischem Trubel. Ruhig ist es hier in den Ferienhaussiedlungen allerdings selten, zu gerne wird diese Küste besucht. Beliebtester Ort ist Henne Strand. Ein Stückchen südlich erstreckt sich mit Blåvands Huk der westlichste Zipfel Jütlands. Zu seinen Füßen besteht eine von Deutschen errichtete Bunkeranlage. In Vejers Strand gehört ein Besuch der kleinen Bonbonfabrik (»Dropskogeri«) zum gerne absolvierten Pflichtprogramm.

Nördlich von Henne befindet sich der Ort Nymindegab, dann beginnt das Naturschutzgebiet Tipperne am Südrand des Ringkøbing Fjords. Wandermöglichkeiten bieten sich im Waldgebiet Blåbjerg Plantage, von Blåbjerg selbst (64 m über dem Meeresspiegel) kann man bei gutem Wetter bis nach Ringkøbing schauen.

Esbjerg

→ S. 178, B 6

83 000 Einwohner

Jahrhundertelang war Esbjerg ein ziemlich verschlafenes Hafenstädtchen; an der langen, flachen und sturmgepeitschten Küste führten die wenigen Bewohner ein hartes Dasein. Erst als Dänemark Mitte des 19. Jh. Husum als Hafen verlor und Esbjerg zum Ersatz erkor, begann das rasante Wachstum der heute fünftgrößten Stadt des Landes. Der Hafen ist das Tor zum Atlantik und der größte Fischereihafen Dänemarks, entsprechend groß ist die Fischereiflotte. Das rasante Wachstum hat Esbjerg allerdings nicht zur Schönheit werden lassen. Eine lange, aber leicht kalt wirkende Fußgängerzone zieht sich durch die Stadt.

Sehenswertes

Hafenrundfahrt

Unbedingt lohnenswert ist eine Fahrt durch den Hafen. Er ist die Lebensader der Stadt, entsprechend laut und turbulent geht es hier zu. Die Fahrt dauert ca. 90 Minuten.

2. Fischereihafen 2. Becken; Mo–Do 11 und 13 Uhr, Mi 17.30 Uhr mit Fahrt zu den Seehundbänken;
Fahrpreis 70 DKK, Kinder 35 DKK

Mennesket ved Havet

9 m hoch sind jeweils die vier Gestalten, die nahe des Fischereimuseums unmittelbar am Meer sitzen. Sie bilden die Skulptur »Der Mensch am Meer«, die Svend Wiig Hansen entwarf und die 1995 enthüllt wurde. Dass klassische Skulpturen als Vorbild dienten, ist unverkennbar, gleichwohl wirkt das Werk modern und hat sich bereits zum Wahrzeichen der Stadt entwickelt.

Vandtårnet

Wer einen Überblick über den sicherlich eindrucksvollsten Hafen Dänemarks bekommen möchte, sollte sich zum alten Wasserturm begeben. Bei gutem Wetter lohnt der Aufstieg garantiert.

Havnegade 22; Juni–Mitte Sept. tgl. 10–16, sonst Sa, So 10–16 Uhr;
Eintritt 15 DKK, Kinder 5 DKK

Museen

Bogtrykkemuseet

Wer sich für alte Druckkunst interessiert, ist hier richtig. Von 1850 bis

1950 reichen die Ausstellungsstücke wie Setzkästen oder Druckmaschinen.
Borgergade 6; Juni–15. Sept. Do 12–16 Uhr; Eintritt 15 DKK, Kinder 10 DKK

Esbjerg Kunstmuseum
Das Kunstmuseum ist in den letzten Jahren durchgreifend renoviert worden, so dass der Querschnitt dänischer Malerei jetzt sehr viel ansprechender präsentiert werden kann. Den Schwerpunkt bildet die Moderne.
Havnegade 20; tgl. 10–16 Uhr; Eintritt 40 DKK

Fiskeri- og Søfartsmuseet
Dieses Fischerei- und Seefahrtsmuseum ist unbedingt einen Besuch wert. Eine Ausstellung zeigt das harte Leben der Fischer, und das Aquarium vermittelt spannende Einblicke in die dänische Meereswelt. In der Freilichtabteilung taucht man in das maritime Milieu ein. Höhepunkte für Kinder sind die täglichen Fütterungen der Seehunde (11 und 14.30 Uhr).
Tarphagevej 2; Sept.–Juni 10–17, Juli, Aug 10–18 Uhr; Eintritt 85/75 DKK, Kinder 40/35 DKK

Ziele in der Umgebung

Fanø
S. 178, B 6

3000 Einwohner

Einst war die Insel Zentrum der dänischen Schifffahrt mit vier Werften und ca. 1000 dort gebauten Segelschiffen. Heute ist sie eines der großen dänischen Urlaubsgebiete mit Ferienzentren, ca. 2500 Ferienhäusern und diversen touristischen Einrichtungen.

Fanø bietet alle Möglichkeiten für einen abwechslungsreichen Urlaub. Da ist zum einen der 18 km lange Strand mit idealen Möglichkeiten zum Strandwandern, Reiten und Surfen. Zum anderen gibt es die kleinen, feinen Orte **Nordby** und **Sønderho**, die ihren historischen Charme sorgsam pflegen. Und schließlich kann man in den kleinen und attraktiven Museen in die Fanøer Historie eintauchen, am Strand Bernstein suchen oder in der Meierei in Nordby den köstlichen Käse »Fanø Ost« erwerben. Und wer auf der Insel schon alles gesehen und erlebt hat, macht einen Tagesausflug nach **Ribe** oder ins **Legoland**. Kein Wunder also, dass die Zahl der Stammgäste hier groß ist.

Sehenswertes

Hannes Hus
Dieses Gebäude aus dem 18. Jh. stellt ein typisches Kapitänshaus dar. Es war noch bis 1965 bewohnt.
Sønderho; Mitte Juni–Aug. tgl. 15–17 Uhr; Eintritt 10 DKK, Kinder 5 DKK

Kirche
Die kleine Kirche von Nordby ist aufgrund ihrer neuen Schiffsmodelle und des seltenen bronzenen Taufbeckens unbedingt sehenswert.

Museen

Fanø Flisesamling
Dänemarks vermutlich einziges Museum in einem Restaurant, nämlich im **Café Nanas Stue**. Als 15-Jähriger kaufte Jørgen Hahn seine erste Fliese, heute besitzt er ca. 1500 Stück. Seine Sammlung ist die Basis für dieses großartige Museum über die Fanøer Fliese, die von 1650 bis 1900 großes Ansehen genoss.
Sønderho; April–Okt. tgl. 11–22, Nov.–März Fr–So 12–22 Uhr; Eintritt frei

Fanø Skibsfart – Og Draktsamling
Zwischen 1741 und 1900 erlebte Fanø seine Blütezeit. Das Museum zeigt all die Schiffstypen, die auf den heimischen Werften entstanden. Es dokumentiert das Leben auf der Insel, insbesondere das der Frauen, die hier ganz allein das häusliche Leben regeln mussten, während die Männer auf hoher See waren. Sehr sehenswerte Trachtensammlung.
Skolevej, Nordby; Juli tgl. 10–17, Mai, Juni, Aug., Sept. Mo–Sa 10–12 und

14–17, So 14–17, Okt.–April Mo–Sa 10–12 Uhr; Eintritt 15 DKK, Kinder 5 DKK

International Historisk Legetøjsmuseum
Ob Puppen, Modelleisenbahnen oder Zinnsoldaten, dieses imponierende Museum steckt voller Spielzeug aus aller Welt.
Herluf Trollesvej 1, Nordby;
Mitte Mai–Okt. Mi–Mo 10–17 Uhr;
Eintritt 20 DKK, Kinder 10 DKK

Essen und Trinken

Sønderho Kro
Mit Sicherheit die Nummer eins im gastronomischen Angebot der Insel. In der gediegenen historischen Atmosphäre wird mittags dänische Hausmannskost, abends feine dänisch-französische Küche zelebriert. Unbedingt reservieren!
Kropladsen 11, Sønderho;
Tel. 75 16 40 09; tgl. 12–23 Uhr, Okt.–Feb. So, Mo geschl. ●●● CREDIT

Henne Strand

···> S. 178, A 5

200 Einwohner

Ferienhäuser, Ferienhäuser, Ferienhäuser. Außerdem ein paar Kioske und Boutiquen, eine Disco, einige wenige Restaurants. Henne Strand ist ein typischer Nordsee-Touristenort, dem das Hinterland fehlt. Dafür kann man sich in den Dünen wunderbar sonnen, am Strand spielen oder wandern und am Abend vor dem »eigenen Häuschen« relaxen.

Essen und Trinken

Henne Kirkeby Kro
Seit vielen Jahren eines der besten Lokale Dänemarks. Kreativ, überraschend, aber ohne den neuesten Moden zu folgen. In dem Gasthaus von 1790 wird viel Wert auf regionale Produkte gelegt, Tauben und Lamm werden selbst aufgezogen. Und wer auf den Geschmack gekommen ist, kann im Winter einen Kochkurs belegen.
Strandvejen 234, Henne; Tel. 75 25 54 00;
E-Mail: hennekirkebykro@mail.dk;
Palmsonntag–Mitte Okt. tgl.
11.30–14, 18–21.30 Uhr, April–Juni, Sept., Okt. Mo geschl. ●●● CREDIT

Varde

···> S. 178, B 6

20 000 Einwohner

Eine niedliche Stadt mit gut erhaltenen Straßenzügen. Leider wird Varde von den Richtung Westküste fahrenden Urlaubern gerne übersehen.

In historischem Ambiente speist man im Henne Kirkeby Kro, einem seit Jahren führenden Restaurant in Dänemark.

SEHENSWERTES

Minibyen

Mehrfach wurde Varde durch Brände vernichtet, zuletzt 1821. Heute kann man sich dank der begehbaren Miniaturstadt eine Vorstellung vom einstigen Stadtbild machen.

Arnbjerg Anlægget; Mitte Mai–Mitte Sept. tgl. 10–18, Mitte Sept.–Okt. Mo–Fr 13–16 Uhr; Eintritt 20 DKK, Kinder 5 DKK

Holstebro

S. 176, B 4

40 000 Einwohner

Eines der wichtigsten Einkaufszentren an der jütischen Westküste. Moderne und historische Gebäude bilden ein harmonisches Gleichgewicht. Vor dem Rathaus steht übrigens Giacomettis Skulptur »Frau auf Karren«, deren Kauf umstritten war, heute aber der Stolz der Stadt ist.

SEHENSWERTES

Kaos Tempel

Östlich des Zentrums steht am Ringvejen (am Sendemast des Fernsehsenders TV2) diese Laserskulptur, die allerdings nur bei Dunkelheit eindrucksvoll wirkt.

MUSEEN

Hjerl Hede

→ Familientipps, S. 38

Holstebro Museum/Kunstmuseum

Man bezahlt einmal Eintritt und kann gleich zwei sehr lohnende Museen besuchen. Neben der bewegten Stadtgeschichte von den Wikingern bis heute zeigt das Stadtmuseum auch eine schöne Spielzeugsammlung, die Geschichte der Tabakfabrik Færch und Dokumente der Besatzungszeit.

Das moderne Kunstmuseum beherbergt etliche dänische Künstler, internationale Größen wie Bacon, Picasso und Giacometti sowie Kunst aus Asien und Südamerika. Allein diese beiden Museen machen die Fahrt nach Holstebro lohnenswert!

Herningvej 1; Juli, Aug. tgl. 12–17, Sept.–Juni Di–Fr 12–16, Sa, So 12–17 Uhr; Eintritt 25 DKK, Kinder bis 16 Jahre frei

Ziele in der Umgebung

Ringkøbing

S. 178, A 5

17 000 Einwohner

Ein kleines, niedliches Städtchen am Nordostufer des Ringkøbing Fjord, das weniger durch einzelne Bauwerke als vielmehr durch seine gut erhaltene Gesamtheit besticht. Es lässt sich gut bummeln, die Straßenzüge zwischen Markt und Hafen sowie der Hafen selbst wirken sehr idyllisch.

Viel aufregender als die Stadt selbst ist jedoch der Fjord, der nur bei Hvide Sande einen Zugang zum Meer besitzt. Dank seiner geschützten Lage gilt er vielen Surfern als ideales Revier, bildet das vorgelagerte Holmsland Klit doch einen gewissen Schutz vor Nordseestürmen.

HOTELS/ANDERE UNTERKÜNFTE

Hotel Fjordgården

Modernes, sehr gemütliches Best-Western-Hotel am Ortsrand mit kleinem Badeland und einem empfehlenswerten Restaurant.

Vesterkær 28; Tel. 97 32 14 00, Fax 97 32 47 60; 98 Zimmer ●●

Skive

S. 176, C 3

27 000 Einwohner

Skive ist ein nett gelegenes Städtchen ohne besonderen Charme. Dank seines lebhaften Hafens wurde der Ort im Jahr 1326 zur Stadt erhoben. Sehenswert ist das Kunstmuseum mit seinem Querschnitt durch die dänische Kunstgeschichte sowie vielen Motiven aus der Umgebung. Auch die Bernsteinsammlung verdient Beachtung. Sie ist im gleichen Gebäude im Skive Museum untergebracht.

EINKAUFEN

Staarup Hovedgaard

Schnäppchenjäger sind hier sicherlich falsch, Kenner und Genießer aber werden sich wohl fühlen. In einem alten Herrenhaus ist ein Antiquitätengeschäft eingerichtet worden. Wunderschöne Stücke in herrschaftlicher Umgebung, die Preise sind angemessen. Anschließend kann man sich bei Kaffee und Kuchen stärken.

Staarupgårdsvej, Stårup; Juli, Aug. tgl. 11–17, sonst Sa, So und Feiertage 11–17 Uhr; Eintritt 40 DKK, Kinder 10 DKK

Thyborøn

⟶ S. 176, A 3

5000 Einwohner

Ein wenig unwirtlich ist es hier am nördlichen Ende der Harboør-Landzunge schon. Das beginnt bereits mit der Anfahrt über den schmalen Damm, während der man eine Zeit lang von den unattraktiven Schornsteinen der Firma Cheminova begleitet wird. Thyborøn selbst ist dann ein typischer Fischerort mit Auktionshallen und Industrie. Am eher steinigen Strand kann man noch Bunker aus der deutschen Besatzungszeit sehen.

SEHENSWERTES

Sneglehuset

1950 begann ein Fischer sein Haus mit Muscheln zu bekleben. Heute zeigt sich dem Besucher ein einmaliges Gebäude mit den fantasievollsten Motiven. Deshalb gehört das Haus auch zu den meist fotografierten des Landes. Im Inneren gibt es auch eine Muschelsammlung.

April–Okt. 10–16 Uhr, Feb., März, erste Nov.-Hälfte Di, Mi, So 11–14.15, Mitte Nov.–Jan. Di 11–14.15 Uhr; Eintritt 12 DKK, Kinder 5 DKK

MUSEEN

Jyllands Akvariet

Im Aquarium gibt es jede Menge Meerestier zu beschauen, zum Teil auch

Einzigartig nicht nur in Dänemark: die kunstvolle Fassade des »Schneckenhauses« von Thyborøn.

zu berühren. Außerdem kann man selbst nach Bernstein suchen, eine große Bernsteinsammlung ist angeschlossen.

Vesterhavsgade 16; Jan.–Mitte Mai, Sept.–Nov. tgl. 10–16, Mitte Mai–Mitte Juni tgl. 10–17, Mitte Juni–Aug. tgl. 10–18 Uhr; Eintritt 38 DKK, Kinder 28 DKK

Kystcentret

Im Erlebniscenter kann man unter anderem Schiffe fernsteuern, Wellenenergie erzeugen, mehr über die Nordsee erfahren und Experimente durchführen. Eindrucksvoll sind die Filme im Surroundkino.

Kystcentervej 3; Jan.–Mitte Mai, Sept.–Nov. tgl. 10–16, Mitte Mai–Mitte Juni tgl. 10–17, Mitte Juni–Aug. tgl. 10–18 Uhr; Eintritt 75 DKK, Kinder 50 DKK

Jütland – Die Ostküste

Städtisch und hügelig präsentiert sich die Ostküste, die aber auch herrliche Strände bietet.

Århus ist das wirtschaftliche und kulturelle Zentrum Jütlands. Die zweitgrößte Stadt Dänemarks erfreut durch ihre lebhafte und kosmopolitische Atmosphäre, viel Kunst und Kultur sowie durch schöne historische Bauten.

Die jütische Ostküste ist ideal für all diejenigen, die in ihrem Dänemarkurlaub Strand und Stadt miteinander kombinieren möchten. Die Ostsee ist deutlich zahmer als die Nordsee. Große Städte wie Vejle und Kolding, Randers und Horsens laden zum Bummeln ein. Vor allem aber lockt Jütlands heimliche Hauptstadt Århus, Dänemarks zweitgrößte Stadt. Auch das Angebot für Familien ist an der Ostküste sehr umfangreich, so z. B. das Legoland, der älteste Raddampfer der Welt oder verschiedene Tierparks. Die Landschaft ist hier bemerkenswert hügelig, wer etwa Vejle per Rad verlässt, wird das bestätigen können. Nördlich von Horsens liegt denn auch mit Ejer Bavnehøj der mit 171 m höchste Punkt Dänemarks. Zwar ist der benachbarte Yding Skovhøj mit 173 m sogar noch 2 m höher, doch die sind durch einen Grabhügel erschwindelt worden.

Kolding

⇢ S. 178, C 6

59 000 Einwohner

Eine attraktive und recht lebendige Einkaufsstadt. Wenngleich die durchgehend historische Bebauung fehlt, vermittelt Kolding dem Besucher doch eine gemütliche, einladende Atmosphäre. Einen Abstecher lohnt das nahe gelegene Kunstmuseet Trapholt.

Hotels/andere Unterkünfte

Koldingfjord

Welch eine Lage! Ein prachtvoller Bau erhebt sich unmittelbar an der Nordseite des Koldingfjords. Aus dem einstigen Heim für Tbc-kranke Kinder ist vor einigen Jahren ein geschmackvoll eingerichtetes Hotel mit freundlichem Service geworden. Zum Hotel gehören nicht nur Fitnessraum und Swimmingpool, sondern auch ein gutes Restaurant.

Fjordvej 154; Tel. 75 51 00 00, Fax 75 51 00 51; www.radissonsas.com; 114 Zimmer ●●● CREDIT ♿

Sehenswertes

Den Geografiske Have

Einer der größten und schönsten botanischen Gärten Skandinaviens. Besonders beeindruckend ist der Rosengarten, prachtvoll sind auch der Bambuswald und die Heilpflanzen. Ein Park zum Schlendern und Relaxen.

Christian d. 4 Vej; Mai–Sept. tgl. 10–18 Uhr; Eintritt 40 DKK, Kinder 20 DKK, im Winterhalbjahr frei

Museen

Koldinghus

Der Grundstein für das Schloss wurde im 13. Jh. gelegt. 1808 wurden hier während der Napoleonischen Kriege spanische Truppen einquartiert. Denen war anscheinend in dem nordischen Klima kalt, heizten sie doch so lange, bis das Schloss in Flammen aufging. 1890 begann man mit dem Wiederaufbau. In den heute eindrucksvoll rekonstruierten Räumen ist das **Koldinghus Museum** untergebracht. Es zeigt Kunst und Interieur aus den letzten Jahrhunderten sowie kunsthandwerkliche Ausstellungen. Eindrucksvoll auch das einstige Hauptquartier der Gestapo im Staldgården.

MERIAN-Tipp

6 Aufregend: Molskroen

Herrlich am Meer gelegener Bau in einer gelungenen Mischung aus Alt und Neu. Besonders angenehm: Familienzimmer. Das ausgezeichnete Restaurant ist sehr ambitioniert, wagt, probiert, verwirft, manchmal sind die Resultate großartig, manchmal auch nicht ganz nachzuvollziehen, aber immer ist die Küche eine Entdeckungsreise.

Hovedgaden 16, Femmøller Strand; Tel. 86 36 22 00, Fax 86 36 23 00; www.molskroen.dk; 18 Zimmer ●●● CREDIT

⇢ S. 177, E 4

Nicht entgehen lassen sollte man sich auch den Blick vom Turm aus über den Fjord und die Stadt.

Tgl. 10–17 Uhr; Eintritt 60 DKK, Kinder 30 DKK

Essen und Trinken

Den Blå Café

Schönes Café in der Fußgängerzone. Bei Sonnenschein trifft man sich samstags nach Geschäftsschluss draußen auf ein Bier und einen Salat bei Livemusik.

Lilletorv •

Ziele in der Umgebung

Billund

S. 178, C 5

8000 Einwohner

Ein Produkt aus Billund hat wohl schon jeder einmal in der Hand gehabt – Legosteine. Anfang der Dreißigerjahre war es, als der Tischler Ole Kirk Christensen seine ersten Bauklötze gestaltete, sie waren damals aus Holz. »Leg godt« war sein Wunsch, »spiele gut«. Der Name, Lego, war gefunden. Erst sein Sohn Godtfred begann 1949 mit Plastikklötzen zu arbeiten. Der Startschuss zu einem weltweiten Erfolg war gegeben. 1968 entstand **Legoland**, eine der größten Attraktionen Dänemarks.

Bedeutsam wurde Billund aber auch als Charterflughafen, nicht zuletzt dank des Pastors Kroager, der im nahen **Tjæreborg** seine Firma als besonders günstiger Reiseveranstalter begründete. Was bald auch die Norddeutschen bemerkten. Als Ortschaft ist Billund nicht weiter erwähnenswert. Man fährt hin, weil man ins Legoland möchte.

Sehenswertes

Givskud Zoo

→ Familientipps, S. 38

Legoland

→ Familientipps, S. 39

> **MERIAN-Tipp**
>
> **7 Modern: Kunstmuseet Trapholt**
>
> Das Haus liegt direkt am Koldingfjord und ist eines der sehenswertesten dänischen Kunstmuseen. In hellen und modernen Räumen wird dänische Kunst des 20. Jh. gezeigt (Jacobsen, Mortensen, Cronhammar, Bonde, Wörsel). Daneben hat sich Trapholt einen hervorragenden Ruf für seine Möbelsammlung erworben, die sich auf Klassiker des 20. Jh. konzentriert (Panton, Hansen, Klint etc).
>
> Æblehaven 23; tgl. 10–17 Uhr; Eintritt 60 DKK, Kinder frei S. 178, C 6

Jelling

S. 178, C 5

5000 Einwohner

Hier vermuten Historiker die Wiege Dänemarks. »König Gorm errichtet diesen Gedenkstein für seine Frau Thyra, Dänemarks Zierde«, lautet die Inschrift auf einem der beiden Runensteine, die vor der Kirche stehen. Und damit ist – Gorm starb 950 – erstmals der Begriff »Dänemark« schriftlich fixiert.

War Gorm noch Wikinger, so bekannte sich sein Sohn Harald Blauzahn bereits zum Christentum: »König Harald ließ diesen Gedenkstein für seinen Vater Gorm und seine Mutter Thyra errichten, der Harald, der ganz Dänemark und Norwegen unterwarf und die Dänen zu Christen machte.« So wird dann in Jelling nicht nur Dänemark erstmals erwähnt, sondern auch noch das Ende des Heidentums dokumentiert.

Von den beiden Grabhügeln neben der Kirche ist der südliche nie benutzt worden. Als wahrscheinlich gilt hingegen, dass in dem nördlichen Gorm und Thyra begraben waren, Harald seine Eltern aber in die damals

Etwas außerhalb von Kolding liegt das sehenswerte Kunstmuseet Trapholt, das zeitgenössische dänische Kunst und Design präsentiert.

an dieser Stelle stehende Kirche überführen ließ.

Vejle

S. 178, C 6

53 000 Einwohner

Vejle gehört mit Kolding und Fredericia zu dem Wachstumsdreieck schlechthin in Dänemark. Hier kreuzen sich die Autobahnen von Nord nach Süd und von Ost nach West. Folglich siedelte sich hier Industrie an, und so hat sich die am Vejle Fjord gelegene Stadt in den letzten Jahren auch prächtig herausputzen können. Dabei sollte die Stadt im 17. Jh. sogar still gelegt werden, alle Bewohner sollten nach Fredericia übersiedeln. Doch im 19. Jh. verschafften Hafen, Kanal und Bahn der Stadt einen Wiederaufschwung. Der Innenstadtbereich wurde in den letzten Jahren behutsam modernisiert. Die Stadt besitzt zwar keine überragende Sehenswürdigkeit, doch die Lage am Fjord, über den eine mächtige Brücke führt, ist eindrucksvoll.

Århus

S. 177, E 4

275 000 Einwohner
Stadtplan → S. 83

In Århus, Dänemarks zweitgrößter Stadt, pulsiert das Leben. Die Fußgängerzone wartet mit vielen attraktiven Boutiquen auf. Besonders reizvoll ist das alte Århus nördlich von Store und Lille Torv, wo sich Cafés, Boutiquen und Galerien aneinander reihen. Nicht ohne Grund wird hier von Århus' **Quartier Latin** gesprochen. In den Jazzkellern wird bis tief in die Nacht bei Livemusik geklönt. Einzigartige **Museen** wie das Frauenmuseum oder das Freilichtmuseum **Den Gamle By** suchen ihresgleichen. Nicht versäumen sollte man einen Besuch bei dem 2000 Jahre alten »Grauballemann«, einer Moorleiche.

Hotels/andere Unterkünfte

Atlantic S. 83, C 4

Stadtnähe bedeutet manchmal auch Lärm. Wer sich an der Durchgangsstraße nicht stört, kann die Aussicht über den Hafen genießen.

Seit fast 100 Jahren dient das um die Jahrhundertwende erbaute Marselisborg Slot der königlichen Familie als Sommerresidenz.

Europaplads; Tel. 86 13 11 11, Fax 86 12 23 43; www.choicehotels.dk; 102 Zimmer ●●● CREDIT

Marselis ⇢ S. 83, südl. c 4
Ein erstklassiges Hotel im Süden von Århus. Unmittelbar am Wasser gelegen, mit sehr geschmackvollen, modernen Zimmern. Gutes Buffet.
Strandvejen 25; Tel. 86 14 44 11, Fax 86 11 70 46; www.marselis.dk; 101 Zimmer ●●● CREDIT

SPAZIERGANG

Ausgangspunkt ist die Touristeninformation in der Park Allé. Hier können Sie auch gleich einen Blick auf das funktionalistische **Rathaus** werfen. Dann gehen Sie vor bis zum Rådhuspladsen, dort rechts und gleich links, schon sind Sie in der Fußgängerzone (Søndergade).

Falls Ihnen am Ende nach einer Pause zumute ist, können Sie am Skt. Clemens Torv rechts in die Kannikegade gehen, über die Sie zur Skolegade gelangen, wo Sie zahlreiche Kneipen finden. Wie auch immer – nächste Station ist der **Dom**. Nach dem Besuch der Kirche biegen Sie in die Mejlgade ein, am **Frauenmuseum** vorbei und jeweils links in Snevringen und Studsgade. Von hier über Volden und Badstuegade zum Lilletorv, so gewinnen Sie einen guten Eindruck von Århus' **Quartier Latin**. Geradeaus in Immervad hinein, dann links in die Skt. Clemens Stræde und zum Skt. Clemens Torv.

SEHENSWERTES

Dom ⇢ S. 83, c 3
Zu Beginn des 13. Jh. entstand hier zunächst ein romanisches Gebäude, das später jedoch eine gotische Prägung erhielt. Keine andere dänische Kirche besitzt so viele Kalkmalereien.
Store Torv; Mai–Sept. 9.30–16, Okt.–April 10–15 Uhr, So und Feiertag geschl.

Marselisborg Slot Og Park ⇢ S. 83, südl. c 4
Hier genießen Königin und Prinz ihre Sommerferien. Ihre Anwesenheit signalisiert die gehisste Fahne, dann findet auch um 12 Uhr der Aufzug der königlichen Garde statt. Sind die beiden hingegen nicht zugegen, darf das gemeine Volk den Schlossgarten betreten und die wunderschönen Rosenbeete bestaunen.
Kongevejen 100; Eintritt frei

Rosenholm Slot ⇢ S. 177, E 4
Nördlich von Århus liegt mit Rosenholm eines der schönsten dänischen Schlösser. Mit dem Bau wurde 1559 begonnen, und seitdem hat er nur wenige Änderungen erfahren. Gelegen in einem weitläufigen Park und umgeben von einem breiten Wassergraben, präsentiert das Schloss im Inneren u. a. prächtige spanische Möbel und eine eindrucksvolle Porträtgalerie der bisherigen Besitzer.
Hornslet; 20. Juni–Aug. tgl. 10–17, erste Hälfte Juni Sa, So 11–16 Uhr; Eintritt 60 DKK

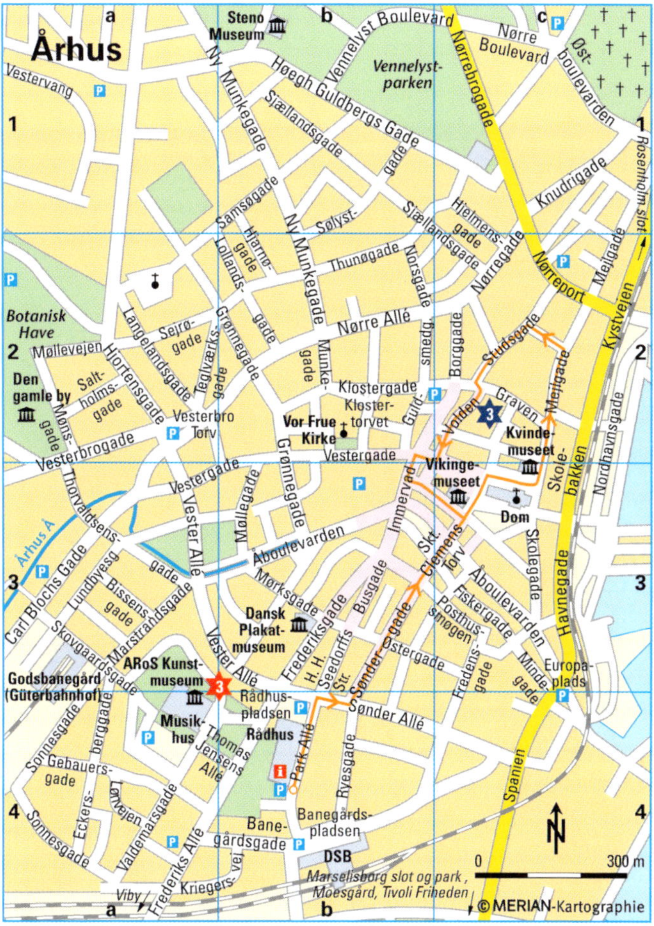

Rådhus S. 83, b 4

Etwas eigenartig in all der historischen Umgebung nimmt sich das funktionalistische Rathaus aus, das 1941 errichtet wurde. Der merkwürdige, 60 m hohe Rathausturm wurde angeblich nur auf Wunsch der Stadtväter gebaut.

Rådhuspladsen; Führungen in deutscher Sprache Mo–Fr 11 Uhr, 10 DKK; nur Turmbesteigung Mitte Juni–Anfang Sept. Mo–Fr 12 und 14 Uhr, 5 DKK

Tivoli Friheden S. 83, südl. c 4

Kopenhagen hat ihn, Odense und Ålborg besitzen auch einen, da braucht auch Århus seinen Tivoli mit Karussells, Loopingbahn, Booten, Gastronomie und Freilichtbühne.

Skovbrynet; Mitte April–Mitte Juni 12–22, Mitte Juni–Mitte Aug. 12–23 Uhr; Eintritt 55 DKK, Kinder 35 DKK, hinzukommen 100 DKK für die Vergnügungseinrichtungen

Vikingecenter Fyrkat S. 177, D 3
Im knapp 80 km nördlich gelegenen Hobro stand einst eine von den Wikingern errichtete militärische Anlage aus Langhäusern. Heute sind innerhalb eines Walles nur noch die Grundrisse markiert. Als Beispiel ist hier ein zeittypisches Haus nachgebaut worden. Die auf dem Gelände getätigten Funde sind im **Museum** der Stadt zu sehen. Nebenan kann man eine alte **Mühle** besichtigen.
Fyrkatvej 45, Hobro; Ostern–Mai, Sept.–Mitte Okt. tgl. 10–16, Juni–Aug. tgl. 10–17 Uhr; Eintritt 55 DKK, Kinder 20 DKK (inkl. Museumsbesuch)

Museen

ARoS S. 83, a 3
3 Ein Traum von einem Kunstmuseum, je mehr man sich dem Backstein-Kubus nähert, desto neugieriger wird man. Denn die von außen erkennbaren Rampen machen neugierig. Geht man sie dann hinauf, so öffnet sich dem Besucher eine wirklich hervorragende Sammlung. Der Schwerpunkt liegt auf dänischer Malerei, das Museum besitzt von zahlreichen Künstlern viele zentrale Werke. Vom Dach aus kann man zudem den Blick über die Stadt genießen. Kein Wunder also, dass das 2004 eröffnete Museum ein Riesenerfolg geworden ist.
ARoS Allé 2; Di, Do–So 10–17, Mi 10–22 Uhr; Eintritt 70–76 DKK, Kinder bis 16 Jahre frei

Den Gamle By S. 83, a 2
Aus verschiedenen Teilen Dänemarks hat man alte Kaufmannshäuser in diesem Freilichtmuseum wieder aufgebaut und zeigt somit ein Stückchen der dänischen Kulturgeschichte zwischen dem 17. und 20. Jh. Das ist abwechslungsreich, lehrreich und interessant.
Viborgvej 2; Juni–Aug. tgl. 9–18, Mai, Sept. 10–17, April, Okt., Dez. 10–16, Jan.–März, Nov. 11–15 Uhr; Eintritt 80 DKK, Kinder 30 DDK

Forhistorisk Museum Moesgård S. 83, südl. c 4
Das eindrucksvolle Museum über die dänische Frühzeit zeichnet die Epoche von der Stein- bis zur Wikingerzeit anhand zahlreicher Funde nach. Besonderes Augenmerk verdient die über 2000 Jahre alte Moorleiche »Grauballemann«.
Moesgård Alle 20, Højbjerg; Feb.–Sept. 10–17, Okt.–Jan. Di–So 10–16 Uhr; Eintritt 45 DKK, Kinder frei

Kvindemuseet S. 83, c 2–3
Dieses Frauenmuseum dokumentiert die Veränderung der gesellschaftlichen Rolle der Frau. Historische Bilder und Dokumente zeichnen den Weg der Emanzipation nach.
Domkirkeplads 5; Sept.–Mai Di–So 10–16, Juni–Aug. tgl. 10–17 Uhr; Eintritt 30 DKK, Kinder frei

Steno Museum/Danmarks Videnskabshistoriske Museum S. 83, b 1
Eines der besten Museen der Stadt, selbst an Naturwissenschaften eigentlich nicht Interessierte kommen hier auf ihre Kosten. Das Museum bietet tolle Einblicke in die Welt der Physik, Chemie, Medizin etc. Auch für Kinder faszinierend, da viel selbst probiert werden kann!
C. F. Møllers Allé, Universitätspark, Gebäude 100; Di–Fr 9–16, Sa, So 11–16 Uhr; Eintritt 30 DKK, Kinder 10 DKK, Filmvorführungen 40 DKK, Kinder 15 DKK

Wikingermuseum S. 83, c 3
Ein kleines Museum im Keller der Unibank gegenüber vom Dom. Während Kellerarbeiten fand man hier Siedlungsreste aus der Wikingerzeit. Geöffnet während der Geschäftszeiten.
Clemens Torv; Eintritt frei

Essen und Trinken

Prins Ferdinand S. 83, a 2
Seit vielen, vielen Jahren das unbestritten beste Haus der Stadt. Die Kü-

Das moderne Museum ARoS wurde von dem Architekturbüro Schmidt, Hammer und Lassen entworfen, das auch die neue Königliche Bibliothek in Kopenhagen plante.

che orientiert sich an der aus Frankreich, verbindet diese mit heimischen Rohwaren und wagt auch das ein oder andere Experiment. Unwiderstehlich lecker!
Viborgvej 2, Den Gamle By; Tel. 86 12 52 05; Di–Sa 12–15, 18–21.30 Uhr ●●●● CREDIT

Van Koch S. 83, östl. c 1
Die Zwillinge Jesper und Michael Koch machen dem Prins Ferdinand heftigste Konkurrenz um den gastronomischen Spitzenplatz der Stadt. Sehr kreative Küche mit Einflüssen aus Dänemark und dem Mittelmeer, dazu Weine zu äußerst zivilisierten Preisen. Sehr entspannte Atmosphäre direkt am Wasser.
Kystpromenaden 5, Tel. 87 42 01 23; April–Sept. Mi–So 11–21 Uhr ●●●● CREDIT

Raadhuus Kaféen S. 83, b 3
Urdänische Gemütlichkeit paart sich hier mit guter dänischer Hausmannskost. Vernünftige Preise und freundlicher Service.
Sønder Alle 3; Tel. 86 12 37 74; Mo–Sa 11–23 Uhr ●● DINERS MASTER VISA

EINKAUFEN

Einkaufsmöglichkeiten bietet das lebhafte Århus natürlich jede Menge. In der Fußgängerzone stehen gleich zwei große Kaufhäuser, nämlich eine Filiale des Magasin du Nord sowie das traditionsreiche Salling. Auch sonst findet man zwischen Bahnhof und dem Bispetorvet, auf dem der Dom steht, Geschäfte für jedes Anliegen und jede Preisklasse. Unmittelbar an den Bahnhof schließt sich Bruun's Galleri an, ein großes Einkaufszentrum mit dem für diese Häuser üblichen Charme. So richtig spannend wird es allerdings nördlich des Lille Torv. Dort beginnt das so genannte Latinerkvarter mit seinen höchst ungewöhnlichen Geschäften. Hier macht Bummeln Spaß!

Volden
→ MERIAN-Tipp, S. 24

SERVICE

Århus Turistbureau Rådhus S. 83, b 4
8000 Århus C; Tel. 86 12 16 00, Fax 86 12 95 90; www.aarhus-tourist.dk

Ziele in der Umgebung

Ebeltoft

S. 177, E 4

13 000 Einwohner

Dänen wie ausländische Besucher schwärmen von Ebeltoft immer wieder in großen Worten. Und fürwahr besitzt die Stadt im Süden der jütischen »Nase« Djursland großen Charme. Doch die viel beschworene schöne Bebauung Ebeltofts ist schnell gesehen. Ein Spaziergang durch die Fußgängerzone Adelgade dauert auch bei gemächlichem Gang nur eine Viertelstunde. Was Ebeltoft darüber hinaus interessant macht, sind die mittlerweile rekonstruierte **Fregatte »Jylland«**, das **Glasmuseum** und der beeindruckende **Windmühlenpark** am Fährhafen. Der Strand ist recht gut, die Bucht bei Surfern beliebt.

SEHENSWERTES

Fregatte »Jylland«

Viele Jahre wurde das längste Holzschiff der Welt mit viel Sorgfalt restauriert. Es wurde 1860 gebaut. Heute können Groß und Klein auf und unter dem Deck umherklettern. Nebenan kann man zudem das letzte aktive Leuchtschiff, Fyrskib XXI, aus dem Jahre 1911 bestaunen.

Mitte Okt.–März tgl. 10–16, April–Mitte Juni, Mitte Aug.–Mitte Okt. 10–17, Mitte Juni–Mitte Aug. 10–18 Uhr; Eintritt 70 DKK, Kinder 35 DKK

Thorsager kirke

Mehr über Jütlands einzige Rundkirche erfahren Sie auf S. 141 im MERIAN-Spezial »Die wehrhaften Rundkirchen«.

MUSEEN

Glasmuseum

Ein Gang durch dieses Museum gehört zum Pflichtprogramm eines Ebeltoft-Besuches. Eindrucksvoll werden hier die Ergebnisse wirklicher Glasbläserkunst gezeigt. Im Hof kann man im Sommer dabei zusehen.

Strandvejen 8; tgl. 10–17 Uhr; Eintritt 40 DKK, Kinder 10 DKK

Randers

S. 177, D 4

62 000 Einwohner

Die sechstgrößte Stadt Dänemarks versucht den Spagat zwischen Alt und Neu. Bei der Anfahrt erscheint sie

Im Trockendock am Hafen von Ebeltoft liegt die mit 42 Kanonen ausgestattete Fregatte »Jylland« aus dem Jahr 1860. Eine Besichtigung ist nicht nur für Kinder spannend.

aufgrund des wirtschaftlichen Wachstums in den Randbezirken nicht sonderlich attraktiv. Im Ortskern erweist sich Randers dann allerdings als historisch gut erhalten und durchaus reizvoll. Einige schöne Museen und die recht ansprechende Fußgängerzone lohnen durchaus einen Besuch.

SEHENSWERTES

Clausholm

Gute 10 km südöstlich der Stadt liegt das Barockschloss Clausholm, das im Sommer besucht werden kann. Das Schloss hat Geschichte geschrieben. 1712 entführte König Frederik IV. von hier die 18-jährige Anna Sophie Reventlow und ehelichte sie. Nach seinem Tode wurde sie vom Hofe verbannt und lebte fortan wieder auf Clausholm.

Juli tgl. 11–16 Uhr, Mai, Juni, Aug. Sept. nur Garten; Eintritt 60 bzw. 40 DKK

Innenstadt

Von den Gebäuden in der Innenstadt verdienen einige besondere Beachtung. So das alte Rathaus (1778), das 1930 auf Rollen gesetzt und um 3 m nach hinten versetzt wurde, um eine Straßenerweiterung zu ermöglichen. Des Weiteren sind die Häuser Brødregade 24–26 und St. Kirkestræde 2 beachtenswert, und auch das Helligåndshus in der Torvegade, der Rest des um 1550 aufgegebenen Heiliggeistklosters, sollte nicht vergessen werden.

Veteranbane

Im Juli fährt ein historischer Zug sonntags mindestens zweimal die 32 km lange Strecke nach Handest und Mariager. Einer der schönsten dänischen »Veteranenzüge«. Die Abfahrtzeiten erfahren Sie beim Touristenbüro oder unter www.jernbaner.dk/mhvj.

MUSEEN

Kulturhistorisk Museum

Das Museum zeigt die Geschichte der Region von der Eis- über die Wikinger- bis zur Neuzeit. Dazu gehören historische Werkzeuge ebenso wie kirchliches Inventar und ein alter Kaufmannsladen. Besonders schön: die voll eingerichteten Zimmer aus der Zeit um 1900.

Stemannsgade 2; Di–So 11–17 Uhr; Eintritt frei

Kunstmuseum

Das Museum, ebenfalls im Kulturhaus untergebracht, bietet einen sehr schönen Überblick über die letzten 200 Jahre Malerei. Vertreten sind in erster Linie dänische Künstler wie Weie, Høst, Isakson oder Anna und Michael Ancher, aber auch ausländische Größen wie Andy Warhol.

Stemannsgade 2; Di–So 11–17 Uhr; Eintritt frei

Samsø

→ S. 179, E 5

4300 Einwohner

Von Jütland wie Seeland gleichermaßen gut mit dem Schiff zu erreichen ist die Insel Samsø. Die Insel ist 28 km lang und zwischen 600 m und 7 km breit. Eine flache Landschaft und viele kleine Dörfer prägen Samsø, insgesamt geht es hier noch beschaulicher zu als auf dem Festland. Sehenswert sind die Orte Tranebjerg, Nerdby und vor allem Besser. Die Strände sind recht gut und erfreuen sich gerade unter Surfern großer Beliebtheit. Dank der wenigen Steigungen eignet sich Samsø auch gut zum Radfahren, wenngleich die stetige Brise nicht zu unterschätzen ist. Man sollte sich zumindest einen Tagesausflug nach Samsø gönnen und auf der Heimfahrt unbedingt die heimischen Kartoffeln mitnehmen: Samsøer Kartoffeln gelten zu Recht als Delikatesse.

SERVICE

Turistbureau

Langgade 32, Tranebjerg; Tel. 86 59 14 00

Silkeborg

→ S. 177, D 4

50 000 Einwohner

Zu den begehrtesten Zielen in Dänemark gehört ohne Zweifel Silkeborg. Das liegt sicherlich auch an der recht schönen Stadt – die noch recht »jung« ist und erst seit dem Jahr 1900, der Zeit des industriellen Aufschwungs, diesen Status besitzt –, noch viel mehr allerdings an der einzigartigen Umgebung. Südlich der Stadt erstreckt sich ein wunderschönes Seengebiet. Setzt man Dänemark zumeist mit einer flachen, vom Wasser geprägten Landschaft gleich, so entdeckt man hier jedoch auch noch eine ganz andere Facette. Hier erhebt sich Dänemarks **Hochland** bis zu 172 m. Das Gebiet ist stark bewaldet, reich an Binnenseen und wird von Dänemarks größtem Flusslauf, der Gudenå, durchzogen. So kommen hier vor allem auch die Kanuten zu ihrem Recht. Unbestrittener Höhepunkt ist aber die Fahrt mit »Hjejlen«, dem ältesten Raddampfer der Welt (→ MERIAN-Tipp, S. 88). Und an nur wenigen Orten der Welt liegen Campingplätze vergleichbar idyllisch am Wasser.

MERIAN-Tipp

8 Nostalgisch: Hjejlen

Zum Pflichtprogramm eines jeden Silkeborg-Besuchers gehört eine Fahrt mit »Hjejlen«, dem ältesten Raddampfer der Welt. Die Fahrt führt über die Silkeborger Seenplatte u.a. zum **Himmelbjerg**. Das Schiff verkehrt allerdings nur im Hochsommer, während die anderen Ausflugsboote noch ein paar Wochen länger fahren. Da aber eigentlich alle mit »Hjejlen« fahren wollen, empfiehlt sich die frühzeitige Information über die Abfahrtzeiten. Vom Anleger zu Füßen des **Himmelbjergs** geht es dann noch ein Stück auf schönen Wald- und Heidewanderwegen in einer knappen halben Stunde hinauf zum Gipfel. Kondition und festes Schuhzeug sind dennoch angeraten.

Fahrpreis Silkeborg-Himmelbjerget und zurück 110 DKK, Kinder 60 DKK

→ S. 177, D 4

Hotels/andere Unterkünfte

Låsby Kro

Der Inbegriff des »hyggeligen« dänischen Kros, urgemütlich und liebevoll eingerichtet. Eine Stube ist dem bekannten dänischen Dichter Steen Steensen Blicher gewidmet, der hier Mitte des 19. Jh. mehrfach übernachtete.

Hovedgaden 49, Låsby/Ry;
Tel. 86 95 17 66, Fax 86 95 10 92;
45 Zimmer ● CREDIT

Sehenswertes

AQUA – Ferskvands Akvarium & Museum

Hier ist die Perspektive verkehrt worden. Die Besucher drehen innen auf unterschiedlichen Niveaus ihre Runde, während die Bassins außen sind. Ein interessant aufgemachtes Aquarium, das 1993 eröffnet wurde und bei dem besonders ökologische Aspekte berücksichtigt worden sind.

Vejlsøvej 55; Mitte Juni–Mitte Aug. tgl. 10–18, Mitte Aug.–Mitte Juni Mo–Fr 10–16, Sa, So 10–17 Uhr; Eintritt 75 DKK, Kinder 45 DKK

Museen

Silkeborg Kulturhistoriske Museum

Wenngleich an guten Museen in Dänemark kein Mangel herrscht, ist dieses doch eines der besonderen. Denn neben der Kulturgeschichte der Region ziehen der »Tollundmann« und das »Elling-Mädchen« das Interesse der Besucher auf sich. 1950 wurde der »Tollundmann« 10 km westlich von Silkeborg im Bjældskovdal von Torfstechern gefunden. Es war die Leiche eines vermutlich besser ge-

Geheimnisumwittert bis heute ist der so genannte »Tollundmann«, eine Moorleiche, die 1950 bei Silkeborg gefunden wurde.

stellten Mannes, der in der Eisenzeit gehenkt und ins Moor geworfen wurde. Kopf und Füße sind mit der Zeit sorgfältig konserviert, der Rest rekonstruiert worden. In unmittelbarer Nähe war zuvor das »Elling-Mädchen« entdeckt worden, das zur selben Zeit gehenkt wurde.

Hovedgårdsvej 7; Mitte April–Mitte Okt. tgl. 10–17, Mitte Okt.–Mitte April Mi, Sa, So 12–16 Uhr; Eintritt 40 DKK, Kinder 10 DKK

Silkeborg Kunstmuseum

Das Museum gibt einen sehr schönen Überblick über moderne dänische Kunst und wird von der eigenen Sammlung Asger Jorns sowie dessen Gesamtwerk geprägt.

Gudenåvej 7–9; April–Okt. Di–So 10–17, Nov.–März Di–Fr 12–16, Sa, So 10–16 Uhr; Eintritt 40 DKK

Viborg

→ S. 176, C 4

41 000 Einwohner

Viborg ist eine sehr lebendige und zugleich geschichtsträchtige Stadt im Herzen Jütlands. Bis 1655 fanden hier die Krönungzeremonien statt. Viborg war darüber hinaus nicht nur ein bedeutendes kirchliches Zentrum, sondern auch Ausgangspunkt des als Ochsen- oder Heerweg bekannten Handelsweges hinunter nach Norddeutschland. Heute kann man in aller Ruhe die teilweise sehr schönen Straßen um den Dom durchschlendern, in der Fußgängerzone shoppen oder unten am See den Ausflugsdampfer besteigen.

Hotels/andere Unterkünfte

Golf Hotel

Modernes und sehr komfortables Hotel in herrlicher Lage außerhalb des Stadtzentrums direkt am See. Sauna, Pool und ein hervorragendes Restaurant gehören zu den zahlreichen Annehmlichkeiten des Hauses.

Randersvej; Tel. 86 61 02 22, Fax 86 61 31 71; 134 Zimmer

●●● CREDIT ♿

Sehenswertes

EL-Museet

→ Familientipps, S. 37

Jütland – Der Norden

Sand, Sand, Sand, Wasser, Wasser, Wasser, Weite, Weite, Weite – das ist Jütlands Norden.

Die Wanderdüne Rubjerg Knude bedeckt den stillgelegten Leuchttum bereits teilweise mit Sand. Bis vor wenigen Jahren gab es hier noch ein Museum, das – passenderweise – über das Vorrücken der Düne informierte.

Der Norden Jütlands, das ist Strand, Strand und nochmals Strand. Unendlich weit zieht er sich gen Norden. Zwar gibt es mit Aalborg und Frederikshavn auch größere Städte, doch ansonsten dominieren oben im Norden kleinste Dörfer. Jütlands Norden ist ideal zum Abspannen in einer weiten Natur, auch wenn es in den Badeorten der Jammerbucht nicht immer wirklich sehenswert ist.

Aalborg

→ S. 177, D 2

158 000 Einwohner
Stadtplan → S. 93

Der Aquavit hat den Namen der Stadt um die Welt getragen. Doch Aalborg ist mehr als die Heimat des Kümmelschnapses. Das Tor nach Nordjütland besitzt eine schöne Fußgängerzone, bemerkenswerte Museen und ein reizvolles Umland rund um den Limfjord. Da schreckt selbst der Industriehafen nicht, der daran erinnert, dass die Stadt schon seit altersher ein bedeutendes Handelszentrum ist. Um seine lange Historie zu unterstreichen, schreibt sich der Ort in der alten Schreibweise mit dem doppelten A am Anfang statt des Å.

Hotels/andere Unterkünfte

First Slotshotel Aalborg → S. 93, d 2

Ein modernes Hotel mit einfachen und funktionalen Zimmern. Der Service ist überaus freundlich. Die Lage zwischen Innenstadt und Hafen ist zwar zentral, aber leider liegt das Hotel an einer großen Durchgangsstraße.
Rendsburggade 5; Tel. 98 10 14 00, Fax 98 11 65 70; www.slotshotellet.dk; 155 Zimmer ●●● CREDIT ♿

Radisson SAS Limfjord Hotel → S. 93, c 2

Keine schöne Lage, kein schöner Bau und trotzdem sehr beliebt. Das liegt vermutlich an den komfortablen Zimmern und dem Kasino.
Ved Stranden 14–16; Tel. 98 16 43 33, Fax 98 16 17 47; 180 Zimmer ●●● CREDIT ♿

Scheelsminde → S. 93, südl. b 3

Etwas außerhalb gelegenes Hotel auf einem Landsitz, deshalb auch mit einer ganz eigenen, großzügigen Atmosphäre, die Küche gilt als eine der besten der weiteren Umgebung.
Scheelsmindevej 35; Tel. 98 18 32 33, Fax 98 18 33 34; www.scheelsminde.dk; 76 Zimmer ●●● CREDIT

Sehenswertes

Helligåndsklostret → S. 93, c 2

Das Anfang des 15. Jh. errichtete Kloster ist noch sehr gut erhalten. Heute sind hier Wohnungen für alte Menschen eingerichtet. Führungen finden im Sommer Mo, Mi, Fr um 14 Uhr auf Deutsch statt.
C. W. Obels Plads; Eintritt 25 DKK, Kinder 10 DKK

Jens Bangs Stenhus → S. 93, c 2

Eines der schönsten nordeuropäischen Bürgerhäuser der Renaissance, 1624 erbaut. Das steinerne Gesicht mit der ausgestreckten Zunge stellt Jens Bang selbst dar.
Østerågade 9

Lindholm Høje → S. 93, nördl. c 1

Nördlich des Limfjords befindet sich eines der größten prähistorischen dänischen Gräberfelder mit zahlreichen Steinsetzungen. Im benachbarten Museum wird versucht, das Leben in der Eisen- und Wikingerzeit nachzuzeichnen.
Vendilavej 11, Nørresundby; April–Mitte Okt. tgl. 10–17, Mitte Okt.–März Di–So 10–16 Uhr; Eintritt 30 DKK, Kinder 15 DKK

Skt. Budolfi Kirke → S. 93, c 3

Die Kirche ist im 15. Jh. auf den Resten einer ersten Kirche gebaut und später immer wieder erweitert worden. Ein Glockenspiel ertönt zwischen 9 und 22 Uhr jede volle Stunde.
Algade

Tivoliland S. 93, d 3
Ein riesiger Jahrmarkt mit Vergnügungen für alle Altersgruppen. Besonders spektakulär ist die Loopingbahn, laut Eigenwerbung die größte in Skandinavien. Mittels der »Fun-Card« erhalten Sie bei den Aktivitäten Rabatt.
Karolinelundsvej; Ende April–Anfang Sept.; Eintritt 40 DKK, Kinder 20 DKK

Aalborg Tårnet S. 93, b 3
Vom Turm im Süden der Stadt hat man einen sehr schönen Ausblick auf Stadt und Hafen sowie über das Umland mit dem Limfjord. Der Fahrstuhlführer serviert zwischen den Fahrten noch schnelle Küche.
Sdr. Skovvej 30; Mitte April–Mitte Juni, Mitte Aug.–Sept. tgl. 11–17, Mitte Juni–Mitte Aug. tgl. 10–19 Uhr; Eintritt 20 DKK, Kinder 10 DKK

Museen

Marinemuseum S. 93, a 1
Kriegsschiffe können begangen werden, Tafeln und Schaukästen illustrieren die Historie der dänischen Marine, aber auch des Aalborger Hafens.
Vestre Fjordvej 81; Sept.–April 10–16, Mai–Aug. 10–18 Uhr; Eintritt 65 DKK, Kinder 30 DKK

Nordjyllands Kunstmuseum S. 93, b 3
Eines der großartigsten dänischen Kunstmuseen. In großen, hellen Räumen wird ein eindrucksvolles Panorama dänischer Kunst der letzten beiden Jahrhunderte gezeichnet. Ergänzt wird die Schau durch Werke aus aller Welt und Sonderausstellungen. Zu den Architekten des Gebäudes zählte auch der finnische Baumeister Alvar Aalto.
Kong Christians Allé 50; Di–So 10–17 Uhr; Eintritt 40 DKK, Kinder frei

Essen und Trinken

Die **Jomfru Ane Gade** ist die gastronomische Gasse schlechthin. Kneipe an Kneipe, Restaurant an Restaurant. Die Straße ist landesweit berüchtigt, wobei übertrieben wird. Aalborg hat sich mittlerweile auch als Gourmet-Stadt einen Namen gemacht.

Mortens Kro S. 93, c 3
Wohl das beste Restaurant der Stadt, Morten Nielsen kombiniert dänische Küche mit Einflüssen des Mittelmeeres, das alles in sehr coolem Interieur. Am Wochenende legen international bekannte DJs etwa ab 23 Uhr auf.
Mølleå 4–6; Tel. 98 12 48 60; Mo–Sa ab 17.30 Uhr ●●●● DINERS MASTER VISA

Rosdahls S. 93, c 2
Hervorragendes Restaurant, vor allem die Fischgerichte sind fantasievoll. Aber auch Fleischliebhaber und Tapasanhänger werden zufrieden gestellt. Angeschlossen ist ein Weinhandel, samstags von 9.30 bis 14.30 Uhr Delikatessenverkauf.
Strandvejen; Tel. 98 12 05 80; Mo–Sa 11.30–15, 17.30–21.30 Uhr ●●●● DINERS MASTER VISA, Weinhandel Mo–Fr 14.30–17.30, Sa 9.30–14.30 Uhr

Duus Vinkjælder S. 93, c 2
Solche Orte gibt es in Dänemark nur wenige, und deshalb lieben die Dänen sie so: ein richtiger Keller mit Gewölbe, Kerzen und rustikalen Tischen.
Østerågade 9; Tel. 98 12 50 56; Mo–Mi 11–24, Do–Sa 11–2 Uhr ● DINERS MASTER VISA

Ziele in der Umgebung

Fjerritslev S. 176, C 2

9000 Einwohner

Kein besonders aufregender Ort, allerdings hübsch gelegen: im Süden der Limfjord, im Norden das schöne Strandgebiet. Archäologisch und ornithologisch Interessierte werden hier ein reiches Betätigungsfeld finden.

Hotels/andere Unterkünfte

Svinkløv Badehotel
→ MERIAN-Tipp, S. 17

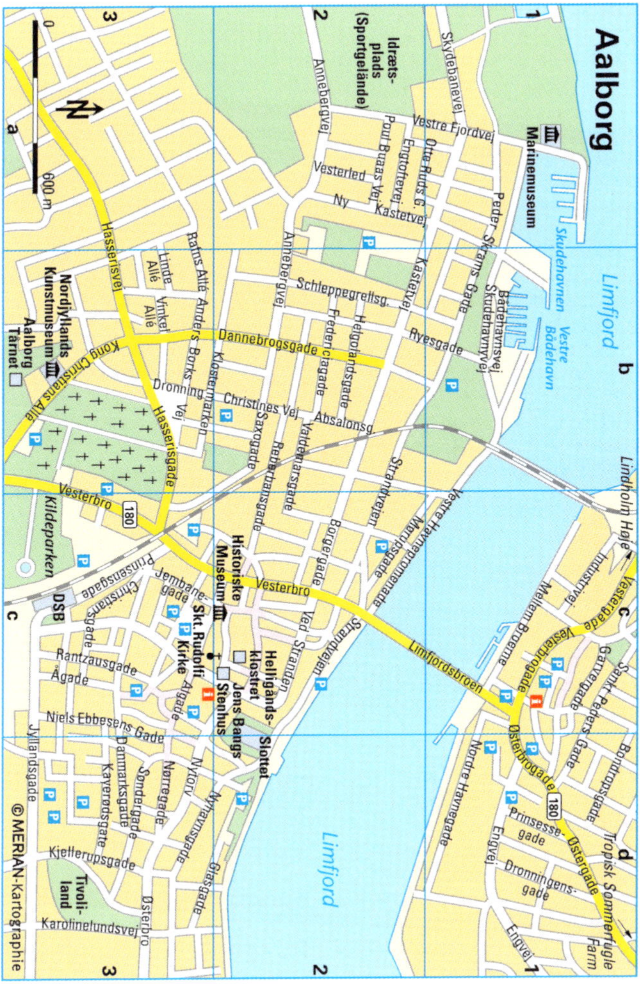

Museen

Bryggerimuseum

Aus einer kleinen Brauerei, die 1968 ihren Betrieb einstellte, ist ein hübsches Museum geworden, das neben allgemeiner Heimatgeschichte Aufblühen und Ableben der Brauerei dokumentiert. Das historische Inventar ist erhalten und vermittelt einen Einblick in vergangene Zeiten.

Østergade 1; Mitte Juni–Mitte Aug. Mo–Sa 10–16.30 Uhr; Eintritt 20 DKK, Kinder frei

Frederikshavn → S. 177, E 1

35 000 Einwohner

Frederikshavn ist architektonisch nicht sonderlich aufregend, doch die vielen

Besucher aus Schweden und Norwegen schlendern durch die Hafenstadt und schauen nach allem, was günstiger ist als daheim.

MUSEEN

Bangsbo-Museum

Ein interessantes Heimatmuseum, das am Südrand der Stadt in sehr schöner Umgebung (Rotwild-Park!) liegt. Dokumentiert wird die Geschichte der Region von der Frühzeit bis in unser Jahrhundert, sehenswert die Darstellung der Besatzungszeit.

Dr. Margrethesvej 6; Juni–Aug. tgl. 10–17, Sept.–April Di–So 10–17 Uhr; Eintritt 35 DKK, Kinder 5 DKK

Hirtshals

→ S. 177, D 1

15 000 Einwohner

Hirtshals liegt sehr schön unmittelbar an der Nordsee und hat große Bedeutung für die Fährschifffahrt durch die Verbindungen nach Norwegen. Städtebaulich besitzt das Land sicherlich größere Schätze, durch das **Nordsø museet** (→ Familientipps, S. 39) lohnt aber zumindest ein Abstecher in den Ort.

ESSEN UND TRINKEN

Skaga Hotel

Gegenüber des Nordseemuseums liegt das Skaga Hotel, in dessen Bistro gute dänische Hausmannsküche in drei Gängen für etwas über 200 DKK angeboten wird.

Willemoesvej; Tel. 98 94 55 00, Fax 98 94 55 55; Mai–Sept. tgl. 9–21 Uhr ● CREDIT ♿

Løkken

→ S. 177, D 1

9000 Einwohner

Løkken ist der einzige größere Ort unmittelbar an der Jammerbucht. Hervorragende breite Strände locken Jahr für Jahr Zigtausende an die Küste zwischen Hanstholm und Hirtshals. Zahlreiche Campingplätze und unzählige Sommerhäuser stehen für die Übernachtung bereit. Boutiquen und Kneipen warten auf Touristen. Surfer finden ein ideales Gebiet. Leider darf der Strand zwischen Grønhøj und Rødhus mit dem Auto befahren werden, was die Ruhe und Beschaulichkeit erheblich stört und den Strand für Kinder nicht ungefährlich macht. In den letzten Jahren war Løkken in Verruf geraten, da betrunkene Jugendgruppen den Ort den Sommer über einnahmen und an das billigste Mallorca erinnerten. Dieser Trend scheint gestoppt und Løkken wieder zum Qualitäts-Ferienort zu werden.

SEHENSWERTES

Rubjerg Knude

Einige Kilometer nördlich erhebt sich mit Rubjerg Knude eine eindrucksvolle Steilküste. Der unaufhörliche Wind trägt den Dünensand ins Landesinnere und wird den Leuchtturm eines Tages vollständig begraben haben. Ein weiteres Stückchen nördlich steht die leer geräumte **Mårup Kirche**, deren Grund von Meer und Sturm so weit abgetragen wurde, dass sie ins Wasser zu stürzen droht.

Mors

→ S. 176, B 3

Der Sage nach soll Jütland nach dem Vorbild Mors' geformt worden sein, denn beide weisen ähnliche Formen auf. Tatsächlich haben Geologen hier zahlreiche prähistorische Funde machen können, auch Spuren vulkanischer Aktivitäten wurden entdeckt. Größter Ort der Insel ist Nykøbing, ein beschaulicher Ort mit der Skt. Clemens kirke von 1891 und über 30 verteilt stehenden Skulpturen. Östlich von Mors liegt die Insel Fur, in der die Welt tatsächlich stehen geblieben zu sein scheint. Auch dort haben Geologen interessante Funde machen können, so etwa in einem Stein eine Schildkröte aus dem Tertiär.

Skagen

S. 177, E 1

15 000 Einwohner

Traumhaft – und im Sommer überlaufen. Jütlands Nordspitze zog um die Jahrhundertwende zahlreiche Maler an, deren Gemälde wiederum diesen Landstrich populär machten. Heute folgen unzählige Besucher den Spuren der Maler. Die Stadt Skagen wirkt entsprechend touristisch. Wer die Chance hat, hier in der Nebensaison hinzukommen, sollte dies tun. Dann kann Skagen seine eigentliche Schönheit voll zur Geltung bringen.

Sehenswertes

Grenen

Nördlicher geht es in Dänemark nicht. Vom Parkplatz aus sind es noch gut 20 Min. zu Fuß am Strand entlang (festes Schuhzeug!), bis man jenen 4 Punkt erreicht, an dem Nord- und Ostsee zusammenrauschen. Alternativ kann man sich vom Parkplatz auch mittels Trecker dorthin fahren lassen. Ein eigenartiger wie einzigartiger Ort. Ein kleiner Schaumkronenstreifen deutet an, wo die Meere ineinander fließen. In Gedanken versunken, lauscht man dem Rauschen der Wellen und erinnert sich der Schiffe, die hier ihr Ende fanden.

Råbjerg Mile

Råbjerg Mile ist eine 30 m hohe, unter Naturschutz stehende Wanderdüne. Südlich von Skagen folgen Sie bei Hulsig der Ausschilderung.

Den Tilsandede Kirke

Einst stand hier, südlich von Skagen, eine Kirche, der Wind deckte sie allerdings mehr und mehr mit Sand zu, so dass sie 1795 geschlossen wurde. Heute sieht man nurmehr den Turm.

Museum

Skagens Museum

Das Ehepaar Anna und Michael Ancher begründete hier um die Jahrhundertwende eine Künstlerkolonie. Maler wie P. S. Krøyer und Schriftsteller wie Holger Drachmann kamen. Die »Skagenmaler« wurden weltweit zum Begriff. Das Museum stellt ihre Werke aus.

Brøndumvej 4; Mai–Sept. tgl. 10–17, Okt.–April Mi–So 10–15 Uhr; Eintritt 60 DKK, Kinder frei

Einkaufen

Rikki Tikki Shop

Bemalte Kühe, kleine Galionsfiguren, Wichtelmännchen und anderes, was man den Lieben daheim so mitbringen könnte.

Sct.Laurentiivej 13

An der Spitze von Grenen treffen die Wellen der Ostsee von rechts und die der Nordsee von links zusammen. Fußlahme Touristen lassen sich mit Bussen oder Treckern hinfahren, um einmal an diesem Strand zu spazieren.

Hohe Schule dänischer Malkunst

Von vielen, die auszogen, und manchen, die berühmt wurden.

Die ewige Sehnsucht nach Skagen, wo Nord- und Ostsee unter ganz zauberhaftem Licht zusammenfließen, ist nicht zuletzt durch die **Skagenmaler** geschürt worden. Anna und Michael Ancher, Peder Severin Krøyer, Carl Locher, Lauritz Tuxen oder Holger Drachmann haben um 1900 diese einmalige Stimmung in ihren Bildern festgehalten und in die Welt getragen. Frauen, die am Sommerabend in langen Kleidern am Strand spazieren gehen, gehören zu den populärsten Motiven. Kinder, die am Strand spielen, oder Menschen, die im Garten üppige Feste feiern, sind ebenso festgehalten worden. Doch die Skagenmaler sahen nicht nur die heile Welt, sondern auch das harte Leben der Fischer und armen Leute.

Die Skagenmaler gehören zu den wenigen dänischen Kunstschulen, die auch außerhalb Skandinaviens großes Ansehen erringen konnten.

Die **Fynboer**, die zweite bekannte Malschule Dänemarks, wird hingegen außerhalb des Landes kaum beachtet. Diese Schule stand unter dem Einfluss des Bornholmer Malers Kristian Zahrtmann, der in den italienischen Abruzzen viele Maler auf ihren Weg vorbereitete. Diese Gruppe um Peter Hansen, Fritz und Anna Syberg sowie Johannes Larsen wirkte um 1900. Ihr Ausdrucksstil ist ganz unterschiedlich, ihre Werke lassen sich vor allem in den Kunstmuseen von Faaborg und Odense betrachten.

Vorbild Cézanne

Auf Bornholm gehören der Besuch des Kunstmuseums nördlich von Gudhjem sowie des Oluf-Høst-Museums in Gudhjem selbst zum gerne absolvierten Pflichtprogramm. Denn das Kunstmuseum ist nicht nur baulich sehr schön und herrlich gelegen, der Park hinter dem Høst-Museum eine Oase der Ruhe. Nein, beide Museen gewähren vor allem hervorragende Einblicke in die so genannte **Bornholmer Schule**. Damit ist eine Gruppe von Künstlern gemeint, die sich in der ersten Hälfte des vorigen Jahrhun-

derts auf der Insel zusammenfand. Sie waren vom Farbspiel des Bornholmer Lichts begeistert und arbeiteten unter dem Eindruck vor allem Cézannes an eigenen Umsetzungen.

Oluf Høst war der einzige wirkliche Bornholmer unter ihnen. Er wurde 1884 in Svaneke geboren. Sein wichtigstes Motiv ist ein Bauernhof in der Nähe Gudhjems, der vor ein paar Jahren allerdings abbrannte.

Die qualitativ besten Vertreter dieser Schule waren der Stockholmer Karl Isakson und der Kopenhagener Edvard Weie. Beide haben insbesondere Christiansø in farblich ungeheuer eindrucksvollen Bildern festgehalten. Sie waren aber auch schwierige Charaktere, die zueinander und zum Rest der Gruppe ein ständig wechselndes Verhältnis hatten.

Inspiration aus Italien

In Dänemark, zunehmend aber auch im Ausland besonders begehrt sind die Maler des **Goldzeitalters**. Zu ihren bekanntesten Namen gehören Eckersberg, Martinus Rørbye und Christen Købke. Sie alle waren durch Aufenthalte in Italien inspiriert, auf der anderen Seite bedrückte auch sie der schwindende politische Einfluss Dänemarks in Europa. So galt es also, auch in der Malerei an bessere Zeiten zu erinnern. Fortan wurde Dänemark als sonnendurchflutete Idylle dargestellt. Diese Bewegung wäre aber nicht ohne Bertel Thorvaldsen möglich gewesen. Der große Bildhauer war 1797 nach Italien ausgewandert. 41 Jahre später kehrte er, inzwischen weltberühmt, nach Kopenhagen zurück. Ein einziger Triumph. Man begann mit dem Bau eines Museums einzig für sein Werk. Er erlebte dessen Vollendung leider nicht mehr. Aber er hatte Italien und Dänemark kulturell noch stärker zusammengebracht.

Eine letzte populäre »Schule« sind die so genannten CoBrA-Maler, Künstler aus Copenhagen, Brüssel und Amsterdam, die sich 1948 zusammenfanden und durch eine spontane, abstrakt-expressionistische Kunst auffielen. Unter den dänischen Künstlern sind u. a. Carl-Henning Pedersen, Egill Jacobsen und vor allem Asger Jorn zu nennen, Letzterer ist der höchst bezahlte dänische Künstler überhaupt. Für sein Werk »I begyndelsen var billedet« wurden 2002 auf einer Auktion in New York 14,5 Mio. DKK bezahlt.

Auch für Künstler wie Vilhelm Hammershøj oder Per Kirkeby wird im Ausland viel Geld bezahlt.

Malen wie zu Oluf Høst-Zeiten: Auch heute noch suchen Hobbykünstler die inspirierende Nähe der Küstenlandschaft von Bornholm.

Fünen & südfünische Inseln

Der »Garten Dänemarks« lockt mit seiner hügeligen Landschaft insbesondere Radler an.

Die üppigen Rapsfelder und heckengesäumten Straßen auf Fünen dürfen als Bild in keinem Dänemarkführer fehlen: Im Frühsommer überzieht die gelbe Pracht weite Teile der knapp 3500 Quadratkilometer großen Insel.

Wollte man Fünens Vorzüge aufzählen, wo sollte man beginnen? Vielleicht bei der Metropole **Odense**, einer pulsierenden Stadt voller Charme und Gemütlichkeit? Oder bei den schönen Stränden im Norden? Bei der reizvollen Küste am Kleinen Belt im Westen? Beim verträumten Hafenort **Fåborg** im Süden? Bei **Svendborg** oder **Nyborg**, den lebendigen Unterzentren im Osten? Oder gleich bei Europas schönstem Wasserschloss, **Egeskov**? Oder bei all den anderen Schlössern, die man allerdings meist nur von außen sehen darf? Vielleicht bei der Rundkirche in **Horne**? Oder vielleicht einfach nur bei der abwechslungsreichen Landschaft, die mit den »Fünischen Alpen« nordwestlich von Fåborg dem Radler so einiges abverlangt?

Fünen bietet tatsächlich das gesamte dänische Spektrum, von der Großstadt bis zum kleinen Dorf, von unendlicher Weite bis zu langen Steigungen, vom Hafenidyll bis zu faszinierenden Museen.

Und wer sich dann noch in die südfünische Inselwelt wagt, kann mit der Insel **Ærø** einen wahren Schatz heben. Kaum ein anderer Ort vermag in diesem Land so zu faszinieren wie **Ærøskøbing** mit seinen mittelalterlichen Gassen und den Rosenstöcken an den Hauseingängen, die zu richtigen »Puppenstuben« führen. **Langeland** ist sicherlich nicht ganz so spektakulär, ist ruhiger, deswegen aber bestimmt nicht weniger reizvoll.

Odense

→ S. 179, E 6

180 000 Einwohner
Stadtplan → S. 101

Odense wird immer wieder mit seinem großen Sohn, dem Märchendichter Hans Christian Andersen, in Verbindung gebracht. Doch Fünens Hauptstadt auf ihn zu beschränken wird der Stadt nicht gerecht. Denn Odense gehört ohne Zweifel zu den Städten, die man auch mehrmals besuchen kann und in denen man dennoch immer wieder neue, überraschende Facetten entdeckt.

Die Fußgängerzone lädt mit ihren vielen kleinen Boutiquen und ihrer lebendigen Atmosphäre zum Bummeln ein. Von hier gelangt man auch zu **Brandts Klædefabrik**, einem ehemaligen Fabrikgebäude, welches heute verschiedene Museen, Kinos, Cafés und eine Kunstbuchhandlung beherbergt. Auf dem Platz davor gibt es im Sommer Livemusik.

Natürlich strömen die Massen zum **H. C. Andersen Museum**. Das war 2005 sicherlich am extremsten, als der 200. Geburtstag des großen Märchenschreibers weltweit gefeiert wurde. Für Odense natürlich ein gefundener Anlass, sich kräftig aufzuputzen. Auch wenn der Trubel nun ein wenig nachgelassen hat, bleiben die Orte in der Stadt, die mit Andersen in Verbindung gebracht werden können, die großen Publikumsmagneten.

Aber hierzu besitzt Odense auch Alternativen. Das Museum für den Komponisten **Carl Nielsen** etwa. Oder das imponierende **Eisenbahnmuseum** unmittelbar hinter dem Bahnhof. Und wer lieber draußen sein mag, dem stehen Orte wie das Freilichtmuseum »Den fynske Landsby«, der Zoo oder einfach das Ufer der Odense Å zur Verfügung.

Hotels/andere Unterkünfte

Clarion Plaza → S. 101, a 2
Nahe des Bahnhofs an der Ringstraße gelegen, deshalb unbedingt Zimmer nach hinten buchen. Die Zimmer sind konservativ gehalten, der Service ist äußerst freundlich.
Østre Stationsvej 24; Tel. 66 11 77 45, Fax 66 14 41 45; www.hotel-plaza.dk; 68 Zimmer ●●● CREDIT

Grand Hotel → S. 101, b 3
Tradition wird in diesem Hotel, das am Rande der Fußgängerzone liegt, groß geschrieben. Die Zimmer bie-

ten eine gelungene Mischung aus Tradition und Moderne. Gute Küche.
Jernbanegade 18; Tel. 66 11 71 71, Fax 66 14 11 71; www.first-hotels.com; 138 Zimmer ●●●

City Hotel Odense ⇢ S. 101, c 2
Modernes, komfortabel eingerichtetes Hotel in unmittelbarer Stadtnähe. Hervorzuheben ist die Dachterrasse.
Hans Mules Gade 5; Tel. 66 12 12 58, Fax 66 12 93 64; www.city-hotel-odense.dk; 43 Zimmer ●● CREDIT

Domir ⇢ S. 101, a 2
Zentral und ruhig gelegen. Helle und farbenfrohe Räume, gemütliche Bar.
Hans Tausens Gade 19; Tel. 66 12 14 27, Fax 66 12 17 82; www.domir.dk; 38 Zimmer ● CREDIT

Ydes Hotel ⇢ S. 101, a 2
Traditionsreiches, vor ein paar Jahren geschmackvoll renoviertes Hotel im Zentrum. Die Zimmer sind einfach und funktional eingerichtet.
Hans Tausens Gade 11; Tel. 66 12 11 31, Fax 66 12 17 82; www.ydes.dk; 28 Zimmer ● CREDIT

Spaziergang

Sie starten am Rathaus, in dem auch das Touristenbüro untergebracht ist. Von hier geht es ein Stück in die Fußgängerzone hinein, dann rechts in die **Jernbanegade.** Je nach Lust und Laune können Sie bald schon **Fyns Kunstmuseum** einen Besuch abstatten. Ansonsten gehen Sie geradeaus weiter durch die Grünanlage (Kongens Have) Richtung Bahnhof. Am Bahnhof und Post rechts vorbei kommen Sie zum **Jernbanemuseet** (Eisenbahnmuseum).

Danach geht es zurück zum Østre Stationsvej. Über die Nørregade hinüber in die Hans Mules Gade. Dort bietet sich das **Carl Nielsen Museum** zum Besuch an. Anschließend gehen Sie über den kleinen Platz (Sortebrødre Torv) in das Gässchen Ramsherred hinein, Sie kommen so unweigerlich zum **H. C. Andersen Museum.**

Vom Museum des berühmten Märchendichters links über Hans Jensens Stræde und Fiske Torvet wieder zum Rathaus. Hinter dem Rathaus erhebt sich die **Skt. Knuds Kirke.** Hinter ihr erstreckt sich ein schöner Park (Andersen Haven) bis hinunter zum Flüsschen **Odense Å.** Dann gehen Sie wieder zur Kirche und von ihr über Skt. Knuds Kirkestræde und Mageløs am **Geburtshaus von H. C. Andersen** vorbei. Dann links in die Vestergade. Achten Sie rechts auf den Durchgang zu **Brandts Klædefabrik** (Brandts Passage). Hier können Sie eines der zahlreichen Museen in der alten Kleiderfabrik besuchen oder sich in einem der Cafés ausruhen.

Von der Passage geht es wieder zur Vestergade und durch die Fußgängerzone hindurch zum Rathaus.

Sehenswertes

Odense Zoo
⇢ S. 101, südwestl. a 4
Afrika in Odense. Odenses Zoo widmet sich insbesondere der Tierwelt Afrikas und Asiens. Der auf dem Gelände eines ehemaligen Vergnügungsparks errichtete Zoo wird ständig erweitert.
Sdr. Boulevard 306; Juli tgl. 9–19, Mai, Juni, Aug. 9–18, April, Sept. 9–17, Okt.–März 9–16 Uhr; Eintritt 40 DKK, Kinder 20 DKK

Sankt Knuds Kirche ⇢ S. 101, b 3
Die Kirche wurde mehrfach zerstört und erhielt im Wesentlichen ihr Aussehen von 1300 bis 1500. Sie gilt als eine der schönsten hochgotischen Kirchen Dänemarks. Besonders sehenswert ist der vergoldete Flügelaltar aus dem frühen 16. Jh. In der Krypta befinden sich die sterblichen Überreste von König Knud dem Heiligen.
Elakhavan; 15. Mai–14. Sept. Mo–Sa 10–17, Juni–Aug. auch So 11.30–15.30, 15. Sept.–14. Mai Mo–Fr 10–16, Sa 10–14 Uhr

Museen

Carl Nielsen Museum ⇢ S. 101, c 2

Ohne Zweifel war Nielsen der herausragende dänische Komponist um die vorletzte Jahrhundertwende. Das Museum zeichnet sein Leben in einer gut aufgebauten, überschaubaren Ausstellung nach.

Claus Bergs Gade 11; Juni–Aug. Do, Fr 14–18, So 12–16, Sept.–Mai Do, Fr 16–20, So 12–16 Uhr; Eintritt 25 DKK, Kinder 5 DKK

Danmarks Grafiske Museum/ Dansk Presse Museum, Kunsthallen sowie **Museet for Fotokunst** ⇢ S. 101, a 3

finden Sie unter »Sehenswertes« bei Brandts Klædefabrik, S. 103.

Fyns Kunstmuseum ⇢ S. 101, b 2

Schwerpunkt des sehr schönen Museums sind die fünischen Maler sowie die so genannten »Dänischen Romantiker«. Die »Fünenmaler« werden

besonders durch Landschaftsmalerei, z. T. beeinflusst vom Impressionismus, charakterisiert.
Jernbanegade 13; Di–So 10–16 Uhr; Eintritt 25 DKK, Kinder 10 DKK

H.C. Andersens Barndomshjem
S. 101, b 3

In diesem bescheidenen Fachwerkhaus lebte Hans Christian Andersen seit seinem zweiten Lebensjahr, bis er 14 wurde. Heute ist es wieder so eingerichtet, wie er es einst selbst geschildert hat.
Munkemøllestræde 3–5; Juni–Aug. tgl. 10–16, Sept.–Mai Di–So 11–15 Uhr; Eintritt 10 DKK, Kinder 5 DKK

H. C. Andersens Hus (H. C. Andersen Museum)
S. 101, c 2

Wie ein Wallfahrtsort liegt das gedrungene Gebäude inmitten eines sehr schönen Viertels. Hier wird das Leben des Märchendichters in allen Facetten nachgezeichnet. Leider macht das Gedränge im Sommer das Herankommen an die Schaukästen manchmal schwierig.
Hans Jensens Stræde 37–45; Juni–Aug. tgl. 9–18, Sept.–Mai Di–So 10–16 Uhr; Eintritt 50 DKK, Kinder 20 DKK

Jernbanemuseet
S. 101, b 1

→ MERIAN-Tipp, S. 38

Møntergården
S. 101, c 2

Wer an der Historie der Stadt interessiert ist, sollte in Odenses Stadtgeschichtliches Museum gehen. Außerdem Sammlung historischer Münzen.
Overgade 48–50; tgl. 10–16 Uhr, Sept.–Juni Mo geschl.; Eintritt frei, bei Sonderausstellungen nicht

Essen und Trinken

Under Lindetræet
S. 101, c 2

Klein, aber fein. Gegenüber dem H. C. Andersen Museum gelegen, bietet dieses Restaurant die gastronomische Odenseer Spitzenklasse mit je nach Tagesangebot wechselnder, französisch geprägter Karte. Unbedingt vorbestellen!
Ramsherred 2; Tel. 66 12 92 86; Mo–Sa 11–23 Uhr ●●● CREDIT

Den Grimme Ælling
S. 101, b 2

Täglich kann man hier ab 17.30 Uhr für nur 112,50 DKK (Fr, Sa 125 DKK) so viel am Buffet schlemmen, wie in den Magen hineinpasst. Gleiches gilt mittags zwischen 11 und 14.30 Uhr für 79 DKK.

Dem berühmten Märchendichter Hans Christian Andersen begegnet man in Odense auf Schritt und Tritt – hier im Park Andersenhave.

Hans Jensens Stræde 1; Tel. 65 91 70 30;
tgl. 12–14.30 und 17.30–22.30 Uhr ●●
MASTER VISA

Badstuen S. 101, a 2
Das Kulturzentrum der Stadt mit verschiedenen Werkstätten und einem Café, in dem u. a. verschiedene Salate und Smørrebrød serviert werden. Derweil können Zeitungen durchgeblättert oder Spiele wie Schach gespielt werden.
Østre Stationsvej 26; Tel. 66 13 48 66;
Mo 12–22, Di–Do 10–22, So 10–16 Uhr
●

Målet S. 101, b 2
Immer wieder gerne empfohlen, denn seit Jahr und Tag werden hier Schnitzel in verschiedenen Variationen in bester Qualität serviert.
Jernbanegade 17; Tel. 66 17 82 41;
Mo–Sa 11–24, So 15–24 Uhr
● MASTER VISA

Einkaufen

Rosengårdcentret S. 101, südöstl. c 4
Ein riesiges Einkaufszentrum im Südosten der Stadt. Fast 100 verschiedene Geschäfte haben sich hier unter einem Dach versammelt, vom Schuhgeschäft über die Buchhandlung bis zum Lebensmittel-Discounter.
Ørbækvej

Uromagerens Hus S. 101, c 2
Christian Flensted verursacht keine Unruhe, wie der Geschäftsname manchen Deutschen vermuten lässt, sondern bastelt wunderschöne Mobiles, die man bestaunen und natürlich auch kaufen kann. Pfiffigerweise hat Flensted sein Geschäft in unmittelbarer Nähe des H. C. Andersen Museums eingerichtet.
Ramsherred 4

Am Abend

Arkaden S. 101, b 3
Odenses neues Vergnügungszentrum. Insgesamt sieben Restaurants und Bars sind hier unter einem Dach versammelt, Tanzwütige können sich auf vier Tanzflächen austoben.
Vestergade 68

Dexter Jazzhus S. 101, b 2
Eine urgemütliche Kneipe im Odenseer Zentrum mit Livejazz.
Vindegade 65; Mi 17–2, Do, Fr 17–5,
Sa 12–5 Uhr

MERIAN-Tipp

9 Besonders: Brandts Klædefabrik

Im Jahr 1977 hauchte die Textilfabrik hier am westlichen Rand der Altstadt ihr Leben aus. Dafür entstand in den ehemaligen Fabrikgebäuden ein Museums- und Freizeitkomplex ganz besonderer Art. In die untere Etage zogen ein Kino, Cafés und eine Kunstbuchhandlung ein. In den oberen Stockwerken etablierte man gleich mehrere sehenswerte Museen: die Kunsthalle mit modernen Exponaten aus aller Welt, das hervorragende Museum für Fotokunst sowie das wirklich imponierende Grafische und Pressemuseum, das die Geschichte der Setzer- und Druckerkunst sowie der dänischen Presse dokumentiert. Alle Museen befinden sich in hellen und hohen Räumen und nehmen den Ausstellungen so den strengen musealen Charakter.

Auf dem Hof vor dem Gebäude werden im Sommer ebenfalls Speisen und Getränke serviert, außerdem gibt es Livekonzerte.

Danmarks Grafiske Museum/ Dansk Pressemuseum: Eintritt 25 DKK, Kinder 10 DKK
Kunsthallen: Eintritt 30 DKK, Kinder 10 DKK
Museet for Fotokunst: Eintritt 25 DKK, Kinder 10 DKK
alle: Brandts Passage 37; tgl. 10–17 Uhr, 1. Sept.–30. Juni Mo geschl.
S. 101, a 3

SERVICE

Abenteuerpass

Damit können Sie einen Tag lang kostenlos mit Bus und S-Bahn fahren, kommen umsonst in Museen oder erhalten Rabatt.

Erwachsene 120/160 DKK, Kinder 65/85 DKK für 24/48 Stunden

Odense Turist Bureau → S. 101, b 3

Rådhuset, 5000 Odense C; Tel. 66 12 75 20; www.odenseturist.dk

Ziele in der Umgebung

Assens → S. 179, D 7

10 000 Einwohner

Die Stadt liegt sehr schön am Kleinen Belt und hat sich abseits der Hauptverkehrsströme ihr idyllisches Bild weitgehend erhalten können. In den Straßen rund um die zum Hafen führende Østergade stehen farbenfrohe und wohlgepflegte Fachwerkgebäude. Stärker als in anderen Städten fallen hier die zahlreichen Innenhöfe auf. Unten am Hafen wacht weiterhin Peter Willemoes, der im 18. und 19. Jh. als Seeheld Furore machte.

MUSEEN

Willemoesgaardens Mindestuer

Das Heimatmuseum, eingerichtet im Geburtshaus von Peter Willemoes, lohnt vor allem wegen der ausgezeichneten Gemäldesammlung den Besuch. Zu sehen sind ältere Bilder von Künstlern aus der Umgebung, die längst schon ihren Platz in der Kunstgeschichte gefunden haben.

Østergade 36; Mai Sa, So 10.30–12, 14–17, Juni–Aug. Di–So 10–12, 14–17 Uhr; Eintritt 15 DKK, Kinder 5 DKK

Bogense → S. 179, E 6

6000 Einwohner

Der Marktplatz ist ein wirkliches Kleinod. Zierliche, gut gepflegte Häuser aus dem 19. Jh. säumen den Platz, und auch in den Seitenstraßen lässt es sich in aller Ruhe schlendern. Am Ende der Adelgade steht übrigens eine Kopie des Brüsseler Manneken Pis, die Konsul William Føns 1934 der Stadt schenkte, in der er als Findelkind aufgewachsen war. Bei der Touristeninformation können Sie die Spezialität der Stadt erwerben – Hybenvin (Hagebuttenwein). Den schönsten Strand finden Sie weiter westlich mit Skåstrup Strand.

EINKAUFEN

Kunstgården

Südwestlich in Skovby gelegen (Straße 317). Bilder, Keramik und andere Handwerkskunst werden hier ausgestellt. Im Gegensatz zu vielen ähnlichen Einrichtungen lohnt sich der Besuch, selbst wenn man nichts kauft, sondern im Café nur den hausgemachten Kuchen isst.

Ømosevej 11, Skovby; Ende März–Weihnachten Di–So 10–18 Uhr; Eintritt 5 DKK

Kerteminde → S. 179, F 6

10 000 Einwohner

Ein äußerst gemütlicher Ort mit schöner Bebauung und Fünens größtem Yachthafen. Bevor Odense einen Kanal erhielt, fungierte Kerteminde zugleich als Hafen für Fünens Metropole. Neben dem Hafen lohnt unbedingt der Besuch des Marktplatzes mit seinen idyllischen kleinen Häusern. Nördlich des Hafens erstreckt sich ein sehr guter Strand.

SEHENSWERTES

Fjord- & Bæltcentret

Faszinierend ist dieses Museum, das einen Einblick in die Flora und Fauna der Ostsee vermittelt. Absoluter Clou ist dabei der Unterwassertunnel, der den Besucher unter die See führt.

Margrethes Plads 1;www.fjord-baelt.dk; Juli–Anfang Aug. tgl. 10–18, Anfang Aug.–Nov., Feb.–Juni Mo–Fr 10–16,

Sa, So 10–17 Uhr; Eintritt 85 DKK, Kinder 50 DKK

Johannes Larsen Museet
Der Maler Johannes Larsen (1867–1961) wohnte hier. Zu sehen sind seine Werke, v. a. Landschafts- und Vogelmalerei sowie Holzschnitte, und seine private Gemäldesammlung.
Møllebakken; März–Mai, Sept., Okt. Di–So 10–16, Juni–Aug. tgl. 10–17, Nov.–Feb. Mi, Sa, So 11–16 Uhr; Eintritt 60 DKK, Kinder 20 DKK

Ladby Schiff
Nur 5 km südwestlich von Kerteminde fand man 1935 das Grab eines Wikingerhäuptlings. Er wurde hier um ca. 950 in seinem Schiff bestattet. Das Schiff ist verrottet, das Skelett geraubt, doch blieben Grabbeigaben wie Schmuck, Kleider und die Skelette von Hunden und Pferden erhalten. Dänemarks einziges Schiffsgrab bedarf erneut einer Restaurierung.
Vikingevej 123; Juni–Aug. tgl. 10–17, Nov.–Feb. Mi–So 11–15, März–Mai, Sept.–Okt. Di–So 10–16 Uhr; Eintritt 40 DKK, Kinder 15 DKK

Essen und Trinken

Munkebo Kro
Sehr viel mehr als nur ein Landgasthof. In dem historischen Gebäude befindet sich ein Restaurant der absoluten Spitzenklasse, das viele regionale Produkte verarbeitet. Sehr gut ausgestattete, moderne Zimmer.
Fjordvej 56, Munkebo; Tel. 65 97 40 30; tgl. 12–14, 18–22 Uhr ●●●● CREDIT

Rudolf Mathis
Unmittelbar am Hafen gelegen. In diesem sehr geschmackvoll eingerichteten Restaurant dreht sich alles um Fisch, der hier meisterhaft zubereitet und serviert wird. Je nach Fang ändert sich die Karte tagtäglich. Das dreigängige Menü kostet 395 DKK.
Dosseringen 13; Tel. 65 32 32 33; Di–So 12–13.45, 18–21.30 Uhr ●●●● CREDIT

Nyborg

→ S. 179, F 6

18 000 Einwohner

Leider wird Nyborg oft nur als Transitstation zwischen Fünen und Seeland angesehen. Dabei lohnt ein Stopp in Nyborg, vom 13. bis 15. Jh. gar Dänemarks Hauptstadt, und seiner betriebsamen City.

Hotels/andere Unterkünfte

Hesselet
Dicht an Wasser und Wald gelegenes Hotel mit liebevoll eingerichteten Zimmern und vorzüglichem Restaurant.
Christianlundsvej 119; Tel. 65 31 30 29, Fax 65 31 29 58; www.hesselet.dk; 43 Zimmer ●●●● CREDIT ♿

Nyborg Strand
Sehr schön nördlich des Hafens mit Blick auf das Wasser gelegen. Schlichte, geschmackvoll eingerichtete Zimmer.
Østerøvej 2; Tel. 65 31 31 31, Fax 65 31 37 01; www.nyborgstrand.dk; 240 Zimmer ●●● CREDIT 🐕 ♿

Im 50 Meter langen Unterwasseltunnel des Fjord-& Bæltcentret kann man die Tierwelt der Ostsee beobachten.

Das im 16. Jahrhundert erbaute Egeskov Slot in Svendborg zählt zu den schönsten Wasserschlössern Europas.

SEHENSWERTES

Holckenhavn Slot
Südlich der Stadt an der Straße Richtung Svendborg gelegen. Das Schloss, im 15. Jh. gebaut, ist nur an ausgewählten Terminen in der Sommersaison zugänglich. Sehr schön ist der umliegende Park.
Schlossbesichtigung Juni, Aug. So 16 Uhr, Juli Di, So 16 Uhr

Nyborg Slot
Um 1170 entstand hier eine mächtige Festung. Leider lässt sich dies heute nur noch mittels eines im übrig gebliebenen Rittersaal aufgebauten Modells nachvollziehen. Erhalten sind nämlich nur noch ein Flügel und ein Turm, der Rest wurde zum Teil als Steinbruch missbraucht.
März–Mai, Sept.–Okt. Di–So 10–15, Juni–Aug. tgl. 10–17 Uhr; Eintritt 30 DKK, Kinder 15 DKK

Storebæltsbroen
Die Brückenverbindung über den Großen Belt ist das monumentalste Bauwerk Dänemarks. Aus einer einst einstündigen Fährfahrt wird so eine Auto- oder Zugfahrt von nur wenigen Minuten. Unterschieden wird dabei in den Ost- und den Westteil der Überquerung. Die 6,8 km lange Ostbrücke wird nur von Autos benutzt, während der Zug durch einen 8 km langen Tunnel rauscht. Ab der kleinen Insel Sprogø benutzen dann beide Verkehrsmittel die 6,6 km lange Westbrücke.

Svendborg → S. 179, E 7

42 000 Einwohner

Fünens zweitgrößte Stadt wurde im 13. Jh. erstmals urkundlich erwähnt. Schon im Mittelalter lebte Svendborg vom regen Handel auf der Ostsee; noch heute ist es eine bedeutende Hafenstadt. Svendborg besticht durch eine schöne Bebauung, eine großartige Lage und ein lebendiges Einkaufszentrum. Von hier kann man reizvolle Ausflüge unternehmen.

HOTELS/ANDERE UNTERKÜNFTE

Svendborg
Von außen alles andere als ein anziehender Bau. Im Inneren allerdings ein gutes, gepflegtes Hotel mit der vielleicht besten Küche der Stadt.

Centrumpladsen 1;
Tel. 62 21 17 00, Fax 62 21 90 12;
www.hotel-svendborg.dk; 87 Zimmer
●● CREDIT

SEHENSWERTES

Egeskov Slot

Das 20 km nördlich von Svendborg in Kværndrup gelegene, 1554 auf Eichenpfählen errichtete Schloss gilt als Europas schönstes Wasserschloss. Doch weil das so ist, kann der Besuch unterschiedliche Gefühle hervorrufen. Die Reisebusse »türmen« sich bisweilen vor dem Eingang. Gleichwohl ist das noch immer bewohnte, aufgrund seiner Fassadengestaltung verspielt wirkende Schloss selbst unbedingt einen Besuch wert. Die meisten Räume können besichtigt werden. Umgeben wird das Gebäude von einem schönen Park samt Labyrinth und Kräutergarten, in einem Nebengebäude sind ein Oldtimer- und Motorradmuseum sowie ein Landwirtschaftsmuseum untergebracht. Eine Cafeteria sorgt für das leibliche Wohl. Für den Besuch sollten Sie einen ganzen Tag einplanen.

Egeskovgade 18; Mai, Sept. 10–17, Juli 10–20, Juni, Aug. 10–18, Schloss 10–17 (Juni, Aug.) bzw. 10–19 Uhr (Juli); Eintritt 145 DKK, Kinder 75 DKK

M/S »Helge«

Das Dampfschiff Helge, 1924 gebaut, fährt während der Sommermonate quer über den Sund nach Thurø und Tåsinge. Eine gemütliche und landschaftlich sehr reizvolle Fahrt. Fahrtdauer 60 Minuten pro Strecke.

Jessens Mole; Tel. 62 50 25 00; Juni–Mitte Aug. tgl. 9, 11, 13.30, 15.30, 17.30, Mai, Mitte Aug.–Anfang Sept. 11, 13.30 und 15.30 Uhr; Rundfahrt 50 DKK, Kinder (bis 12 Jahre) 45 DKK

MUSEEN

Naturama

Ein 2005 eröffnetes naturwissenschaftliches Museum. Die drei Etagen sind in Wasser, Erde und Luft unterteilt, unten taucht man in die Wasserwelt ein, in der Mitte begegnet man z. B. Wölfen und Bären, oben z. B. Eulen und Adlern.

Dronningemaen 30; Di–So 10–17, Do bis 20 Uhr, Mitte Juni–Anfang Aug. auch Mo 10–17 Uhr

Ofenmuseum

1850 wurde hier die Gießerei Lange & Co. gegründet, die bis 1984 Öfen herstellte. Einen spannenden Einblick in die Produktionsgeschichte und die damaligen Arbeitsbedingungen gewährt heute das Museum.

Vestergade 45; 15. Juni–31. Aug. tgl. 10–17 Uhr; Eintritt 10 DKK

ESSEN UND TRINKEN

Jettes Diner

Bistroartig eingerichtet, entspannte Atmosphäre, reichhaltige Auswahl an Burgern, ansonsten gibt es z. B. Salate, Sandwiches und Nachos.

Kulinggade 1; Tel. 62 22 17 48; Di–Sa 18–22 Uhr ●●●

Ziele in der Umgebung

Fåborg

S. 179, E 7

17 000 Einwohner

Fåborg ist ein wunderschön gelegener Küstenort im Südwesten der Insel. Fischer- und Segelboote prägen den malerischen Hafenteil. Sehenswert ist auch die Bebauung rings um die Kirche, deren Glockenturm schon von weither sichtbar ist, sowie der Ymer-Brunnen auf dem Marktplatz. Reizvoll ist die kleine, vom Hafen zur Innenstadt führende Holkegade.

Fåborg ist immer auch die Stadt der Künstler gewesen. Auch heute gibt man lokalen Künstlern viel Platz zur Entfaltung, in den historischen Häusern Levins Hus, Bryggergaarden und Konservesgaarden finden ständig Wechselausstellungen statt. Anfang Mai gibt es dann sogar ein großes Bildkunst-Festival.

Hotels/andere Unterkünfte

Færgegården

Schöne Zimmer, teilweise mit Blick auf das Meer. Zum Hotel gehört auch ein gutes Restaurant.

Christian IX's vej 31; Tel. 62 61 11 15, Fax 62 61 11 95; www.hotelfg.dk; 16 Zimmer ●● CREDIT

Museen

Faaborg Arrest

Vermutlich das originellste Museum der Umgebung, wenngleich mit traurigem Hintergrund. Hier können Sie ein Gefängnis von innen sehen, die kleinen Zellen bedrücken auch heute noch in ihrer Trostlosigkeit.

Torvet; Mitte Mai–Mitte Sept. 10.30–16.30, April–Mitte Mai Sa, So 11–15 Uhr; Eintritt 30 DKK, Kinder frei

Fåborg Museum

Wer sich für die fünische Malerei interessiert, darf dieses Museum nicht verpassen. Künstlern wie Johannes Larsen, Kai Nielsen oder Fritz Syberg ist hier ein gebührender Platz eingeräumt worden.

Grønnegade 75; April–Okt. tgl. 10–16, Nov.–März Di–So 11–15 Uhr; Eintritt 40 DKK, Kinder frei

Essen und Trinken

Falsled Kro

Seit vielen Jahren schon gehört dieses Haus zu den gastronomischen Top Ten in Dänemark. Französische Küche in Perfektion, serviert in herrlicher Umgebung.

Assensvej 513, Millinge; Tel. 62 68 11 11; www.falsledkro.dk; Di–So 12–14, 18.30–21.30 Uhr, Mai–Sept. auch Mo ●●●● CREDIT

Horne

→ S. 179, E 7

4000 Einwohner

Horne wäre als Ort weiter nicht erwähnenswert, wenn hier nicht eine der sieben dänischen Rundkirchen stehen würde.

Sehenswertes

Rundkirche

Mehr über Fünens einzige Rundkirche finden Sie auf Seite 141 im MERIAN-Spezial »Die wehrhaften Rundkirchen«.

Mitte Mai–Mitte Sept. tgl. 8–20, sonst Di–Fr 9–13 Uhr

Langeland

→ S. 179, F 7–8

16 000 Einwohner

Selten nur war ein Name treffender als dieser. Lang zieht sich die Insel zwischen Fünen und Lolland hin, von Nord nach Süd sind es ungefähr 55 km. Klassische Sehenswürdigkeiten sind hier allerdings nur spärlich zu entdecken, die Landschaft macht den Reiz der Insel aus. Campingplätze, Ferienhausgebiete, beschauliche Dörfer und für Radler so manche nicht enden wollende Steigung hält Langeland bereit. Sowohl der Abschnitt zwischen Bagenkop und Ristinge im Süden als auch der zwischen Lohals und Hov im Norden sind wunderbare Urlaubsgebiete mit relativ guten Stränden. Gleiches lässt sich für das Gebiet rund um Spodsbjerg sagen. Mittelpunkt der Insel aber ist ohne Zweifel Rudkøbing. Der Hafen ist sicherlich nicht so verträumt, wie man es anderswo sieht. Allerdings sollten Sie ruhig einen Blick auf die historischen Kutter werfen, die hier liegen. Reizvoll sind die Fußgängerzone und ihre Fortsetzung zum Hafen hin (Brogade/Østergade), wo Sie überall kleine, feine Fachwerkhäuser sehen. Zugleich ist Langeland auch Schnittpunkt verschiedener Fährverbindungen nach Lolland, Ærø und Strynø.

Sehenswertes

Tranekær Slot → S. 178, C 4

Wirklich imponierend erhebt sich das Schloss an der Straße Richtung Lohals. Für die Öffentlichkeit ist es leider geschlossen, das gegenüber platzierte Museum stellt allerdings

Geschichte und Innenräume des teilweise ins 13. Jh. zurück datierbaren Gebäudes dar. Um das Museum herum ist ein ökologischer Versuchsgarten angelegt worden. Um die Einheit mit der Natur geht es auch bei Tickon, dem hier angesiedelten Zentrum für Kunst und Natur, das beide in Harmonie miteinander bringen möchte.
Museum Juni–Mitte Sept. Mo–Sa 10–17, So 13–17; Eintritt 25 DKK, Kinder frei

MUSEEN

Den Gamle Apotek

Die alte Apotheke der Familie Ørsted mitsamt Inventar und historischer Medikamente ist wirklich sehenswert. Der Ørsted-Sohn Hans Christian ist der Entdecker des Elektromagnetismus.
Brogade 15; zu den normalen Geschäftszeiten geöffnet

Langelands Museum

Das Inselmuseum widmet sich insbesondere der Frühgeschichte und kann mit außerordentlichen archäologischen Funden und einer Schifffahrtsausstellung aufwarten.
Jens Winthersvej 12; Mo–Do, So 10–16, Fr 10–13 Uhr; Eintritt 25 DKK, Kinder frei

Souvenariet

In einem historischen Theatergebäude nahe des Tranekær Slot sind ca. 2000 typische Souvenirs aus aller Welt versammelt. Sie zeigen die ganze Spannbreite der viel gekauften Staubfänger zwischen Kunst und Kitsch. Eine wirklich originelle Idee.
Slotsgade 84 b, Tranekær; Juni–Sept. Mo–Fr 10.15–17, Sa 13–17 Uhr; Eintritt 40 DKK, Kinder frei

ESSEN UND TRINKEN

Tingstet's Café

Eine originelle Mischung aus Café und Flohmarkt, zuweilen mit Livemusik garniert, auf einem Innenhof inmitten der Innenstadt von Rudkøbing.
Østergade 16; Tel. 62 51 22 44 •

Tåsinge

→ S. 179, E 7

Ein Blick auf die Landkarte lässt Tåsinge nur als Verbindungsstück zwi-

Im Landhaus Falsled Kro in Faborg wird man mit vorzüglicher französischer Küche verwöhnt, und wer möchte, kann dort auch übernachten.

Das zentral in Ærø gelegene Hotel Ærøhus vereint modernen Komfort mit altmodischer Idylle und gemütlicher Atmosphäre.

schen Langeland und Fünen erscheinen. Tatsächlich liegt hier aber eines der schönsten Schlösser Dänemarks, Valdemars Slot.

Sehenswertes

Valdemars Slot

Endlich einmal ein Schloss, in das man auch hinein darf. König Christian IV. (1639–1644) ließ es für seinen Sohn Valdemar errichten, der es aber nie bewohnte. Stattdessen zog Niels Juel, Dänemarks »Francis Drake«, 1678 ein. Das Schloss durchlebte mehrere heftige bauliche Veränderungen. Heute kann man sich überall umsehen. Es sind außerdem kleine Museen zu den Themen Jagdtrophäen, Spielzeug und Segelsport eingerichtet. Nach dem Besuch kann man sich in den Restaurants wieder stärken.

Slotsalléen 100, Troense; Mai–Sept. tgl. 10–17, im Sept. Mo geschl., April, erste Okt.-Hälfte Sa, So 10–17 Uhr; Eintritt Schloss 90 DKK, Kinder 45 DKK

Museen

Søfartssamlingerne

In Troense wird noch die Pracht und Herrlichkeit der Handelszeit mit Asien spürbar. Wunderschöne Kapitänsvillen prägen den Ort. Das Schifffahrtsmuseum dokumentiert die Zeit des China- und Ostindienhandels mit Bildern, Modellen etc.

Strandgade 1; Mai–Sept. Di–Fr 10–17, Sa, So 10–16, Okt.–April Di–Fr 14–17 Uhr; Eintritt 25 DKK, Kinder frei

Ærø

··· S. 179, E 8

8000 Einwohner

Müsste man ein anderes Wort für Idyll finden, hieße es wohl »Ærø«. Dass sie die Insel der Segler ist, das wird besonders in **Marstal** und **Søby** deutlich. Unverbrauchte Natur, wohin man auch blickt; feine Sandstrände, besonders im Norden. Bemerkenswert die Steilküste bei **Vordrup Klint** im Südosten. Und ein Schmuckstück ohnegleichen ist die Stadt **Ærøskøbing**. Fachwerkhäuschen an Fachwerkhäuschen, alle absolut gepflegt – seit dem ausgehenden Mittelalter ist die Vergangenheit hier allgegenwärtig, denn äußerlich wurde kaum etwas verändert; die Stadt steht unter Denkmalschutz. Natürlich weiß man aus dieser Schönheit Kapital zu schlagen. Während Ærøskøbing sich eher als Puppenstube präsentiert und mehr zum Essen und Trinken als zum Einkaufen animiert, lockt Marstal als Handelszentrum der Insel.

Hotels/andere Unterkünfte

Ærøhus
Zentral, jedoch etwas rückwärtig und insofern ruhig gelegenes Ferienhotel inmitten eines hübschen Gartens. Historisches Ambiente.
Vestergade 38, Ærøskøbing; Tel. 62 52 10 03, Fax 62 52 21 23; www.aeroehus-hotel.dk; 66 Zimmer ●●

Museen

Flaschenschiffsammlung
Über 200 Buddelschiffe unterschiedlichster Größen sind im Hinterhaus der Smedegade 22 in den »Flaskeskipsamlingen« ausgestellt – nur ein kleiner Teil der rund 1700 Flaschen, die hier unter einem Dach gesammelt und selbst hergestellt wurden. Peter Jakobsen, später als »Flaschen-Peter« bekannt, begründete die überaus sehenswerte Sammlung, die bald über Dänemarks Grenzen hinaus bekannt wurde. So bekam Jakobsen bald unaufgefordert Exponate aus aller Welt. Und es ist wirklich unglaublich, was alles in eine Flasche hineinpasst!
Smedegade 22, Ærøskøbing; Mitte Juni–Anfang Aug. 10–17, Mitte März–Mitte Juni, Anfang Aug.–Mitte Okt. 10–16, Mitte Okt.–Mitte März Di–Fr 13–15 Uhr; Eintritt 25 DKK, Kinder 10 DKK

Marstal Søfartsmuseum
Alles, was auch nur im entferntesten mit der Seefahrt zu tun hat, ist in diesem Museum liebevoll zusammengetragen worden. Ob Lampen, Galionsfiguren oder Modelle, für echte Seebären Pflichtprogramm.
Prinsensgade 1, Marstal; Juni, Aug. tgl. 9–17, Juli tgl. 9–20, Sept.–Mai tgl. 10–16 Uhr, Okt.–April Sa, So geschl.; Eintritt 40 DKK, Kinder 10 DKK

Ærø Museum
In der alten Apotheke ist das volkskundliche Museum untergebracht. Natürlich ist auch hier die Seefahrt ein gewichtiges Thema. Daneben wird aber noch das Leben auf der Insel während der vergangenen Jahrhunderte skizziert.
Brogade 3–5, Ærøskøbing; Mitte März–Mitte Okt. Mo–Fr 10–16, Sa, So 11–15, Mitte Okt.–Mitte März Mo–Fr 10–13 Uhr; Eintritt 20 DKK, Kinder 10 DKK

Einkaufen

Alotria
Ökohof mit Garn, Fellen, Gestricktem und Fleisch von gotländischen Lämmern.
Øverste Skovbymark 16, Søby

Nina Roe
Nisser, die kleinen dänischen Wichtelmännchen, bekommt man überall zu kaufen. Doch die echten Ærø Nisser gibt es angeblich weltweit nur in diesem einen Geschäft zu kaufen. Putzig, kurios und liebevoll gestaltet.
Møllesøvej 10, Bro; Di–Fr 10–16, Sa, So 10–14 Uhr, Jan. geschl.

Service

Die Reederei Ærøfærgerne A/S verkehrt von Faaborg, Svendborg, Langeland und Mommark (Jütland) Richtung Ærø.
Zeiten und Preise: www.aeroe-ferry.dk, Tel. 62 52 40 00, Fax 62 52 20 88

Vermutlich einzigartig auf der Welt ist die Flaschenschiffsammlung von Peter Jakobsen auf der Insel Ærø.

Seeland

Es sind die prächtigen Schlösser und die herrlichen Strände, die Seelands Reiz ausmachen.

Weltberühmt wurde das Renaissanceschloss Kronborg durch den englischen Dichter William Shakespeare: Er siedelte dort sein Drama um den Dänenprinzen Hamlet an. Vor den Toren des Prachtbaus tummeln sich im Sommer die Segler.

Seeland ist nicht Kopenhagen, und dennoch wird die Insel oft genug mit der Hauptstadt gleichgesetzt. **Kopenhagen** (→ S. 42) steht für touristische Attraktionen wie die Kleine Meerjungfrau und den Tivoli, die Schlösser Amalienborg und Christiansborg, die Ny Carlsberg Glyptotek und das Statens Museum for Kunst. Aber auch für herrliche Shopping-Möglichkeiten, für erstklassige Restaurants und einen freisinnigen Geist, symbolisiert in der Duldung des Freistaates Christiania.

Tatsächlich aber bietet Seeland sehr viel mehr. Man denke nur an **Helsingør** im Norden, die strategisch so günstig am Øresund gelegene Stadt mit Hamlets Schloss. Der Norden ist schon immer der Lieblingsplatz der Könige gewesen; prunkvolle Schlösser, große Wälder und herrliche Strände prägen folglich Nordseeland.

Die Mitte der Insel findet hingegen nur wenig Beachtung. **Slagelse, Ringsted** und **Holbæk** locken höchstens Tagesbesucher, einzig **Sorø** und natürlich das altehrwürdige **Roskilde** mit Dom und Wikingermuseum gelten als Schmuckstücke. Der Süden mit **Næstved** und **Vordingborg** ist sicherlich ebenso eine Stippvisite wert wie der Osten mit **Fakse** und **Stevns Klint**.

Seinen Inselstatus verliert Seeland derzeit. Im Westen ist die Brückenverbindung nach Fünen fertig gestellt, im Osten ist die nach Schweden im Jahre 2000 vollendet worden. Seither ist Seeland zusammen mit dem schwedischen Skåne auf dem besten Weg, eines der großen wirtschaftlichen Zentren Europas zu werden.

Helsingør

→ S. 181, D 9

57 000 Einwohner

Die Stadt Hamlets und der Schweden. Ersterer soll einst im Kronborg Slot die berühmten Worte »Sein oder Nichtsein« gesprochen haben, zumindest wenn man dem englischen Schriftsteller William Shakespeare glauben mag.

Zweitere fallen tagtäglich in Massen und im Minutentakt mittels kleinerer Fährschiffe in die Stadt ein, um günstiger als daheim einzukaufen. Das gilt vor allem für Alkohol, der für deutsche Maßstäbe zu astronomischen, für schwedische aber zu Schleuderpreisen verkauft wird.

Doch davon sollte man sich nicht abschrecken lassen: Das Zentrum Helsingørs ist recht hübsch, einige Sehenswürdigkeiten locken, allen voran natürlich das Renaissanceschloss Kronborg. Und vielleicht wollen Sie ja selbst noch kurz das nur 25 Fährminuten entfernte Schweden besuchen?

HOTELS/ANDERE UNTERKÜNFTE

Marienlyst

Top-Hotel unmittelbar am Wasser mit fantastischem Blick Richtung Schloss Kronborg und Schweden. Man kann im hauseigenen Badeland schwimmen oder im Casino das Urlaubsbudget riskieren. Vorzügliches Restaurant.

Ndr. Strandvej 2; Tel. 49 21 40 00, Fax 49 21 49 00; www.marienlyst.dk; 222 Zimmer ●●● CREDIT ♿

SEHENSWERTES

Kronborg Slot

6

In früheren Zeiten mussten all jene, die zu den reichen Fanggründen der Ostsee wollten, hier ihren Zoll entrichten. Aus der Zollstation wurde 1577 ein Schloss, das 1629 in weiten Teilen abbrannte. Das noch prächtigere Nachfolge-Schloss wurde von den Schweden zerstört, und dass das Gebäude seit 1785 etwa 140 Jahre lang als Kaserne diente, hat ihm auch nicht gut getan.

Heute präsentieren sich dem Besucher allerdings herrliche, großzügige Säle. Besondere Beachtung verdienen der Rittersaal (63 x 11 m), der Königssaal mit Gobelins aus den 1580ern sowie die Zimmer von König und Königin mit ihren bemalten Decken. Der Gang durch die finsteren Kasematten (festes Schuhzeug!) führt am Sagenhelden Holger Danske vorbei, der, so will es die Sage, bei Gefahr erwachen und Dänemark verteidigen wird. Die gruselige Atmosphäre des Schlosses war schon unzählige Male perfekte Kulisse für Hamlet-Inszenierungen. Sehr schön ist auch die kleine Kirche. Im Nordflügel finden Sie zudem das **Seefahrtsmuseum** mit einer interessanten Dokumentation der dänischen See- und Handelsgeschichte in den letzten 600 Jahren.

Mai–Sept. tgl. 10.30–17, Nov.–März Di–So 11–15, April, Okt. Di–So 11–16 Uhr; Eintritt 30–75 DKK, Kinder 10–25 DKK (je nach Besuchsumfang)

Essen und Trinken

Jan Hurtigkarl & Co.

Die ca. 10 km auf der Straße 237 Richtung Gilleleje lohnen sich. Bei Jan Hurtigkarl wird in gediegener und gemütlicher Atmosphäre hervorragende Küche zelebriert. Für jede Saison holt sich der Spitzenkoch Inspirationen aus einem anderen Land der Erde. Und während man das reichhaltige Abendmenü genießt (hervorragender Fisch!), kann man den Blick von der Terrasse über das Wasser Richtung Schweden schweifen lassen.

Nordre Strandvej 154, Ålsgarde; Tel. 42 70 90 03; Di–So 12–16 und 18–22 Uhr ●●● CREDIT

Ziele in der Umgebung

Hillerød

→ S. 180, C 9

35 000 Einwohner

Bevor König Frederik II. im Jahre 1560 hier den Kauf eines Gutes erwog, bestand Hillerød nur aus einigen wenigen Bauernhöfen. Bald avancierte die Stadt zu einem blühenden Marktflecken – der Grund war **Schloss Frederiksborg**, auch heute noch die Hauptattraktion.

Sehenswertes

Danmark Nationalhistoriske Museum/Schloss Frederiksborg

Grandios erhebt sich Schloss Frederiksborg über den Schlosssee. Christian IV. ließ Anfang des 17. Jh. hier das Bauwerk entstehen, zu dem auch ein prächtiger Kirchenflügel gehört. Bis 1840 wurden hier alle Könige gekrönt. 1859 vernichtete ein Brand einen Großteil des Gebäudes. Der Wiederaufbau stand dann bereits unter dem Vorhaben, hier das dänische Geschichtsmuseum einzurichten. So spaziert man heute durch traumhaft schöne Innenräume und lernt zugleich die dänische Historie kennen. Der Barockgarten wurde 1996 wieder eröffnet.

Museum: April–Okt. tgl. 10–17, Nov.–März tgl. 11–15 Uhr; Eintritt 60 DKK, Kinder 15 DKK Garten: Mai–Aug. 10–21, März, April, Sept., Okt. 10–19, Nov.–Feb. 10–16 Uhr

Humlebæk

→ S. 181, D 9

5000 Einwohner

Abgesehen von dem weltbekannten Museum Louisiana hat der kleine Ort zwischen Kopenhagen und Helsingør nicht viel zu bieten.

Museen

Louisiana Museum

Erst 1958 wurde dieses Museum eröffnet, doch bereits heute besitzt es einen weltweit hervorragenden Ruf. Es ist das Mekka der modernen Kunst, ob Warhol oder Baselitz, Giacometti oder Picasso – alles, was Rang und Namen hat, findet sich in diesem sehr imponierenden Komplex. Auch die Wechselausstellungen sorgen immer wieder für Furore. 7

Hinzu kommt die eindrucksvolle Lage direkt am Øresund. Im Garten lässt sich herrlich pausieren, von der Terrasse der Cafeteria hat man einen weiten Blick hinüber nach Schweden. Und wohl kein anderes dänisches Mu-

seum zeigt sich in seinem Museums-Shop so verkaufstüchtig wie dieses.
Gl. Strandvej 13; Mo–Fr 10–17, Mi 10–22; Sa, So 10–15, 17.30–22 Uhr; Eintritt 76 DKK, Kinder 20 DKK

Essen und Trinken

Sletten Kro
Vorzügliche dänisch-französische Küche auf Basis heimischer Produkte. Aber auch wer nur gut und einfach essen will, wird mit der »Hausmannskost« für 99 DKK bestens bedient. Spezielle Gerichte gibt es auch für Vegetarier und Kinder.
Gl. Strandvej 137; Tel. 49 19 13 21; Mo 15–22, Di–Fr 11.30–15.30, 17.30–22 Uhr ●●● CREDIT

Rungsted

→ S. 181, D 9

4000 Einwohner

An der schönen Küstenstraße 152 von København nach Helsingør liegt Rungsted unmittelbar am Øresund. Vermutlich würden die meisten eher die parallel verlaufende Autobahn benutzen und an Rungsted achtlos vorbeifahren, wenn hier nicht das Karen Blixen Museet stehen würde.

Sehenswertes

Karen Blixen Museet
Die Mehrzahl der vielen Besucher dürfte allerdings eher den Film »Jenseits von Afrika« mit Meryl Streep und Robert Redford in den Hauptrollen gesehen als das Werk der Schriftstellerin gelesen haben. Der Film hatte 1985 seine Premiere, zwei Jahre später wurde der Umbau des Hauses in ein Museum beschlossen, das dann 1991 eröffnet wurde. Die Lizenzeinnahmen aus dem Film ermöglichten dieses Vorhaben. In Rungstedlund, wie das Gebäude heißt, wurde die Autorin 1885 geboren, hier starb sie 1962. Die Räume zeigen u. a. die historische Einrichtung, ihre Versuche als Malerin und skizzieren ihren Lebensweg.
Rungsted Strandvej 111; Mai–Sept. Di–So 10–17, Okt.–April Mi–Fr 13–16, Sa, So 11–16 Uhr; Eintritt 40 DKK, Kinder bis 12 Jahre frei

Næstved

→ S. 180, B 11

46 000 Einwohner

Das Zentrum macht eher einen ruhigen Eindruck. Auch baulich beher-

Im ehemaligen Elternhaus der Schriftstellerin Karen Blixen wurde ein hübsches Museum eingerichtet, das über ihr Leben und Werk informiert.

bergt die Stadt keine Schätze. Anscheinend hat sich der Einkaufsstrom in das riesige Einkaufszentrum nordöstlich von Næstved (an der Straße 54) verlagert.

SEHENSWERTES

Bon-Bon-Land

Der Spielpark für große und kleine Schleckermäuler, von einer Bonbon-Firma zu PR-Zwecken errichtet. U. a. Klettergerüste, Schaukeln, Hüpfburgen, Ponyreiten, Boote, ein Kino und eben eine Bon-Bon-Werkstatt samt Süßigkeiten-Supermarkt: Kind, was willst Du mehr!

Gartnervej 2, Holme-Olstrup (nahe Næstved/Seeland); Tel. 53 76 33 00; www.bonbonland.dk; Mitte Juni–Anfang Aug. 9.30–20, Mitte Mai–Mitte Juni, Anfang Aug.–Anfang Sept. 9.30–17 Uhr; Eintritt Hauptsaison 159 DKK, Nebensaison 139 DKK, Kinder unter 90 cm frei

Den Glasbläsern bei ihrer Arbeit zuschauen kann man im Holmegaard Glasværk in Næstved.

EINKAUFEN

Holmegaard Glasværk

Hier in der Fabrik können Sie sehen, wie die weltberühmten Gläser, Karaffen, Leuchter etc. produziert werden. Am Eingang erhält man einen Plan, nach dem man selbstständig über das Gelände laufen kann. Der kostenlose Besuch ist außerordentlich beeindruckend und sicherlich auch für Kinder interessant. Im Geschäft nebenan können Sie verbilligte Ware zweiter Wahl erwerben. Angeschlossen ist ein kleines Glasmuseum.

Fensmark; Glasfabrik: Mitte Juni–Mitte Sept. Mo–Do 9.30–13.30, Fr 9.30–12.30, Mitte Sept.–Mitte Dez. Mo–Do 10–13.30, Fr 10–12.30, Mitte März–Mitte Okt. Sa, So 11–14.30 Uhr; Museum und Shop: Mo–Fr 10–16, Sa, So 11–16 Uhr

Ziele in der Umgebung

Fakse

S. 180, C 11

12 000 Einwohner

Die beiden Kopenhagener Großbrauereien Carlsberg und Tuborg schmücken sich auf ihren Etiketten mit dem Zusatz, Lieferant des königlich dänischen Hofes zu sein. Die Faxe Brauerei ist, laut Eigenwerbung, stolz, Lieferant des dänischen Volkes zu sein.

Das, und natürlich die Qualität von Bier und Brause, haben die Brauerei und den Ort weit über die Landesgrenzen hinaus berühmt gemacht. Dabei waren viele Jahre zuvor die Kalkgruben wirtschaftlich sehr viel wichtiger. Einen imponierenden Blick auf diese haben Sie, wenn Sie den Stationsvej (gegenüber der Brauerei) ein kleines Stück hoch gehen.

SEHENSWERTES

Faxe Bryggeri

Wenn Sie sehen wollen, wie das entsteht, was bald darauf durch Ihre Kehle rinnt, dann können Sie während der dänischen Schulferien die Brauerei besichtigen.

Nørregade; Tel. 53 71 37 00;
Führungen nur im Juli Mo–Do 10 (Englisch), 13.30 Uhr (Dänisch)

Korsør

S. 179, F 6

20 000 Einwohner

Als Fährhafen hat die Stadt seit einiger Zeit ausgedient, umso größer die Chance, dass jetzt der Blick auf die Sehenswürdigkeiten gelenkt wird.

Hotels/andere Unterkünfte

Jens Baggesen
Sehr schönes Hotel unmittelbar am Hafen. Es wurde 1991 in einem alten Speicher eröffnet. Die Zimmer sind äußerst geschmackvoll eingerichtet worden. Versuchen Sie, ein Zimmer mit Blick auf den Großen Belt zu bekommen.
Batterivej 3–5;
Tel. 58 35 10 00, Fax 58 35 10 01;
www.hotel-jens-baggesen.dk;
40 Zimmer ●● CREDIT

Sehenswertes

Kongegården
Der alte Königshof in der Algade ist ein Fachwerkgebäude aus dem Jahre 1770. Hier mussten die Könige wegen der rauen See manchmal tagelang ausharren, bevor sie nach Fünen hinübersetzen konnten. Heute ist der Hof eine Art Kunst- und Kulturzentrum mit wechselnden Ausstellungen.
Tgl. 10–16, Mi 10–20 Uhr

Museen

By-og Overfartsmuseum
Das Museum in der alten Festung zeigt die Entwicklung der Stadt und der Fährfahrt zu den benachbarten Inseln.
April–Mitte Dez. Di–So 11–16 Uhr;
Eintritt 15 DKK, Kinder 5 DKK

Storebælts-Ausstellung
In Schaukästen, mit Bildern und Videos wird die Fertigstellung des Brückenbaus nach Fünen erläutert. Von der Aussichtsplattform kann man auf den Verkehr schauen.
Storebæltsvej 88, Halsskov; April–Okt. tgl. 11–17 Uhr; Eintritt 25 DKK, Kinder 15 DKK

Den Schiffsverkehr zwischen den dänischen Inseln regelten früher Leuchttürme, allerdings waren sie nicht immer so farbenfroh wie dieser.

Essen und Trinken

Restaurant Sommerlyst
Südlich der Stadt romantisch im Wald gelegen. Während sich die Eltern auf der Terrasse an der dänischen Küche laben, können sich die Kleinen auf dem Spielplatz austoben.
Korsør Lystskov; Tel. 58 35 14 40;
April–Sept. Do–Sa 17–23, So 12–17, sonst So 12–17 Uhr ●● MASTER VISA

Slagelse

S. 180, B 10

35 000 Einwohner

Seelands drittgrößte Stadt ist nicht gerade das Schmuckstück der Insel.

Mehrere Brände haben die historische Innenstadt vernichtet, geblieben sind nur die Skt. Hans und die Skt. Peders Kirche. Dank der verkehrsgünstigen Lage hat Slagelse sich allerdings zu einem bedeutenden Geschäftszentrum entwickeln können.

SEHENSWERTES

Trelleborg

Reste einer Wikingerburg westlich von Slagelse, vermutlich aus dem Jahre 980. Die Burg besteht aus einer Haupt- und einer Vorburg. Die einstige Dimension der Gesamtanlage verdeutlichen die Rekonstruktionen. Zudem gibt es hier im Sommer jede Menge nachgespieltes Wikingerleben.

Trelleborg Allé 4, Hejninge; April, Mai, Sept.–Mitte Okt. Mo–Do, Sa, So 10–16, Juni, Aug. Mo–Do, Sa, So 10–17, Juli tgl. 10–17 Uhr; Eintritt 50 DKK, Kinder 35 DKK

Sorø

S. 180, B 10

15 000 Einwohner

Die »Akademiestadt«, wie Sorø auch genannt wird, ist idyllisch an einigen Seen gelegen. Zwischen dem Markt und dem Sorø Sø stehen entlang der Søgade gut erhaltene Fachwerkhäuser. Bischof Absalon begründete hier im Jahr 1161 ein Zisterzienserkloster, an das bald die Marie Kirke angebaut wurde. Dort sind u. a. Absalon und Dänemarks großer Komödienschriftsteller Ludvig Holberg begraben. Holberg ermöglichte mit einer Schenkung 1747 auch den Ausbau der Akademie. Sein Sarkophag befindet sich in der Kirche von Sorø. Die Akademie wurde 1623 begründet und gewann für das dänische Geistesleben große Bedeutung. Die meisten der heutigen Gebäude wurden erst nach 1800 errichtet (heute Internat). Durchschreitet man das Klostertor, stößt man entlang der Storegade auf weitere gut erhaltene Häuser. Nordöstlich der Stadt steht in Bjernede die einzige Rundkirche Seelands.

SEHENSWERTES

Bjernede Kirke

Westlich Sorøs steht in Bjernede die einzige Rundkirche Seelands. Mehr dazu auf S. 141 im MERIAN-Spezial »Die wehrhaften Rundkirchen«.

Fantasy World

Zwischen Sorø und Køge liegt die Stadt Ringsted, an ihrem Nordwestrand wiederum die Fantasy World, ein einziger großer Spielplatz für Kinder. Motive aus der Märchenwelt werden gezeigt, eine Weihnachtsausstellung nimmt breiten Platz ein. Ringsted besitzt aufgrund zahlreicher Brände kaum historische Bebauung, aber eine sehenswerte Kirche.

Eventyrvej 13, Ringsted; Juni–Aug., Okt.–Dez. 10–17 Uhr; Eintritt 75 DKK, Kinder (2–11 bzw. 1) 50 DKK bzw. 25 DKK

Stevns Klint

S. 181, D 11

Stürzt sie oder stürzt sie nicht, das ist die Frage vor der Kirche in **Højerup**. An der Ostküste ziehen sich die Klippen von Stevn Klint bis nach Rødvig hinunter. Mitte des 13. Jh. wurde hoch über dem Meer in Højerup die Kirche errichtet. Während der Jahrhunderte trugen Wind und Wasser das Felsmassiv ab, so dass 1928 der Kirchenchor abstürzte. Dem Rest scheint ein ähnliches Schicksal bevorzustehen, doch ist das Fundament mittlerweile untermauert worden. Ein kleiner, schöner Wanderweg zieht sich oberhalb der Klippen entlang.

Mai–Sept. tgl. 10–17 Uhr; Parkplatz 10 DKK, Eintritt Kirche 5 DKK

Roskilde

S. 180, C 10

50 000 Einwohner

Die 30 km westlich von Kopenhagen gelegene Stadt macht einen stolzen Eindruck. Diese Würde wird schon bei der Anfahrt sichtbar, wenn der Blick auf den mächtigen Dom fällt, der sich über der Stadt erhebt. Und sie setzt sich in den kleinen, malerischen Gassen um den Dom herum sowie im weiten, herrlich gelegenen Stadtpark fort, bis hin zu den mächtigen Wikingerschiffen im Wikingermuseum unmittelbar am Fjord. So wird dann doch noch hier und da die einstige Größe Roskildes spürbar. Bis zum 15. Jh. war Roskilde die mächtigste Stadt Dänemarks, da sie das kirchliche Zentrum des Landes bildete. Mit der Reformation begann der Niedergang Roskildes und zugleich der Aufstieg des nahen Kopenhagen.

Hotels/andere Unterkünfte

Hotel Prindsen

Traditionsreiches Haus in der Fußgängerzone, die Zimmer selbst sind modern gehalten, ebenso das Restaurant, in dem dänisch-französische Küche serviert wird. Für größere Gesellschaften steht der wunderschöne »Goldaltersaal« zur Verfügung, der tatsächlich golden glänzt.

Algade 13; Tel. 46 30 91 00, Fax 46 30 91 50; www.prindsen.de; 77 Zimmer ●●● CREDIT

Sehenswertes

Domkirke

8 Mit dem romanisch-gotischen Bau wurde im 12. Jh. begonnen, er wurde aber erst 100 Jahre später vollendet. In den folgenden Jahrhunderten wurden weitere Kapellen und Waffenhäuser hinzugebaut. Aufgrund dieser Entstehungsgeschichte weist der Dom eine ausgesprochene Stilvielfalt auf. Seit dem Tode von Margarete I. im Jahre 1412 werden hier alle dänischen Könige begraben. Jedes Grab steht in einer eigenen Seitenkapelle, und jede ist in dem zeittypischen Stil errichtet. Darüber hinaus ist das gesamte Inventar sehenswert, so der Altar (1560) und das mit schönen Schnitzereien versehene Chorgestühl, das im Jahr 1420 entstand.

April–Sept. Mo–Fr 9–16.45, Sa 9–12, So 12.30–16.45, Okt.–März Di–Sa 10–15.45, So 12.30–15.45 Uhr; Eintritt 25 DKK, Kinder 15 DKK

Historisk-Arkæologisk Forsøgscenter

In Lejre, 10 km südwestlich von Roskilde, ist ein historisch-archäologisches Versuchszentrum und gleichzeitig ein »lebendes Museum« aufgebaut worden. Hier lebt man die Stein- und Eisenzeit nach und versucht so, Einblick in die Lebensformen der damaligen Zeit zu gewinnen. Interessierte können hier mit historischen Werkzeugen Boote bauen oder das Feld bestellen.

Der Dom von Roskilde dient seit dem 15. Jahrhundert als Grablege der dänischen Könige, der letzte war 1972 König Frederik IX.

Slangealléen 2, Lejre; Mai–Mitte Juni, Mitte Aug.–Mitte Sept. Di–Fr 10–16, Sa, So 11–17, Mitte Juni–Mitte Aug. tgl. 10–17 Uhr; Eintritt Sommer/Winter 95/ 75 DKK (ab 15 Jahre), Kinder 55/45 DKK

Ledreborg Slot

Eine eindrucksvolle Rokoko-Anlage aus dem 18. Jh. Schloss und Park können besichtigt werden, am Wochenende gibt es häufig interessante Veranstaltungen für die ganze Familie. Die Zufahrt gilt als Dänemarks längste Schlossallee. Im Westflügel wurde 1747 eine Kapelle eingerichtet.
Ledreborg Allé 2, Lejre; Mai–Mitte Juni So, Mitte Juni–Aug. tgl., Sept. So 11–17 Uhr; Eintritt 75 DKK, Kinder 45 DKK

Museen

Vikingeskibshallen/ Wikingerschiffsmuseum

Um das Jahr 1000 müssen am Eingang des Roskilde Fjords fünf Schiffe versenkt worden sein, um den Zugang zu erschweren. 1962 wurden sie nahe Skuldelev entdeckt. Heute stehen sie, zwischen 12 und 28 m lang, so weit wie möglich restauriert in dem Museum unmittelbar am Fjord. Auf Schautafeln wird die Geschichte der Wikinger erzählt. Ein Film zeigt Bergung und Konservierung der Schiffe. Auf der Museumsinsel nebenan werden Wikingerschiffe nachgebaut sowie gefundene restauriert.
Vindeboder 12; tgl. 10–17 Uhr; Eintritt 75 (Winter 45) DKK, Kinder 25 (25) DKK

Essen und Trinken

M/S Sagafjord

Wer einmal über den Roskilde Fjord schippern und dabei noch gut essen will, sollte sich auf diesen Nostalgiedampfer neben der Wikingerschiffshalle begeben. Man kann entweder eine Mittags- oder eine Abendfahrt wählen, in den Sommermonaten wird auch zum Kaffeetrinken abgelegt.
Tel. 46 75 64 60, Fax 46 75 63 60; www.sagafjord.dk; Fahrt 85 DKK, Kinder 35 DKK

Ziele in der Umgebung

Holbæk

S. 180, B 10

32 000 Einwohner

Herrlich im Nordwesten der Insel am Isefjord gelegen. Holbæk präsentiert sich modern und geschäftig – die Stadt hat eine bedeutende industrielle Entwicklung erfahren. Das historische Holbæk ist im Museumskomplex neben der Kirche zusammengetragen worden. Die zahlreichen Strände entlang des Fjords locken im Sommer viele Feriengäste an.

Sehenswertes

Tuse Kirke

Westlich der Stadt im Ort Tuse warten auf den Besucher der Kirche einzigartige Wandmalereien. Das Werk des »Isefjordmeisters«, wie der lokale Maler genannt wird, zeigt Geschichten aus der Bibel in drastischen, beinahe überschwänglichen Formen und Farben. Auch wer sich sonst nicht für Kirchenmalerei interessiert, sollte unbedingt einmal hierher fahren.

Museen

Andelslandsbyen »Nyvang«

Ähnlich wie in Lejre und Hjerl Hede wird auch hier eine wahrheitsgetreue Darstellung historischer Arbeits- und Lebensweisen versucht. Hier geht es um die Zeit 1880 bis 1950. In allen Häusern wird gelebt und gearbeitet wie damals.
Oldvejen 25, Nyvang; Mitte April–Mitte Okt. Mo–Do 10–16, Sa, So 10–17 Uhr; Eintritt 65 DKK, Kinder 25 DKK

Kalundborg

S. 179, F 6

20 000 Einwohner

Der moderne Industriehafen sollte Sie nicht vom Besuch der Stadt abhalten, findet sich hier doch ein sehr schön erhaltenes Zentrum. Uraltes Kopfsteinpflaster und fotogenes Fachwerk reihen sich rund um die Kirche.

SEHENSWERTES

Vor Frue Kirke

Schon von weitem ist diese beeindruckende Kirche, das Wahrzeichen der Stadt, erkennbar. Bemerkenswert sind der Grundriss in Form eines griechischen Kreuzes und die fünf hohen Türme. Eine solche Anlage gibt es in Dänemark kein zweites Mal.

MUSEEN

Kalundborg Og Omegns Museum

Zum Schutz der Stadt existierte hier einst eine Festung, von der aber nur noch hier und da spärliche Reste zu erkennen sind. Wer sich für das einstige Stadtbild und die Kultur der Umgebung interessiert, ist hier richtig.

Adelgade 23; Mai–Aug. 11–16, Sept.–April Sa, So 11–16 Uhr; Eintritt ab 12 Jahre 20 DKK

Køge

⇢ S. 180, C 10

38 000 Einwohner

Die Nähe zur Hauptstadt ist überall spürbar, die industrielle Ausdehnung Kopenhagens macht sich zum Beispiel am mächtigen Industriehafen bemerkbar. Vom Innenstadtbild aber ist Køge sicherlich eine der schönsten dänischen Städte. Rund um den Marktplatz (Kopfsteinpflaster) sind sehr viele alte Häuser erhalten geblieben. Das Haus Kirkestræde 20 ist das älteste datierbare Fachwerkhaus Dänemarks, es wurde 1527 errichtet. Einen kurzen Besuch lohnt auch das **Køge Museum** in der Norregade 4, das einen Einblick in die Entwicklung der Stadt gewährt. Im Kunstmuseet Køge Skitsesamling werden Skizzen zu bekannten Kunstwerken gezeigt.

ESSEN UND TRINKEN

Stigann

Gute dänische Küche, eher auf Fleisch als auf Fisch konzentriert. Umfangreiche Weinkarte mit Vorliebe für italienische Weine. Kompetente Bedienung, das Vier-Gänge-Menü liegt bei 278 DKK.

Sct. Gertrudsstræde 2; Tel. 56 63 03 30; tgl. 12–16, 17–22 Uhr, So nur abends

●● CREDIT

Sich fühlen wie die Wikinger: Fünf Schiffe wurden vom Wikingermuseum in Roskilde rekonstruiert. Sie gehen gelegentlich noch auf Fahrt.

Mit Smørrebrød und Pistole

Dänische Krimiserien gewinnen auch hier zu Lande immer mehr begeisterte Anhänger.

Dänische Krimis sind bei uns noch nicht ganz so populär wie jene aus Schweden oder Norwegen. Aber das Interesse steigt, und tatsächlich sind wahre Entdeckungen zu machen.

Hier drei beispielhafte Serien: **Dan Turéll** wurde 1946 geboren und war ein Dandy im besten Sinne des Wortes. Er zog durch das Nachtleben der Hauptstadt, berauschte sich an verschiedensten Dingen und fiel durch einen sehr extravaganten Kleidungsstil auf. Dan Turéll machte Musik, schrieb Romane, Essays, Gedichte und eine zwölfteilige Krimiserie.

Im Mittelpunkt dieser Serie steht ein Journalist, der sich auch als Detektiv betätigt und ohne Namen bleibt. Ein Mann mittleren Alters, cool, trinkfest, zynisch. Er erinnert an die von Chandler und Hammett entworfenen Detektive. Typen, die sich von keiner Niederlage beirren lassen, die unerbittlich ihren Weg verfolgen, bis sie den Fall endlich gelöst haben. Turélls Fälle spielen überwiegend in Kopenhagen, der Stadt, als deren Teil sich Turéll begriff. Es geht aber auch in die dänische Provinz und ins Ausland. In »Mord auf Malta« z. B. ist die Ex-Frau des Ermittlers ermordet worden. Er reist dorthin, wie immer in Begleitung von Kommissar Ehlers, dem der Leser auch in weiteren Bänden begegnet. Dass der letzte Band der Serie schließlich nach San Francisco führt, ist auch eine Reminiszenz an die Vorbilder Chandler und Hammett.

Turélls Krimis psychologisieren nicht, sie suchen die Lösung nicht in dämonisch-düsteren Abgründen. Es sind typische Whodunnit-Krimis amerikanischer und englischer Tradition. In der Figur des namenlosen Ermittlers ist viel Dan Turéll enthalten.

Autobiografische Spuren

Ganz ähnlich verhält es sich mit Karin Sommer, der Polizeireporterin einer Tageszeitung aus der Provinz südlich von Kopenhagen. **Gretelise Holm**, die sie erschaffen hat, hat ihr so einiges ihrer eigenen Person mitgegeben. Sommer ist Mitte 50 und von der Frau-

enbewegung geprägt, wie Holm, lebt ohne festen Partner, was Holm nicht tut. Auch wenn das einstmals Kämpferische einer gewissen Altersmilde gewichen ist, so ist der kritische Blick auf Männer doch erkennbar.

Zwei Bände sind bislang erschienen. In »Ein anständiger Mord« geht es darum, dass Vater, Mutter und Sohn einer Familie tot aufgefunden werden. Sommer soll einen Bericht schreiben, wird zurückgepfiffen und ermittelt auf eigene Faust weiter. Dabei nähert sich ihr der Täter, tötet ihre Katze, bricht bei ihr ein. Doch niemand glaubt Sommer, da z. B. Spuren eines Einbruchs fehlen. Und da sie einst in psychiatrischer Behandlung war, unterstellt man ihr Verfolgungswahn. »Paranoia« heißt das Buch im Original, und das trifft die Story sehr gut. Das Ende ist blutrünstig und für Karin Sommer erschreckend.

In »Die Robinson-Morde« geht es um rätselhafte Morde in einem Altersheim, um skurrile Gestalten und verschworene Gemeinschaften. Das alles auf einer kleinen dänischen Insel, auf der Sommer eigentlich ausspannen wollte. Spiegelt Turéll in seinen Krimis nur das typisch Dänische wider, so verfolgt Holm ein anderes Anliegen. Damit nähert sie sich der schwedischen Tradition, die Krimi mit Gesellschaftskritik verknüpft. In »Die Robinson-Morde« ist es das Leben als alter Mensch, das thematisiert wird. Wie geht die Gesellschaft damit um, dass Menschen immer älter werden, die Zahl der Betreuungs- und Pflegebedürftigen wächst? Welche Zustände haben wir in Alten- und Pflegeheimen?

Dunkle Seiten der Provinz

Kirsten Holst wiederum ist eine erfolgreiche Verfasserin von Jugendbüchern und Krimis. In insgesamt elf Bänden lässt sie Kommissar Høyer und seinen Assistent Therkelsen ermitteln. Schauplatz ist die Westküste Jütlands. Die scheinbare Idylle der Provinz, die tatsächlichen Intrigen und Eifersüchteleien sind das Thema der Holstschen Krimis. Kunstvoll entwickelt sie ihre Handlungsstränge, bleibt dabei aber zugleich spartanisch. Wirklich blutrünstige Szenen sind sehr selten. Es wird nicht psychologisiert, sondern in bester Agatha-Christie-Manier einfach nur ermittelt. Beide Ermittler haben Familie, Høyer erreicht im Laufe der Serie seine Pensionierung und widmet sich seinen Rosen und der Ahnenforschung.

Das Kopenhagener Nachtleben war die wichtigste Inspirationsquelle für die beliebte Krimiserie von Dan Turéll.

Lolland, Falster und Møn

Lolland und Falster sind eher flach, Møn ist hügeliger, verborgene Schätze besitzen sie alle drei.

Im südöstlichsten Zipfel Dänemarks liegt die Insel Mon, die vor allem für ihre Kreidefelsen berühmt ist. Doch es gibt noch mehr zu entdecken, etwa den hübschen Hafen von Klintholm.

Lolland

55 000 Einwohner

Viele, viel zu viele Autourlauber lassen Lolland, nur wenige Kilometer nördlich von Fehmarn gelegen, unbeachtet links liegen und brausen schnell weiter in Richtung Kopenhagen. Schade eigentlich, denn Lolland besitzt durchaus seine Reize. Radler etwa finden hier (und auch im benachbarten Falster) ideale Bedingungen vor: Die Insel ist absolut flach, deswegen aber mit Sicherheit nicht langweilig. So führt zum Beispiel ein gut ausgebauter Fahrradweg von **Rødby** bis an die westliche Spitze Lollands auf einem Deich entlang. Die beiden größeren Städte, **Maribo** und **Nakskov**, können mit sehr schönen Innenstadtkernen aufwarten.

Mit dem **Automobil Museum Ålholm**, das im ehemals als Räuberburg bekannten Schloss Ålholm untergebracht ist, und dem **Knuthenborg Safaripark** stehen zwei wirkliche Sehenswürdigkeiten hier auf Lolland. Es sollte auch nicht vergessen werden, dass rund um die Insel hervorragende Strände zu finden sind. Als kleine Idyllen für einen Tagesausflug bieten sich schließlich die Inseln **Fejø** und **Femø** an der Nordküste an.

Rødbyhavn, wo die Schiffe anlegen, wurde übrigens erst gebaut, als der Hafen von Rødby 1757 versandete. In Rødby zeugt eine Sturmflutsäule noch von der Überschwemmungskatastrophe, die 82 Menschenleben forderte. Südwestlich des Ortes liegt mit »lalandia« ein großes Badeland, in dem man auch übernachten kann.

Ziele in der Umgebung

Maribo

S. 180, B 12

11 000 Einwohner

Maribo, eines der reizvollsten dänischen Provinzstädtchen, ist herrlich am Søndersø gelegen. Hier steht auch der imposante Dom, zu seinen Füßen sind noch die Reste jenes Birgittiner-Klosters zu sehen, um das herum Maribo einst entstand. Man sollte sich die Zeit für einen Bummel durch die Altstadtgässchen nehmen.

Berühmtester Sohn der Stadt ist der Dichter und Pfarrer Kaj Munk, der für seinen Widerstand gegen die deutschen Besatzer bekannt wurde. 1944 ermordeten ihn die Deutschen, ihm zu Ehren ist neben dem Rathaus eine Bronzeplastik aufgestellt worden.

Hotels/andere Unterkünfte

Hvide Hus

Der nicht sonderlich attraktive Bau ist am Søndersø gelegen. Die Einrichtung ist modern und funktional.

Vestergade 32; Tel. 53 88 10 11, Fax 53 88 05 22; 69 Zimmer ●●

Sehenswertes

Domkirke

Die gotische Domkirche liegt sehr schön am Sondersø. Ursprünge der Klosterkirche gehen auf das 15. Jh. zurück. Im Kircheninneren wurden viele berühmte Personen beigesetzt, u. a. Leonora Christina, die Tochter von König Christian IV. Die 1621 geborene Leonora Christina war mit einem gewissen Corfitz Ulfeldt verheiratet, der einige Zeit der engste Berater ihres Vaters war. Nach dessen Tod und der Inthronisierung Frederiks III. flüchtete das Paar zum Erzfeind Schweden, kehrte aber bald zurück. Man steckte sie ins Gefängnis der Bornholmer Burg Hammershus. Nach ein paar Jahren kamen sie zwar frei, Leonora wurde aber 1663 für 22 Jahre auf Schloss Christiansborg in Kopenhagen eingekerkert. Danach zog sie in das Kloster in Maribo, wo sie 1698 starb.

Knuthenborg Safaripark

800 Tiere leben in diesem riesigen Park in freier Wildbahn. Man kann mit dem Wagen an Giraffen und Tigern vorbeifahren, die Kleinen können zur

Abwechslung ins Spielland gehen oder den Streichelzoo besuchen. Natürlich wird auch für Essen und Trinken gesorgt. Der Park ist nördlich von Maribo bei Bandholm gelegen.
Tel. 53 88 80 88; 1. Mai–20. Sept. tgl. 9–18 Uhr; Eintritt 60 DKK, Kinder 30 DKK

Museumsbahn
In den Sommermonaten verkehrt ein Museumszug von Maribo nach Bandholm und zurück. Fahrtdauer 30 Min. pro einfache Strecke.
Maribo Station; Tel. 53 88 85 45; Juni–Aug. So 10.40, 13.40, 15.40, Juni Do 10.40, 10.–25. Juli tgl. 13.40 und 15.40 Uhr; Erwachsene 30 DKK, Kinder 15 DKK

Museen

Lolland-Falsters Stiftsmuseum
Im vorigen Jahrhundert warb man in Polen Mädchen für die Arbeit auf den hiesigen Rübenfeldern an. Deren Geschichte sowie die Lokalhistorie werden hier dokumentiert.
Jernbanepladsen; Juni–Aug. Di–So 10–17, Sept.–Mai Di–Sa 14–16, So 10–17 Uhr; Eintritt 10 DKK, Kinder frei

Storstrøms Kunstmuseum
Ein guter Querschnitt durch die dänische Kunst der letzten 300 Jahre, insbesondere die Klassische Moderne aus der ersten Hälfte des 20. Jh. ist hervorragend präsentiert.
Jernbanepladsen

Nakskov

→ S. 179, F 8

16 000 Einwohner

Ein idyllischer kleiner Hafenort, der dank seiner Lage lange Zeit zu den bedeutendsten des Landes zählte. Rund um den Marktplatz gibt es sehr schöne Gassen, Theisens Kaufmannshof (1785) oder die alte Apotheke (1645) sind wahre architektonische Schmuckstücke. Ansonsten prägen etwas Kleinindustrie und die Zuckerverarbeitung das Stadtbild. Von Nakskov aus gibt es eine Schiffsverbindung zur Insel Langeland. Im Winter 1658 war das Meer hier allerdings so zugefroren, dass die schwedischen Truppen zu Fuß von Langeland nach Naksov marschieren konnten.

Hotels/andere Unterkünfte

Skovridergaarden
Am nördlichen Stadtrand ruhig gelegener Kro. Die Zimmer sind einfach und sauber. Gute dänische Küche.
**Svingelen 4;
Tel. 53 92 03 55, Fax 53 92 83 39;
www.skovridergaarden.dk;
18 Zimmer ●● CREDIT**

Museen

Danmarks Sukkermuseum
Wie bedeutend Zucker für das wirtschaftliche Leben auf Lolland und insbesondere in Naksov war und ist, veranschaulicht dieses hübsche kleine Museum.
Løjtoftevej 22, 1. Stock; Mai–Dez. Di–So 13–16, Jan.–April So 13–16 Uhr; Eintritt 30 DKK, Kinder 10 DKK

U-359
Was macht man, wenn ein russisches U-Boot wirklich nicht mehr fahren kann? Man macht es zum Museum. Wer also nie bei der Marine war, kann nun durch dieses U-Boot gehen, begleitet von Licht- und Soundeffekten. Das Boot der Whiskeyklasse V wurde 1953 gebaut und ist 76 m lang.
Skibsværftsvej; Feb.–Juni, Sept.–Nov. 10–16, Juli, Aug. 10–18 Uhr; Eintritt 40 DKK, Kinder 25 DKK

Nysted

→ S. 180, B 12

Nysted, Dänemarks südlichste Stadt, wirkt noch heute so, als sei die Zeit seit dem 15. Jh., als der Ort seine Stadtrechte erhielt, stehen geblieben. Selbst einige Brände konnten der Idylle nichts anhaben. Einen Blick hat die gotische Kirche verdient, nahe sind auch schöne Strände.

Technikliebhaber finden im Ålholmer Automobil Museum, dem größten Europas, viele Schmuckstücke. Auch Kinder haben hier Spaß an Formen und Technik.

Sehenswertes

Herregården Fuglsang

Das herrschaftliche Anwesen wurde in seinen Ursprüngen Mitte des 14. Jh. errichtet, im 19. Jh. doch kräftig umgestaltet. Es wird u. a. für Konzerte genutzt. Angedacht ist auch, dass das Kunstmuseum aus Maribo hierhin verlagert wird.

Museen

Ålholm Automobil Museum

Unmittelbar am Wasser erhebt sich das mächtige Schloss Ålholm, das leider nicht besichtigt werden kann. Das Inventar wurde 1996 in einer spektakulären Auktion versteigert. Weiterhin zugänglich ist jedoch das größte europäische Automobilmuseum mit über 200 Fahrzeugen. Zum Beispiel ein BMW 326 Saloon von 1938 oder ein Trabant von 1958 – oder auch die Spezialanfertigung eines Eisenbahnwaggons, mit dem der frühere dänische Außenminister herumzureisen pflegte.

Mai, Sept. Sa, So 10–16, Juni–Aug. tgl. 10–17 Uhr; Eintritt 90 DKK, Kinder 70 DKK

Falster

→ S. 180, B 12

50 000 Einwohner

Jahrelang gab es hier an der Südspitze, in **Gedser**, eine Fährverbindung nach Travemünde. Als man diese einstellte, wurde es still um Gedser. Seit der deutschen Wiedervereinigung erlebt der Ort nun durch die neue Fährverbindung nach Warnemünde eine zweite Blüte und konkurriert mit der von Puttgarden nach Rødby (Lolland). Von Gedser Oddefyr kann man Deutschland sehen. Herrliche Sandstrände ziehen sich an Falsters Ostküste hinauf. Ferienhäuser stehen dicht an dicht zwischen Gedser und Sr. Ørslev. **Marielyst** ist Mittelpunkt dieser beliebten Ferienregion. **Halsskov Vænge**, weiter nördlich an der Ostküste gelegen, ist für historisch Interessierte spannend. Hier finden sich viele Bautasteine und Hügelgräber. Rund um Hesnæs lassen sich verträumte Dörfer mit eigenwilliger Bebauung entdecken. Mittelpunkt der Insel ist das schöne Städtchen **Nykøbing**, dessen Wirtschaftsleben von der Zuckerfabrik geprägt wird.

Im Middelaldercentret haben auch Geschichtsmuffel ihre Freude: Es werden Arbeit, Alltag und Spiele der Menschen unterhaltsam nachgestellt.

Ziele in der Umgegung

Nykøbing F.

→ S. 180, C 12

25 000 Einwohner

Im 13. Jh. erstmals urkundlich erwähnt, ist Nykøbing heute ein für diesen Teil Dänemarks bedeutendes Industriezentrum. Ein Besuch ist dennoch lohnenswert: Die Hauptstadt der Insel besticht durch sehr gut erhaltene Häuser aus dem 16. bis 18. Jh. und eine äußerst lebendige, lang gezogene Fußgängerzone. Besondere Beachtung verdient hier der historische Kaufmannsladen (»Den gamle Købmandshandel«) in der Langgade 9. Der Zusatz »F« soll die Verwechslung mit den Nykøbings in Jütland und auf Seeland vermeiden.

Sehenswertes

Middelaldercentret

Dieses eindrucksvolle Zentrum zeigt die Lebensbedingungen des Mittelalters auf. Da gibt es zahlreiche historische Werkstätten, in denen nach wie vor gearbeitet wird, man kann beim Hausbau mitanpacken und dabei spüren, wie schwer die Steine und wie mühsam das Bauen damals war. Man darf mit Pfeil und Bogen sowie der Armbrust schießen, Kinder können sich zum Ritter ausbilden lassen. Es gibt täglich Führungen. Höhepunkt eines Tages ist aber die Demonstration des Katapults, das die Kanonenkugeln in weitem Bogen in den Sund feuert (um 12 und 14 Uhr).

Hamborgskoven 2, Sundby L.; Mai–Sept. Di–So 10–16 Uhr; Eintritt 35 DKK, Kinder 15 DKK

Nykøbing Falster Kirche

Von dem 1419 angelegten Franziskanerkloster sind nur Kirche und Westflügel erhalten geblieben. Absolutes Schmuckstück ist die Ahnentafel, die 1622 bis 1626 auf Veranlassung von Königin Sofie gestaltet wurde. Im Kräutergarten bei der Kirche gedeihen rund 300 verschiedene Heilkräuter, darunter auch das »Hexenkraut« Alraune.

Wasserturm

Der Turm, nahe der Fußgängerzone platziert, wurde 1908 gebaut. Aus seinen 32 m Höhe bietet sich bei gutem Wetter ein hervorragender Blick über Nykøbing und Falster.

Hollands Gård; Eintritt 10 DKK, Kinder 5 DKK

Essen und Trinken

Czarens Hus

Welch historische Stätte! Am 15. Juli 1716 stand plötzlich der russische Zar Peter der Große in der Tür. Heute können Sie statt seiner hier speisen. Ein gemütliches Interieur, Spezialitäten des Hauses sind neben Fisch Geflügelgerichte wie etwa die »Hühnerbrust Rossini«. Nebenan gibt es ein kleines Heimatmuseum.

Langgade 2; Tel. 54 85 28 29; tgl. 11.30–23 Uhr ●● MASTER VISA

Stubbekøbing ⇢ S. 180, C 12

6800 Einwohner

Ein verträumter kleiner Ort, der vor der Errichtung der nahen Farø-Brücke als Fährhafen Richtung Møn sehr viel belebter war. Eine »Nostalgiefähre« befördert Romantiker noch heute über den Grønsund. Sehenswerte Häuser stehen in der Vestergade. Aus dem Jahre 1200 stammt die dreischiffige Kirche mit ihrem gezackten Turm; 1618 entstand die Altarwand, 1634 die kunstvoll geschnitzte Kanzel.

Museen

Radio- und Motorradmuseum

Peter L. Jensen, hier geboren, erfand 1915 den dynamischen Lautsprecher, was in Dänemark zunächst niemanden sonderlich beeindruckte, in Amerika dafür aber umso mehr. Als Reminiszenz gibt es dieses wunderbare Museum mit alten Radios, aber auch mit ca. 120 wirklich sehenswerten historischen Motorrädern, allesamt vom jetzigen Besitzer des Museums persönlich restauriert.

Nykøbingvej 54; Juni–Aug. tgl. 10–17 Uhr; Eintritt 20 DKK, Kinder 10 DKK

Møn ⇢ S. 180/181, C/D 11

11 000 Einwohner

Noch von der imposanten Farø-Brücke über den Storstrømmen beeindruckt (für Radler gesperrt!), verpasst man fast die Ausfahrt auf die Insel **Bogø** und somit die Weiterfahrt zum südöstlichsten Zipfel Dänemarks, nach Møn. Der Name des so friedlich wirkenden Eilandes bedeutet »Mädchen« – angesichts der Schönheit der Natur ein passender Name. Viele Schriftsteller und Maler haben sich hier schon inspirieren lassen.

Die meisten Besucher der Insel drängt es nach der Ankunft gleich auf die andere Küstenseite, um schnell die berühmten **Kreidefelsen** zu erreichen. Dabei lohnt hier jederzeit ein Abstecher ins Hinterland. Etwa gleich hinunter in den idyllischen Hafenort **Vindebæk**, zu den interessanten Ganggräbern wie Grønsalen bei Fanefjord, zu den schier zahllosen Kunst-

Wer mit dem Auto nach Møn möchte, fährt über die moderne Faro-Brücke zuerst auf die Insel Bogø und von dort weiter nach Møn.

Møns leuchtend weiße Kreidefelsen erinnern an die auf Rügen und sind nicht minder bekannt. Ein Besuch am frühen Morgen garantiert das schönste Licht.

gewerbe-Boutiquen, die sich quer über die Insel verteilen, hinauf zur Nordspitze **Ulvshale** (Naturschutzgebiet) mit ihrem sehr feinen Strand. Wer noch weiter, auf die verträumte Halbinsel **Nyord**, will, muss das Auto allerdings stehen lassen. Sehr schön auch die Hafenszenerie in **Klintholm Havn**. Die dort gelegene Fischräucherei ist ein idealer Ort für eine Rast. Ein frischer Fisch aus dem Rauch, dazu viel Salz und ein Bier – herrlich!

Ziele in der Umgebung

Elmelunde Kirke

⇢ S. 180, D 11

Von den vielen Fresken in der ältesten Kirche der Insel hat der »Elmelunde-Meister« die Höllenszene sehr plastisch dargestellt. Lebensecht wirken die Geburt Christi und der Kindermord. Alle Motive stammen aus dem 15. Jh. und gelten als die schönsten in Dänemark. Die Farben Gelb, Grün und Rot sind typisch für seine Werke. In über einem Dutzend Kirchen auf Seeland, Fünen und Lolland trägt der Freskenschmuck seine Handschrift. Sein wirklicher Name ist nicht bekannt.

Elmelunde (zwischen Stege und Møns Klint)

Møns Klint

⇢ S. 181, D 11

9

Beliebt, umschwärmt und im Sommer hoffnungslos überlaufen. Møns Kreidefelsen sind ein Naturspektakel ohnegleichen. Auf über 100 m erheben sich die Felsen aus dem Meer. Das Weiß der Kreide wird an sonnigen Tagen noch weißer und folglich auch das Blau des Meeres noch blauer. Vom Parkplatz aus sind es noch einige hundert Meter auf sehr unebenen Wegen und steilen Treppen hinunter bis zum Meer. Schon hier wird deutlich, dass man unbedingt feste Schuhe anhaben sollte. Denn unten an der Brandung geht es über Steine und staubige Kreide. Man kann etwa zwei Stunden in nördlicher Richtung spazieren gehen, bevor eine Treppe hinauf zum Schlösschen **Liselund** geht. Ein Weg führt dann oberhalb der Felsen zurück. Für Wanderer, die weniger gut zu Fuß sind, zeigt bereits nach einer guten halben Stunde ein Weg wieder hinauf. Die Kreide ist rund 75 Mio. Jahre alt. Meer und Wind haben vor ein paar Jahrtausenden die Klippen geformt. Noch heute sind sie diesen Einflüssen ausgesetzt. Ihnen fiel im Winter 1987/88 der damals höchste Fels Sommerspiret zum Opfer, er stürzte ins Meer. So ist heute der **Dronningestolen** (Königinnenstuhl) mit 128 m das Wahrzeichen dieser Felswand, die so sehr an die Kreidefelsen auf Rügen erinnert.

Hotels/andere Unterkünfte

Liselund Ny Slot

Wer möchte nicht einmal stilgerecht in einem echten Schloss wohnen? Liselund Slot, unweit der Kreidefelsen gelegen, bietet nicht nur geschmackvolle Zimmer, sondern auch noch ein gutes Restaurant. Dieses Schloss wurde 1887 erbaut.

Das reizende strohgedeckte ältere Schlösschen, im Jahre 1796 von einem französischen Grafen für seine Geliebte Lise errichtet, ist heute ein Museum. Im Park fallen außerdem die Schweizerhütte, der chinesische Teepavillon und das Norwegerhaus auf. Einst standen hier noch viel mehr Gebäude, sie verschwanden eines Tages in den Fluten, als ein Teil der Klippen zusammenbrach.

Langebjergvej 6, Borre; Tel. 55 81 20 81, Fax 55 81 21 91; 15 Zimmer ●● CREDIT
Museum nur mit Führung: Mai–Sept. Mi–So 10.30, 11, 11.30 und 14 Uhr

Stege

→ S. 180, C 11

6000 Einwohner

Die Hauptstadt der Insel. Eine Fußgängerzone fehlt, stattdessen führt die Hauptstraße durch den Ort. Schöner wird Stege in den Nebenstraßen, in denen die historische Bebauung noch erhalten ist, oder am Stadtgraben, der sich am Museum entlang windet. Man sollte dennoch nicht verschweigen, dass nicht Stege den Reiz der Insel ausmacht, sondern eingangs erwähnte Orte wie Nyord, Ulvshale oder Klintholm.

Museen

Møns Museum

Das Inselmuseum zeichnet die Geschichte der Insel von den ersten Steinzeitfunden bis heute nach. Besonders interessant sind die Gegenstände aus Møner Wohnungen.

Storegade 75; Di–So 10–16 Uhr; Eintritt 15 DKK, Kinder frei

Essen und Trinken

Præstekilde Kro & Hotel

Helle, gemütliche Räume, eine schöne Sicht über das Wasser und liebevoll zubereitete Speisen (Schwerpunkt Fisch) machen das Haus, zu dem auch ein komfortables Hotel (46 Zimmer ●●) gehört, zu den interessantesten kulinarischen Adressen der Insel. Gleich nebenan liegt Møns herrlicher Golfplatz.

Klintevej 116, Keldby; Tel. 55 86 87 88, Fax 55 81 36 34; www.praeste-kilde.dk; tgl. 7–23 Uhr ●●● CREDIT ♿

In der Elmelunde Kirke beeindrucken plastische Fresken aus dem 15. Jahrhundert mit Szenen aus dem Neuen Testament.

Bornholm

Näher an Schweden als an Dänemark, gilt die kleine Insel bei Urlaubern als wahres Juwel.

Die Årsdale Mühle auf Bornholm stammt aus dem Jahr 1877, ist aber noch immer in Betrieb und mahlt auch heute noch mit Hilfe des Windes Getreide.

Bornholm

⟶ Umschlagkarte hinten

47 000 Einwohner

558 qkm ist die Insel groß, die gerne als »Dänemark in der Nussschale« bezeichnet wird. Das aber ist nur zum Teil richtig. Gewiss, es gibt die wunderbar feinen Strände um Dueodde. Das ausgezeichnete Radwegenetz. Und idyllische Straßenzüge wie in der Rønner Altstadt. Aber Bornholm hat noch mehr und wirklich Einzigartiges zu bieten. Beispielsweise die vier Rundkirchen oder die mächtige Burgruine Hammershus. Die geräucherten Heringe, »Bornholmer« genannt, und vorzüglichen Wildlachs. Maler begeisterten sich immer wieder für die Insel, entsprechend imposante Werke kann das Kunstmuseum zeigen. Überall trifft der Besucher auf Kunsthandwerker. Für Abwechslung ist wahrlich gesorgt, selbst wenn es auf der selbst ernannten »Sonnenscheininsel« einmal regnen sollte.

Hotels/andere Unterkünfte

Hotel Fredensborg

⟶ Umschlagkarte hinten, a 5

Bornholms Nobel-Hotel mit hervorragender Küche. Es ist etwas außerhalb des Zentrums in Richtung Flughafen unmittelbar am Wasser gelegen. Kleidungsmäßig geht es hier ebenso leger wie gepflegt zu.

Strandvejen 116, Rønne; Tel. 56 95 44 44, Fax 56 95 03 14; 75 Zimmer, 12 Apartments ●●● CREDIT ♿

Hotel Griffen

⟶ Umschlagkarte hinten, a 4

Von außen sicherlich nicht sonderlich attraktiv, im Inneren allerdings sehr gemütlich und geschmackvoll eingerichtet. Die Zimmer bieten zum Teil Blick auf die See. Mit dem Restaurant Victoria besitzt das Hotel auch eines der besten Hotelrestaurants Bornholms.

Kredsen 1, Rønne; Tel. 56 95 51 11, Fax 56 95 52 97; 140 Zimmer ●●● CREDIT ♿

Hotel Hammersø

⟶ Umschlagkarte hinten, b 1

Von außen eines der hässlichsten Bornholmer Hotels, im Inneren aber sehr großzügig, fast wuchtig gestaltet. Sehr ordentlich und gepflegt, zudem eine traumhafte Lage am Hammersø.

Hammershusvej 86, Sandvig; Tel. 56 48 03 64, Fax 56 48 10 90; 50 Zimmer, 3 Apartments ●●● CREDIT

Hotel Siemsens Gaard

⟶ Umschlagkarte hinten, f 4

Gutes, zu Recht renommiertes Haus am Hafen. Das historisch geprägte Gebäude erweist sich im Inneren als modern und gepflegt. Es besitzt ein gutes Restaurant und einen sehr schönen Innenhof mit Blick aufs Wasser.

Havnebryggen 9, Svaneke; Tel. 56 49 61 49, Fax 56 49 61 03; 50 Zimmer ●●● DINERS MASTER VISA

Snogebæk Hotelpension

⟶ Umschlagkarte hinten, f 6

Ein sehr familienfreundliches Hotel mit hauseigenem Swimmingpool. Gegessen wird im Haupthaus, während die Zimmer im Holzbungalow im Garten eingerichtet wurden. Jedes Zimmer besitzt eine kleine Terrasse, schön in lauen Sommernächten.

Ellegade 9, Snogeback; Tel. 56 48 80 80, Fax 56 48 81 31; 25 Zimmer ●●

Sehenswertes

Allinge-Sandvig

⟶ Umschlagkarte hinten, b 1/2

Eigentlich sind es zwei Städte, die aber schon so zusammengewachsen sind, dass man auch von einem Doppelort sprechen kann. **Allinge** ist ein netter kleiner Fischerort, an dessen Hafenstraße einige hübsche Geschäfte liegen. Weiter aufwärts im Ort steht die gelbe Kirche, die um 1500 errichtet, im 19. Jh. aber erheblich umgestaltet wurde. In der Pilegade befindet sich der russische Friedhof, denn nach dem Zweiten Weltkrieg war Bornholm fast ein Jahr von den Russen besetzt. In **Sandvig** begann Ende des 19. Jh. der Bornholm-Tourismus. Noch heute steht hier die Mehrzahl der Hotels. Wer baden möchte, findet allerdings nur einen kleinen Strand vor.

Almindingen

⇢ Umschlagkarte hinten, c/d 4

Hätte es Hans Rømer nicht gegeben, wir würden wohl heute kaum durch Dänemarks drittgrößtes Waldgebiet spazieren können. Denn um 1800 waren die Baumbestände hier in Almindingen fast verschwunden. Das Holz war für den Schiffsbau benutzt worden, die Bauern ließen anschließend ihr Vieh hier weiden, so dass nichts nachwachsen konnte.

Hans Rømer, der damalige Oberförster, ließ das Areal einzäunen und untersagte das Weiden. Die Bauern hassten ihn dafür. Heute umfasst Almindingen knapp 2500 ha Wald, die Besucher sind Rømer dankbar. Innerhalb des Areals finden sich Sehenswürdigkeiten wie etwa zwei Burgruinen, einer der Rüttelsteine oder auch der zweithöchste Punkt Dänemarks, der Rytterknægten (162 m) mit seinem Aussichtspunkt Kongemindet.

Landschaftlicher Höhepunkt ist vermutlich das Ekkotal (Echotal), das Teil eines längeren, vom sich zurückziehenden Eis in den weichen Diabas geschnittenen Spaltentals von über 12 km ist.

MERIAN-Tipp

10 Fein: Dueodde

Einen Kilometer führt die Stichstraße hinunter Richtung Wasser. Wer hier aber einen Ort erwartet, wird vergeblich suchen. Große Parkplätze, Eisbuden und Gastronomie prägen Dueodde. Stolz reckt sich der Leuchtturm Richtung Himmel. Ansonsten gilt es, den gut fünfminütigen Spaziergang hinunter zum Wasser zu absolvieren. Der Bornholmer Strand gehört zu den feinsten in Europa, weshalb sein Sand früher auch zum Trocknen von Siegeln verwendet wurde. Von Snogebæk bis fast nach Rønne reicht er, Platz genug also für Sonnenbader und Strandwanderer.

⇢ Umschlagkarte hinten, e 6

Døndalen

⇢ Umschlagkarte hinten, c 2

Nur 6 km nördlich von Gudhjem rauscht an der Straße nach Allinge linker Hand versteckt im Wald Dänemarks größter Wasserfall, Døndalfaldet. Die Fallhöhe beträgt 22 m.

Zum Wasserfall gelangt man vom Parkplatz aus in ca. 10 Min.

Ertholmene

⇢ Umschlagkarte hinten, f 1

Die Erbseninseln, wie die gesamte Inselgruppe eigentlich heißt, besteht aus Christiansø, Frederiksø, Græsholm, Tat, Vesterskær und Østerskær. Dabei besitzen die drei Letztgenannten nur Felscharakter, während Græsholm ein Vogelschutzreservat ist und nicht betreten werden darf.

Am 2. Mai 1855 verlor die Inselgruppe ihren militärischen Status, der letzte Soldat zog 1863 ab. Heute leben hier ca. 130 Menschen, Autos und Fahrräder sind nicht zugelassen, übrigens auch Katzen und Hunde nicht. Bei einer Größe von 710 x 430 m (Christiansø) bzw. 440 x 160 m (Frederiksø) sind Fortbewegungsmittel wohl aber auch nicht überlebensnotwendig. Die Erbseninseln stehen unter direkter Verwaltung des Kopenhagener Verteidigungsministeriums.

Gudhjem

⇢ Umschlagkarte hinten, d 3

Es müssen die Farben sein, die Gudhjems Reiz begründen. Schließlich hat es noch sämtliche Maler hier hingezogen, einheimische wie zugereiste. Das Bornholmer Licht ist sagenumwoben. Immerhin streift der 15. Längengrad Gudhjem, weshalb die Sonne nirgendwo sonst in ganz Dänemark um die Mittagszeit so exakt im Zenit steht wie eben hier. Klar auch, dass man hier stolz statt von der Mitteleuropäischen Zeit von der Gudhjemer Zeit spricht.

Oluf Høst, Bornholms berühmtester Maler des letzten Jahrhunderts, ist von Svaneke hier hingezogen.

Und schließlich stand hier auch die Wiege der berühmten »Bornholmer«. Fischer brachten diese besondere Heringszubereitung von den nahen Erbseninseln mit, wo man sie von den Schotten erlernt hatte.

Hammershus

→ Umschlagkarte hinten, b 2

Vollständig erhalten ist sie nun beim besten Willen nicht mehr, doch selbst als Ruine wirkt die Burg Hammershus irgendwie majestätisch. Vom meist überfüllten Parkplatz schreitet man, an Kiosk und Cafeteria vorbei, auf die Burg zu, die sich nach wie vor eindrucksvoll unmittelbar an der Küste in den Himmel reckt. Dies also war früher auf Bornholm das Zentrum der Macht!

10

Von hier lenkte zunächst die Kirche die Geschicke der Insel, später die weltlichen Herrscher, so etwa die Lübecker 1525 bis 1575, als der dänische König ihnen die Insel für 50 Jahre vermachte. Hier überlisteten die Bornholmer 1658 die schwedischen Besatzer und befreiten die Insel, hier versuchte die Königstochter Leonora Christine mit Mann und Diener aus der Gefangenschaft zu fliehen. Hier holten sich später die Bornholmer Burgsteine als Baumaterial für die eigenen vier Wände. Und hier spielte auch manch dramatische Erzählung, so etwa Martin Andersens Werk »Der Todeskampf«.

Den Grundstein legte 1255 der Lunder Erzbischof Jacob Erlandsen, der Hammershus als geistliches Gegengewicht zur Lilleborg im Almindinger Wald anlegen ließ. Wer in der Folgezeit die Macht über Bornholm besitzen wollte, musste über Hammershus gebieten. Oft genug ist die Burg deshalb angegriffen worden, oft genug hat sie diesen Angriffen aber auch standgehalten – allerdings mitunter zu Lasten der Bausubstanz.

Südwestlich von Sandvig erhebt sich die Ruine von Hammershus, eine einst mächtige Felsenburg aus dem 13. Jahrhundert. Ihre Bewohner sorgten für Geschichte(n).

Helligdomsklipperne

→ Umschlagkarte hinten, c 2

Eine der bekanntesten Bornholmer Klippenpartien sind die Helligdomsklipperne, Heiligtumsklippen, die sich nahe des Kunstmuseums senkrecht aus dem Meer erheben. Links und rechts von ihnen gibt es noch Höhlen, die in die Felsen gewaschen worden sind und die man am besten per Boot von Gudhjem aus erkundet.

Paradisbakkerne

→ Umschlagkarte hinten, e 5

Neben Almindingen ist Paradisbakkerne, die Paradieshügel, das lohnendste Wandergebiet im Bornholmer Binnenland. Auf drei markierten, unterschiedlich langen Routen kann man diese Region erkunden. An diese sollte man sich halten, denn Paradisbakkerne ist ein eher unübersichtliches Terrain, in dem man sich leicht verlaufen kann. Festes Schuhzeug ist unverzichtbar.

Sehenswert ist der Rokkesten, der Rüttelstein, wie es ihn ähnlich auch in Rutsker Højlyng und Almindingen gibt. Es handelt sich dabei um einen Findling aus der Eiszeit, der sich, bei entsprechender Kraft, ein wenig rütteln lässt.

Auch Paradisbakkerne besitzt, wie Almindingen, eine Gamleborg. Die hiesige soll 187 m lang und 80 m breit gewesen sein. Ursprünglich war es eine eisenzeitliche Fluchtburg, die auch in der Wikingerzeit genutzt wurde. Von den Stein- und Erdwällen, aus denen sie errichtet war, sind aber nur noch Reste erkennbar.

Paradisbakkerne liegt knappe 3 km nordwestlich von Neksø

Rundkirchen

Mehr über die Bornholmer Rundkirchen finden Sie auf S. 140 im MERIAN-Spezial.

Rønne

→ Umschlagkarte hinten, a 4/5

Wer je mit dem Schiff Rønne ansteuerte, wird nicht vergessen, wie sich die Silhouette langsam am Horizont abzeichnet. Fixpunkt ist dabei die weiße St. Nikolai-Kirche unmittelbar am Hafen. Um sie herum erstreckt sich heute Rønnes schönstes Viertel. Rot, gelb oder weiß getünchte kleine Häuser mit winzigen Gärten reihen sich hier aneinander. Wer es ganz besonders gut getroffen hat, kann sogar vom Wohnzimmer aus das Geschehen im Hafen beobachten.

Rønne ist mit 15 000 Einwohnern die Hauptstadt der Insel. Die Geschäfte findet man rund um den Marktplatz, ein größeres Einkaufszentrum steht nahe des Hafens (Snellemar Centret).

Svaneke

→ Umschlagkarte hinten, f 4

Svaneke hat schon immer mit seiner historischen Bebauung und seinem hübschen, überschaubaren Hafen begeistern können. 1975 prämierte der Europarat die Innenstadterhaltung. In den letzten Jahren ist aus dem Städtchen mit seinen nur 1200 Einwohnern aber auch ein zumindest im Sommer quicklebendiges Einkaufszentrum geworden. Rund um den Marktplatz und hinunter zum Hafen reihen sich zahlreiche Boutiquen aneinander, Keramiker scheinen Svaneke ganz besonders zu lieben.

Museen

Andersen Nexøs Mindestue

→ Umschlagkarte hinten, f 5

Im ehemaligen Haus Andersen Nexøs ist seit ein paar Jahren eine kleine Gedenksammlung untergebracht. Sie zeigt das Arbeitsgerät des Autors ebenso wie wichtige zeitgenössische Dokumente oder Lizenzausgaben.

Ferskesøstræde 36, Nexø;
Mitte April–Mitte Okt. Mo–Sa 10–16 Uhr;
Eintritt Erwachsene 10 DKK, Kinder 5 DKK

Bornholms Kunstmuseum

→ Umschlagkarte hinten, c 2

Man wird sofort an andere moderne dänische Museumsbauten erinnert. Von außen eher abstoßend, innen lichtdurchflutet und mit einer eigenen, faszinierenden Architektur. Bornholm und seine Künstler stehen im Zentrum der Schau. Wobei die Bornholmer Künstler nicht unbedingt immer die Insel zum Motiv hatten. Hier begegnet man Kristian Zahrtmann, Oluf Høst, Poul Høm und anderen. Von einem Aussichtsturm kann man bis nach Christiansø blicken, Wanderwege durchziehen die Umgebung.

Die Inselhauptstadt Rønne war bereits im Mittelalter ein wichtiger Handelsplatz. Heute ist das lebhafte Städtchen für viele die erste Anlaufstelle auf Bornholm.

Helligdommen; April–Okt. tgl. 10–17, Nov.–März Di, Do, So 14–17 Uhr; Eintritt 50 DKK, Kinder gratis

Bornholms Museum

⟶ Umschlagkarte hinten, a 4

Für Bornholm-Einsteiger unbedingt empfehlenswert, wird hier die Geschichte der Insel doch ebenso eindruckvoll illustriert wie etwa Flora und Fauna und Bornholmer Besonderheiten wie die Rundkirchen.

Sct. Mortensgade 29, Rønne; April–Okt. Mo–Sa 10–17, So 13–17, Nov.–März Di, Do, So 14–17 Uhr; Eintritt 35 DKK, Kinder 10 DKK

Erichsens Gård

⟶ Umschlagkarte hinten, a 4

In dem Haus der Anwaltsfamilie Erichsen verkehrte der Schriftsteller und Maler Holger Drachmann einst ebenso wie der Maler Kristian Zahrtmann. Drachmann war in erster Ehe mit der Tochter Erichsens, Vilhelmine, verheiratet. Bis heute ist der bürgerliche Charakter des Interieurs erhalten, wodurch ein schöner Eindruck vom Lebensstil Ende des vorigen Jahrhunderts vermittelt wird.

Laksegade 7, Rønne; Mitte Mai–Mitte Okt. Mo–Sa 10–17, Juli, Aug. auch So 10–17 Uhr; Eintritt 35 DKK, Kinder 10 DKK

Landbrugsmuseum Melstedgård

⟶ Umschlagkarte hinten, d 3

Das sehr eindrucksvolle Landwirtschaftsmuseum gibt einen Einblick in die bäuerliche Kultur, zeigt den Jahresverlauf auf Hof und Acker und präsentiert alte Gerätschaften. Am Wochenende gibt es dann noch Veranstaltungen wie etwa Volkstanz.

Melstedvej 25, Melsted; Mitte Mai–Sept. Di–So 10–17 Uhr; Eintritt 20 DKK

Natur Bornholm

⟶ Umschlagkarte hinten, c 5

Ein hochspannendes Museum für jedes Alter. Man taucht ein in die Frühzeit der Insel, durchwandert ihre

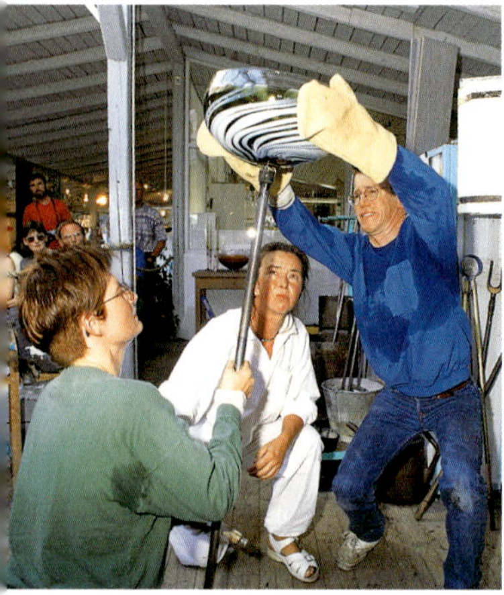

Mit den schönen Glasarbeiten von Maibritt Jönsson und Pete Hunner, zu erwerben bei Baltic Sea Glass, nimmt man ein Stück Urlaub mit nach Hause.

Veränderungen und landet im Heute. Das alles wird höchst lebendig veranschaulicht, u.a. auch mit vielen Tieren und interaktiven Angeboten.
Grønningen 30, Åkirkeby; Mitte März–Okt. tgl. 10–17 Uhr; Eintritt 75 DKK, Kinder 40 DKK

Oluf Høst Museum

····› Umschlagkarte hinten, d 3

Von all den berühmten Künstlern, die die Insel verewigten, war Oluf Høst der einzige auf Bornholm geborene. Sein Hauptmotiv ist ein Bauernhof nahe Gudhjems gewesen, der vor ein paar Jahren niederbrannte. Heute sind in seinem früheren Haus einige seiner schönsten Werke ausgestellt.
Løkkegade 35, Gudhjem; Mai–Mitte Juni Di–So 11–17, Mitte Juni–Ende Sept. tgl. 11–17 Uhr; Eintritt 45 DKK, Kinder 15 DKK

Essen und Trinken

Bokulhus

····› Umschlagkarte hinten, d 3

Viel Fisch, etwas Fleisch und auch vegetarische Gerichte, stilvoll und gekonnt serviert mit schönem Blick Richtung Christiansø. Eines der exklusivsten Bornholmer Restaurants.
Bokulvej 4, Gudhjem; Tel. 56 48 52 97; tgl. 11.30–22 Uhr ●●●

Brasserie Truberg

····› Umschlagkarte hinten, f 5

Sehr originelles Restaurant am Neksøer Hafen. Der Boden ist mit Sand bedeckt, die Wände zeigen den Inhaber als Kunstfreund, die Stimmung ist ungezwungen, das Essen frisch und gekonnt zubereitet. Natürlich gibt es hier Meerestiere in verschiedenen Varianten, doch auch Freunde des exzellent zubereiteten Steaks werden auf ihre Kosten kommen.
Havnen 2, Nexø; Tel. 56 49 20 90; tgl. 10–24 Uhr ●●● CREDIT

Den lille Havfrue

····› Umschlagkarte hinten, f 6

Eines der besten Bornholmer Restaurants. Die Speisekarte wird vom Fisch dominiert, daneben gibt es aber auch Fleisch- und Vegetariergerichte. Raffinierte Zubereitung, guter Service, das Interieur schwankt zwischen Kühle und Gemütlichkeit. Bemerkenswert ist die große Weinkarte.
Hovedgaden 5, Snogebeæk; Tel. 56 48 80 55; tgl. 12–22 Uhr ●●● CREDIT

Di 5 stâuerna

····› Umschlagkarte hinten, a 5

In diesem im Hotel Fredensborg eingerichteten Restaurant geht es bei aller Klasse doch recht leger zu. Fisch und Fleisch halten sich auf der Karte die Waage, Sie sollten unbedingt auf die Tagesangebote achten. Die Weinkarte ist reichhaltig, der Service sehr freundlich. Und nach dem Dessert können Sie im Salon auf dem Sofa noch ausspannen.
Strandvejen 116, Rønne; Tel. 56 95 44 44; tgl. 11–21.45 Uhr ●●● CREDIT

Le Port

····› Umschlagkarte hinten, a 2

Eines der besten Restaurants der Insel, gemütlich und gepflegt. Fleisch

und Fisch werden je nach Saisonlage angeboten. Von der Terrasse hat man einen schönen Blick über die See.
Vang 81, Vang; Tel. 56 96 92 01;
tgl. 12–21.30 Uhr ●●● CREDIT

Allinge Røgeri

⇢ Umschlagkarte hinten, b 2

Modernisierte, geschmackvoll gestaltete Räucherei unmittelbar am Wasser. Jeden Abend von 18–20 Uhr großes Fischbuffet. Warum allerdings die Klotüren nur Milchglas erhielten und somit ein jeder bei der Verrichtung eines menschlichen Bedürfnisses beobachtet werden kann, bleibt unaufgeklärt.
Sverigesvej 5, Allinge ●

Museumsrøgerierne

⇢ Umschlagkarte hinten, a 3

Viele Jahre standen die Heringsräuchereien in Hasle leer. 1990 wurden sie dann endlich wieder in Betrieb genommen. Dabei richtete man einen Teil historisch ein und ergänzte ihn mit zeitgenössischen Dokumenten, so dass der Besucher heute einen kleinen Einblick in die Heringsräucherei der damaligen Zeit erhält. In der aktiven Räucherei selbst gibt es die typischen Gerichte vom einfachen »Bornholmer« mit Brot über »Sonne über Gudhjem« bis hin zu Lachs und Makrele.
Sdr. Bæk 16–20, Hasle; Tel. 56 96 44 11;
tgl. Mitte Juni–Mitte Aug. 10–19,
Mai–Mitte Juni, Mitte Aug.–Sept.
10–18, Okt. 10–16 Uhr ●

EINKAUFEN

Baltic Sea Glass

⇢ Umschlagkarte hinten, d 3

Es gibt mehrere Glasbläsereien auf der Insel, und die Geschmäcker sind bekanntlich verschieden, aber allgemein gilt diese als künstlerisch perfekteste auf Bornholm. Gebrauchsglas in Serien gibt es hier ebenso wie wertvolle Unikate.
Melstedvej 47; Gudhjem; Mo–Fr 10–17,
Sa 10–14, Juli, Aug. tgl. 10–18 Uhr

Det Gamle Pakhus

⇢ Umschlagkarte hinten, b 2

Klamotten vor allem mit maritimem Touch, Stoffe und kleine Mitbringsel findet man in diesem Geschäft, alles von bemerkenswerter Qualität.
Havnegade 2, Allinge

Stærmose

⇢ Umschlagkarte hinten, c 6

Im Süden von Bornholm, im kleinen Dorf Boderne, findet man die umfangreichste Auswahl an Qualitätsmode auf der Insel. Ob Day oder Sand, Gant oder Red/Green, hier sollte eigentlich jeder etwas Passendes finden. Es gibt auch eine Outlet-Abteilung, in der man in ausgelaufenen Kollektionen suchen kann. Die Bedienung ist freundlich und persönlich, so dass der Anteil der Stammkunden sehr hoch ist. Und das ist ja eigentlich immer ein gutes Zeichen. Und wer sich nach dem Shopping erholen will, muss nur 20 m bis zum Strand gehen.
Boderne 2, Boderne; tgl. 10–18 Uhr

Geräucherter Fisch in allen Variationen ist das Mitbringsel von Bornholm – schmeckt aber auch vor Ort ausgezeichnet, dann mit interessanten »Beilagen«!

Die wehrhaften Rundkirchen

Unten beten, oben ballern, die dänischen Rundkirchen gaben der Bevölkerung kirchlichen Schutz.

Sieben Rundkirchen besitzt Dänemark, vier stehen auf Bornholm, weitere jeweils in Jütland, auf Fünen und auf Seeland. Sie dienten als Zufluchtsburg und zugleich als Kirche. Diese Kombination schien damals sinnvoll, weil die Flüchtenden sich so unter den Schutz Gottes begaben.

Am besten erhalten

Die bekannteste der sieben Rundkirchen ist die Bornholmer **Østerlars kirke**. Man vermutet, dass sie um 1150 gebaut worden ist, als die Wenden die Ostsee unsicher machten. Die Østerlars kirke hat drei Etagen. Im Parterre befindet sich der Kirchenraum. Er unterscheidet sich von dem der anderen Bornholmer Rundkirchen dadurch, dass er in der Mitte keinen Pfeiler besitzt, sondern eine Rundarkade mit sechs Öffnungen. Der Raum im Inneren wird volkstümlich »Ofen« genannt. An seiner Südwand hat man Wandmalereien ungefähr von 1350 entdeckt. Im ersten Stock wurden die Vorräte aufbewahrt, in der obersten Etage hielten sich die Bewohner der Umgebung im Falle eines Überfalls versteckt. Von dort konnte aber auch auf die Angreifer geschossen werden. Das kegelförmige Dach kam erst später hinzu, wie das ursprüngliche Dach aussah, weiß man nicht. Auch der separate Glockenturm wurde erst nachträglich errichtet. Das Nordportal gilt als das schönste Portal aus romanischer Zeit auf der Insel.

Die Østerlars kirke ist die größte der vier Rundkirchen auf der Insel. Die weiter im Norden erbaute **Ols kirke** ist die höchste und schlankeste. Auch sie besitzt drei Stockwerke und entstand wohl ebenfalls um 1150. Vom Boden bis zum Beginn des Daches sind es 13 Meter. Das Dach ist fast 15 Meter hoch und ist wohl im 16. Jahrhundert aufgesetzt worden. Beide Kirchen mussten im Laufe der Zeit immer wieder abgestützt werden, da sie umzufallen drohten.

Im Süden der Insel steht die dreistöckige **Nylarskirke**, die dem Schutzheiligen der Seefahrer gewidmet war.

Mit ihren bemerkenswert kleinen Fenstern unterstreicht sie mehr noch als die anderen Rundkirchen ihren Verteidigungscharakter.

Die **Nykirke** hingegen wurde erst um 1200 gebaut. Sie ist mit nur zwei Stockwerken die kleinste der vier Bornholmer Rundkirchen. Ihr Festungscharakter ist nicht ganz so ausgeprägt, was wohl an ihrer späteren Errichtung liegt, als die Gefahr durch die Wenden nicht mehr ganz so groß war. Eine dritte Etage scheint angedacht gewesen zu sein, es gibt Spuren einer Treppe.

Im Westen Seelands steht nördlich der Stadt Sorø in Bjernede die einzige Rundkirche der Insel, die **Bjernede kirke**. Mit ihrem Bau ist vermutlich zu Beginn des 12. Jahrhunderts begonnen worden, doch hat sich ihre Errichtung eine Zeit lang hingezogen. Denn mittendrin wurde die Steinart gewechselt, ein leichterer Stein, der ab ca. 1160 in Seeland Anwendung fand, wurde nun genutzt. Auch hier gibt es ein oberes Stockwerk, das jedoch vielleicht als Privatkapelle gedient hat, keinesfalls aber als Zufluchtsstätte. Die Bjernede kirke besaß also nicht die Festungsfunktion wie die Bornholmer Rundkirchen. Im Laufe der Jahrhunderte ist die Kirche zum Teil recht tiefgreifend umgestaltet worden.

Rund erst auf den zweiten Blick

Im Südwesten Fünens steht nahe Faaborg die **Horne kirke**. Man muss zweimal hinschauen, um die Rundkirche zu entdecken. Denn sie ist heute Teil einer größeren Kirche. Die Horne kirke diente Verteidigungszwecken, was noch einige Beschädigungen in der Mauer bezeugen. Sie hatte zwei Stockwerke, unten die Kirche, oben der Fluchtraum. Über das weitere Aussehen lässt sich heute nur noch spekulieren.

Im jütischen Djursland steht die **Thorsager kirke**, die baulich der Rundkirche auf Seeland ähnelt. Unter beiden hat man auch Vorgängerbauten aus Holz gefunden. Die Kirche wurde um 1200 errichtet, ursprünglich ist aber nur die Nordwand des Chores. Das obere Stockwerk kann Verteidigungszwecken gedient haben, möglicherweise konnten von hier aber auch die Herrscher in aller Ruhe dem Gottesdienst beiwohnen. Leider wurde die Kirche im 19. Jahrhundert so durchgreifend restauriert, dass viel historische Substanz verloren ging.

Die Rundkirchen (links Østerlars Kirke, rechts Nykirke bei Rønne) wurden weiß gekalkt. Bemerkenswert ist, dass sich gleich vier von landesweit sieben Gotteshäusern auf Bornholm befinden.

Routen und Touren

Ob man Dänemark per Fahrrad oder lieber mit dem Auto erkundet, hängt von der jeweiligen Route ab: Manche Ausflüge sind sogar mit beiden Fahrzeugen möglich, da entscheidet letztlich die persönliche Vorliebe …

Ein dichtes Netz kleiner Nebenstraßen, die Meeresküste immer in der Nähe – entdecken Sie Dänemarks schönste Winkel doch in aller Ruhe und Gemütlichkeit mit dem Fahrrad!

Kopenhagen für Einsteiger – Von den Luren zur Meerjungfrau

Charakteristik: Stadtspaziergang mit vielen Highlights Kopenhagens; **Länge:** ca. 4,8 km; **Dauer:** 4 Stunden; **Einkehrmöglichkeiten:** am Nyhavn, im Hotel Admiral, im Langelinie Pavillon; **Karte:** ⇢ S. 52/53, c 4–f 1

Unbestrittenes Wahrzeichen von Kopenhagen: die Kleine Meerjungfrau vor der Hafeneinfahrt.

Rathausplatz ⇢ Ved Stranden

Sie beginnen Ihren Spaziergang am Rathausplatz. Es ist das siebente Rathaus in der Kopenhagener Geschichte, das italienische Vorbild ist unverkennbar. Links vom Rathaus sehen Sie die zwei Lurenbläser. Sie wurden zum 100. Geburtstag des Brauers und Mäzens J. C. Jacobsen 1911 gestiftet, jedoch erst 1914 aufgestellt.

Sie gehen nun die Vester Voldgade in Richtung Wasser, allerdings nur bis zur Ny Vestergade. Wer mag, kann hier in das Nationalmuseum gehen. Ansonsten laden die Anlagen von **Schloss Christiansborg** ein. Zu einem geschichtlich orientierten Spaziergang gehört natürlich ein Abstieg in die **Katakomben**. Hier kann man die Grundmauern des ersten Schlosses von Bischof Absalon erkennen. Wenn Sie genügend Zeit haben, können Sie auch noch das benachbarte **Thorvaldsen Museum** besichtigen.

Danach geht es weiter in die Straße **Ved Stranden**. In dem klassizistischen Haus Nr. 14 wurde 1885 der spätere Nobelpreisträger Niels Bohr geboren. Auch das Haus Nr. 18 verdient Beachtung. Hier befand sich einst mit dem **Hotel Royal** eines der führenden Häuser der Stadt. Kein Geringerer als Hans Christian Andersen traf sich hier mit den von ihm ergebnislos Angebeteten, wie etwa der schwedischen Nachtigall Jenny Lind. Später residierte in dem Haus die Redaktion der 1961 eingestellten Zeitung »Dagens Nyheder«. Heute befindet sich in der unteren Etage ein Restaurant.

Ved Stranden ⇢ Nikolaj Kirke

Nun stehen Sie vor dem **Højbro Plads**, der nach dem großen Stadtbrand von 1795 angelegt wurde. Die 1902 errichtete Statue von Absalon zu Pferde erinnert an den Stadtgründer.

Über die **Fortunstræde** erreichen Sie den **Nikolaj Plads**. Hier sammelte man regelmäßig die Sklaven, die aus den überseeischen Besitzungen hertransportiert wurden. Im 17. Jh. erstreckte sich von dem Platz aus bis zum Wasser hin die Wohngegend der Matrosen, **Bremerholm**. Nachdem die Schiffer jedoch mehr und mehr in das Viertel **Nyboder** zogen, wurde aus Bremerholm die Armengegend.

Anfang des 20. Jh. vertrieb man mittels Sanierung die Bewohner und versuchte stattdessen kultivierte

Schöngeister anzuziehen, die in den diversen Kneipen ausgiebig dem Nachtleben frönten. **Minefeltet** nannte man das Viertel damals, Minenfeld. Heute sieht man in den zahlreichen Restaurants und Gaststätten vor allem Parlamentarier und Geschäftsleute.

Die Kirche des Viertels wurde bei dem Brand von 1795 stark in Mitleidenschaft gezogen. So diente die **Nikolaj Kirke** im Verlauf der Jahre mal als Feuerwache oder als Bibliothek und heute als Galerie und Café.

Nikolaj Kirke ···> Kongens Nytorv

Jetzt gehen Sie die Fortunstræde und die Vingårdstræde hinunter. Auf der anderen Straßenseite kann man das **Königliche Theater** sehen, das in den Jahren 1872 bis 1874 im Stil der Neorenaissance erbaut wurde. An seiner Vorderseite kommen Sie am **Kongens Nytorv** vorbei. Ursprünglich befand sich das östliche Stadttor am Ende der Østergade, also dort, wo die heutige Fußgängerzone Strøget auf den Platz trifft. Erst mit der Stadterweiterung unter Christian IV. wurde das **Østerport** verlegt. Christian V. ließ 1670 aus der bisher ungenutzten Fläche den Platz **Kongens Nytorv** entstehen. Seine Statue aus dem Jahre 1688 ist mit den Figuren der Artemis und der Minerva sowie Alexanders des Großen und Herkules verziert. Sie sollen Ehre, Klugheit, Edelmut und Stärke verkörpern.

Auch wenn es bei dem dichten Verkehr schwer fällt, sich auf die Schönheit dieses Platzes zu besinnen, so sollte man auf einige der Häuser einen Blick werfen. Das älteste mit der Nr. 1 entstand zwischen 1672 und 1683. Haus 3 bis 5 wurde 1779 bis 1780 als Lehrbeispiel für Studenten der Architektur errichtet. Und Nr. 4, das zweitälteste Haus am Platze, ist heute der Sitz der französischen Botschaft.

Kongens Nytorv ···> Nyhavn

Von hier biegen Sie ein in den **Nyhavn** (zu Deutsch »neuer Hafen«). König Frederik III. ließ im Jahr 1671 Kongens Nytorv und den Hafen durch einen Kanal verbinden. In die Häuser am Ufer dieser neu geschaffenen Wasserstraße zogen Kaufleute ein, die ihre Schiffe somit direkt vor der Tür vertäuen konnten. Auf der schattigen Seite des Nyhavn ist heute nur wenig los. Beachtenswert sind hier allenfalls die Häuser 18 und 20, die Hans Christian Andersen dereinst bewohnte. Auf der Sonnenseite des Nyhavn tobt dagegen das Leben. Kneipe an Kneipe und Restaurant an Restaurant reihen sich aneinander, an schönen Tagen scheint sich ganz Kopenhagen hier zu versammeln.

Nur einzelne Geschäfte erinnern noch an die Seefahrt. Das älteste Haus am Nyhavn ist die Nr. 9. Im Haus Nr. 11 entwarf Poul Henningsen seine berühmten ph-Lampen. Geschichtsträchtig ist auch das Haus Nr. 15, wo sich während der Besatzungszeit die Flüchtlinge auf ihrem Weg nach Schweden sammelten. Friedrich Kuhlau, der Komponist der Musik des Nationalschauspiels »Elverhøj«, bewohnte zwischen 1811 und 1831 die Nr. 23. Haus 63 beherbergte nacheinander Personen wie den Ballettmeister August Bournonville und verschiedene dänische Schriftsteller und Schauspieler. Und zwischen 1845 und 1864 lebte auch Hans Christian Andersen auf der sonnigen Seite des Nyhavn im Haus 67. Sehr schön ist auch Haus 71, ein alter Speicher, in dem heute eines der besten Kopenhagener Hotels, das Romantik Hotel 71 Nyhavn, sein Domizil hat.

Nyhavn ···> Kleine Meerjungfrau

Sie gehen nun am Wasser entlang und stoßen auf den Skt. Annæ Plads. Hier entsteht Kopenhagens neues Schauspielhaus. Auf der anderen Uferseite sehen Sie die 2005 eingeweihte neue Kopenhagener Oper. Ein Wahrzeichen oder ein Schandfleck, urteilen Sie selbst.

Sie passieren mit dem Admiral ein weiteres populäres Hotel. Möglicherweise liegen einige Boote am

Ufer. Dann erreichen Sie Amalienborg, wo die Königin residiert. Wenn Sie um 12 Uhr dort sein sollten, können Sie den Wachwechsel beobachten. Von hier aus können Sie auch die Marmorkirche erkennen, deren Bau über 100 Jahre dauerte.

Zurück zum Wasser und weiter Richtung Schweden. Sie stoßen auf die Straße Esplanaden, hier steht links die Zentrale von Dänemarks größter Firma Mærsk. Das Gebäude ist zwar nicht so protzig, wie man es bei einer Firma dieser Größe erwarten würde, aber es ist auch keine Schönheit. Das **Freiheitsmuseum** ist zu sehen, das über den Widerstand während der deutschen Besatzung berichtet. Und der **Gefionbrunnen**, der zeigt, wie die Göttin Gefion Teile Schwedens aus dem Boden reißt, aus denen Seeland wurde – der Sage nach. Es geht noch weiter, vorbei am Langelinie Pavillion, der als Restaurant genutzt wird. Und dann dürften Sie auch bald schon wissen, wo Ihr Ziel sitzt, denn die **Kleine Meerjungfrau** ist zu jeder Jahreszeit dicht umlagert. Menschen posieren vor, neben und auf ihr, um sich fotografieren zu lassen. Auf der anderen Uferseite stand einst Kopenhagens große Werft. Heute dominieren Büros die Szenerie. Das alles rührt die Meerjungfrau nicht, ihr Blick geht auch weiterhin sehnsuchtsvoll Richtung Meer.

Für den Rückweg empfiehlt sich von Gefionbrunnen und Freiheitsmuseum aus, entweder die Amaliegade Richtung Schloss oder rechts in Esplanaden und dann links in die Bredgade zu gehen. In der Bredgade finden Sie zahlreiche Antiquitätengeschäfte und Galerien. Sollten Sie sich für die Amaliegade entscheiden, kommen Sie an deren Ende am Skt. Annæ Plads heraus, biegen schräg rechts in die Store Strandstræde und landen am Kongens Nytorv, wo Sie auch die Bredgade hinführt. Sowohl Bredgade als auch Amaliegade sind übrigens Teil des Stadtteils Frederiksstaden, der Mitte des 18. Jh. auf Veranlassung von Frederik V. angelegt wurde und in seiner architektonischen Geschlossenheit einzigartig ist.

Die Hafenpromenade am Nyhavn in Kopenhagen wird von prachtvollen Bürgerhäusern und ehemaligen Speichern gesäumt.

Der Klassiker mit dem Fahrrad – Auf dem Heerweg durch Jütland

Charakteristik: Historische Route durch das Binnenland, anfangs sehr flach, dann zunehmend mit Steigungen; **Länge:** 235 km; **Dauer:** 4 Tage; **Einkehrmöglichkeiten:** vor allem in größeren Orten wie Vejen, Vojens und Jelling; **Karte:** ⇢ S. 178, C 8–S. 176, C 4

Dänemark besitzt zehn nationale Radfernwanderwege, von denen sich sieben ganz oder teilweise durch Jütland ziehen. Einer davon ist der Heerweg, Route 3. Dieser Weg ist schon seit Jahrtausenden bekannt. Als Handelsweg führte er ursprünglich von Viborg hinunter ins heutige Schleswig-Holstein. Für Pilger war er nur ein Teil des großen Weges nach Santiago de Compostela. Und im Mittelalter wurden auf diesem Weg die großen Rinderherden gen Norden oder Süden getrieben, weshalb der Weg in seinem südlichen Teil auch Ochsenweg heißt.

Flensburg ⇢ Povlsbro

Ausgangspunkt der Radtour ist **Flensburg**. Hier orientieren Sie sich zum westlich gelegenen Ortsteil Harrislee. Parallel zu den Bahnschienen überqueren Sie die Grenze bei **Padborg** und **Frøslev**.

Unmittelbar hinter der Autobahnüberquerung bei Frøslev liegt linker Hand die **Frøslev Plantage.** Dort befindet sich auch das einstige Gefangenenlager aus dem Zweiten Weltkrieg, heute ein Museum.

In der Folgezeit wechseln reizvolle Abschnitte durch Wälder mit den Landstraßenetappen. Besondere Vorsicht ist immer dann geboten, wenn sich die Strecke einer Autobahnauffahrt nähert, LKWs und PKWs fahren da zum Teil recht rücksichtslos.

Sehr idyllisch ist der Übergang über die **Gejl Å**, die später folgende **Povlsbro** ist wohl eines der bekanntesten Fotomotive des Heerweges.

Povlsbro ⇢ Vojens

Urnehoved war einst ein bedeutender Versammlungsort, heute ist er nur noch ein idealer Platz für eine kleine Rast. In **Hjordkær** finden Sie eine Steinsetzung in Radform. Sie ist Teil einer Grabanlage aus der Steinzeit. Die **Damgard Mølle,** 5 km nördlich von Rødekro, aus dem Jahre 1867 ist Dänemarks einzige Buchweizenmühle. Sie liegt westlich der Straße 24. Hinter Hovslund Storby steht ein imposanter Runenstein, der **Hærulfsten.** Dann erreichen Sie die Immervad Bro, eine Brücke aus großen behauenen Steinen. **Holmshus Stendysser** ist eine ca. 5000 Jahre alte Grabanlage aus der Steinzeit.

Vojens ⇢ Baekke

Vojens ist für seine Speedwaybahn bekannt, **Jels** für sein Planetarium und seine Wikingerspiele. Von Jels geht es auf meist beschaulichen Straßen nach **Askov.** Unterwegs passieren Sie die Kongeå, den alten Grenzfluss. Das Gebiet südlich des Flusses gehörte früher zum Herzogtum Schleswig. Nach dem Krieg 1864 dann zum Deutschen Reich, und erst mit der neuen Grenzziehung 1920 änderte sich das wieder.

Askov selbst besitzt für die dänische Geschichte eine wichtige Rolle, wurde doch hier 1844 die erste Volkshochschule begründet. **Vejen** ist eine recht stark frequentierte, unter dem Durchgangsverkehr leidende Ortschaft mit einem guten Kunstmuseum.

Baekke ⇢ Givskud

Bis **Baekke** begleitet Sie wieder heftiger Autoverkehr. Danach wird es zwar ruhiger, zunehmend aber auch vom Gelände her etwas anspruchsvoller. Nördlich des Ortes erkennen Sie mit **Klebæk Høje** eine 45 m lange Schiffssetzung. Großartig dann die

Als wär's für den Fotografen inszeniert: Stillleben mit Fahrrad vor Haus.

Skulpturen von Robert Jacobsen und Jean Clareboudt, die man bei **Tørskind grusgrav** sieht. In **Mølvang** sollten Sie kurzfristig vom eigentlichen Heerweg abweichen. Denn es ist nur ein kurzes Stück bis **Jelling**. Die Runensteine, Dänemarks Taufstein, sind ein Muss.

Givskud ···› Øster Nykirke

Wieder zurück auf dem Heerweg, ist **Givskud** Ihre nächste Station. Zwar ist der dortige Löwenpark recht spektakulär, doch da Sie mit dem Rad nicht auf das Gelände mit den Löwen dürfen (sonst wäre Ihre Tour vermutlich bald zu Ende), können Sie sich den Abstecher eigentlich auch sparen. Und Ihre Kräfte auch, denn waren Sie bei Vejen noch auf ca. 50 m, so erreichen Sie nun bei Nørre Kollemorten 138 m. Das klingt nach nicht viel, doch bei entsprechendem Wind ist hier schon mancher verzagt.

Zwar behaupten die Jüten, dass die ein Stückchen nördlich gelegene **Øster Nykirke** mit 127 m Dänemarks höchstgelegene Kirche ist, doch wird sie tatsächlich von der Rutskirke auf Bornholm um 4 m übertroffen. Nach einer kurzen Unterbrechung behält die Streckenführung nun ihren grünen Charakter bei.

Øster Nykirke ···› Hald Sø

Nördlich von **Nørre Snede** geht es wieder hinein in die Wälder. Zum Teil muss recht heftig in die Pedale getreten werden, mancher schiebt lieber. Oder sucht während einer Rast nach Beeren. Östlich von Vrads entspringt Dänemarks längster Fluss, die Gudenå. **Asklev**, **Funder Kirkeby** und **Kragelund** heißen die nächsten Dörfer, wobei in Kragelund die romanische Kirche mit ihrem schönen Südportal einen Besuch wert ist. Danach geht es wieder über die offene Landschaft.

In **Thorning** steht das Blicheregnens Museum mit einer Sammlung über den Schriftsteller Steen Steensen Blicher sowie einer lokalhistorischen Sammlung.

Traumhaft schön wird es nun nochmals am **Hald Sø**, einer hügeligen Landschaft, die unübersehbar von den sich zurückziehenden Massen der Eiszeit geformt wurde. Der Hald Sø ist bis zu 34 m tief. **Dollerup Bakker** ist eine Heidelandschaft, die mitunter herrliche Ausblicke zulässt. Der Hald Hovedgård ist bereits der fünfte seiner Art, die vier Vorgänger liegen östlich bzw. südlich von ihm, es gibt ein kleines Faltblatt mit einer Übersicht. Und dann ist endlich, endlich **Viborg** erreicht, das Ziel dieser durchaus anstrengenden, aber auch sehr schönen Radtour. Hier wurden früher Könige gekrönt und nahm die Reformation ihren Anfang.

Mit der Margerite durch Jütland – Die schönsten Landschaften und Orte

Charakteristik: Landschaftlich sehr schöne Tour um Jütland herum; **Länge:** ca. 800 km; **Dauer:** ca. 1 Woche; **Einkehrmöglichkeiten:** in allen größeren Orten; **Karte:** → S. 178, F 8–B 7

Die Margeritenroute verbindet die schönsten Straßen Dänemarks miteinander. Wer in aller Beschaulichkeit durch das Land reisen will, orientiert sich am besten an dieser Blume auf braunem Hintergrund. Man kann die vorgeschlagene Route mit dem Fahrrad oder mit dem Auto zurücklegen.

Wir haben uns für die Autovariante entschieden, denn eine so lange Strecke per Fahrrad zurückzulegen ist nicht jedermanns Sache. Zudem führt die Strecke oft über enge Landstraßen und nicht entlang der sicheren Radwege. Autofahrern bietet die Route die Möglichkeit, das Land auf Wegen kennen zu lernen, die sie sonst wohl nie befahren hätten.

Die vorgeschlagene Tour führt die Ostküste hinauf und an der Westküste wieder zurück. Umgekehrt ist sie natürlich ebenso denkbar wie mit der ein oder anderen Variante oder Abkürzung.

Gejlå → Billund

Ausgelassen wird so zu Beginn schon Sønderborg mit der Insel Als. Von hier aus könnte man die Margeritenroute auf Fünen fortsetzen, doch ist das ja nicht das Ziel dieser Tour.

Der Einstieg beginnt an der Straße 8 unmittelbar hinter der Grenze. Westlich der Autobahn E 45 führt die Straße nach **Gejlå** und weiter über kleine Straßen hinein nach **Åbenrå**. In Schlenkern geht es weiter gen Norden, unterwegs passieren Sie die Kirche in Osby.

Von **Haderslev** führt Sie die Strecke zunächst auf der recht lebhaften Straße 170 bis **Christiansfeld**. Herrlich dann der Weg hinunter in den kleinen Badeort **Hejlsminde**. Hier möchte man bleiben, am Wasser sitzen, träumen, doch es geht weiter nach **Kolding**. Vorbei ist es vorerst mit dem Wasser. **Billund** (Legoland!) ist die nächste Station.

Billund → Søndrup

Hinter Billund verlassen Sie die Margeritenroute kurzfristig. Bei Lindeballe folgen Sie stattdessen der Ausschilderung nach **Jelling**, wo Dänemarks Taufsteine stehen. Hier nehmen Sie einen anderen Zweig der Margerite auf, der Sie wieder Richtung Wasser

Wer dem Blumenschild folgt, entdeckt die schönsten Ecken Jütlands.

führt. **Horsens** ist die nächste größere Stadt. Doch nun gilt es, eine schwierige Entscheidung zu fällen. Wieder ins Binnenland zur Silkeborger Seenplatte? Oder lieber am Wasser bleiben und hinein nach Århus?

Dänemark ist Meer, deshalb verlassen wir Horsens auf der Straße 451 Richtung **Århus**, auch wenn sie nicht zur Margeritenroute gehört. Ab **Søndrup** folgen wir der Margerite dann wieder. Von Hov legt das Schiff nach Samsø ab, was uns aber heute kaum interessiert.

Søndrup ···> Auning

Dicht am Wasser fahren wir weiter Richtung **Århus**. Herrlich ist die Einfahrt von Süden her, in **Moesgård** gibt es u. a. ein historisches Museum und den Sommersitz der Königin, Marselisborg.

Ist **Djursland** notwendig? Eigentlich schon, wer die Zeit hat, sollte den Schlenker über die Hügel bei Mols, das puppenstubenhafte Ebeltoft, Grenå mit seinem einmaligen Kattegatcenter und Fjellerup mit seiner Sommerhaussiedlung in jedem Fall unternehmen.

Wer schneller gen Norden will, besucht zwar auch bei Hornslet noch **Schloss Rosenholm**, kürzt bald darauf aber bei **Hvilsager** die Tour ab und fährt auf der Straße 563 nach Auning. **Auning** besitzt ein Landwirtschafts- und ein Herrenhofmuseum. Der Margerite folgend, fahren Sie nach **Randers**. Von hier zieht es die Blume nun ins Binnenland, in einem weiten Bogen geht es auf **Viborg** zu. Dies ist allerdings kein notwendiger Umweg. Stattdessen empfiehlt sich der Weg über Bjergby, Spentrup und Kærby direkt gen Norden nach **Mariager**. Dort begegnen Sie der Margerite wieder und folgen ihr am Mariager Fjord nach **Hadsund**. Und von hier aus geht es in das eindrucksvolle Waldgebiet von **Rold Skov**: Aalborg wird ausgelassen, stattdessen fahren Sie hinter Støvring ostwärts endlich wieder an die Ostsee. Erst bei Åsa gibt es einen Umweg wieder ins Binnenland zu **Schloss Dronninglund**, der in jedem Fall lohnt. Das Schloss war im Mittelalter ein Benediktinerinnenkloster. 1690 erwarb Königin Charlotte Amalie das Kloster und benannte es in Dronninglund Slot um. Das Schloss wurde Mitte des 18. Jhs. im barocken Stil umgebaut. Heute befindet sich hier ein Schlosshotel. Von dort aus geht es wieder nordöstlich ans Meer. Sie können den Schlenker aber auch auslassen und kommen so schneller nach **Voerså**.

Voerså ···> Thisted

Saeby und **Frederikshavn** sind die nächsten Stationen, dann flüchten Sie sich vor dem vielen Autoverkehr gen Skagen ins Binnenland. Bei Tuen an der Straße 597 können Sie sich dann doch noch für den Weg nach Skagen und Grenen entscheiden, die Margerite sieht ihn nicht vor.

Die möchte lieber schnell wieder gen Süden und folgt deshalb bis Fjerritslev konsequent dem Küstenverlauf an der Nordsee.

Bei Østerild ist eigentlich ein Umweg nach Hanstholm und dann der Weg weiter nach Thisted vorgesehen. Doch wenn Sie nicht unbedingt ins dortige Aquarium wollen, lohnt dieser Weg kaum, fahren Sie lieber direkt nach **Thisted**. Und genießen Sie die Fahrt über die Insel **Mors**.

Von hier führt die Margerite westwärts nach Agger, und von nun an fahren Sie konsequent am Wasser gen Süden. Einzig der Abstecher nach Ringkøbing bildet eine Ausnahme. Erst südlich des Ringkøbing Fjords bei Nymindegab verlassen Sie vorübergehend das Wasser.

Esbjerg wird erreicht, bald Ribe, Skærbæk, ein letztes Mal wieder an die Nordsee, dann der lohnende Abstecher nach Møgeltønder.

Und schließlich kommen Sie nach Tønder und sind damit am Ende der Tour, auf der Sie die schönsten Orte und Landschaften Jütlands kennen gelernt haben.

Die Insel Hans Christian Andersens – Mit dem Fahrrad rund um Fünen

Charakteristik: Sehr abwechslungsreiche und zuweilen sehr hügelige Tour in einmaliger Landschaft; **Länge:** 245 km; **Dauer:** 4 Tage; **Einkehrmöglichkeiten:** in allen größeren Städten; **Karte:** → S. 179, E–F 7

Die Hauptstadt von Fünen, Odense, ist die drittgrößte Stadt Dänemarks. Mehrere Parks bilden Oasen der Ruhe in der geschäftigen Universitätsstadt.

Fünen ist ein echtes Paradies für Radler: ein überschaubares Gebiet, eine herrliche Landschaft, eindrucksvolle Sehenswürdigkeiten, ausgezeichnete Radwege, ein nicht zu anstrengendes, sicherlich aber auch nicht anspruchsloses Terrain. Da es sich bei unserer Tour um eine Rundtour handelt, kann an jeder beliebigen Stelle eingestiegen werden.

Fåborg → Svendborg

Startpunkt ist **Fåborg** im Südwesten der Insel. Von hier geht es Richtung Osten. Die Kaleko Mølle am Ortsausgang ist heute ein Museum mit der ältesten erhaltenen Müllerei Dänemarks. Weiter Richtung Gut Holstenhus. Von hier aus halten Sie sich südlich und erreichen im pittoresken **Fjællebro** wieder die Küste. Sie bleiben dicht am Wasser und passieren Lehnskov sowie die Seefahrtsschule bei Kogtved. Dann sind Sie auch schon in **Svendborg**. Dieser Abschnitt ist ca. 30 km lang. In Svendborg lohnt das neue naturwissenschaftliche Museum in jedem Fall einen Stopp.

Von Svendborg empfiehlt sich unbedingt noch ein Abstecher zum Valdemarsslot sowie der alten Fischersiedlung Troense, beides auf der Insel Tåsinge gelegen.

Svendborg ⇢ Lundeborg

Svendborg verlassen Sie in Richtung Skårupøre, um die Rundtour fortzusetzen. Fischerdörfer und Ferienhaussiedlung begleiten den Weg. Lohnend ist der Abstecher nach **Broholm**, das Anwesen liegt etwas erhöht. Es wurde erstmals um 1300 erwähnt und um 1640 erheblich umgestaltet.

Direkt an Ihrem Weg liegt **Hessellagergård**, das schon im 13. Jh. als Königsresidenz genutzt wurde. Das heutige Gebäude wurde 1538 vom damaligen Reichskanzler Johan Friis gebaut. Entstanden ist ein Renaissancebau mit Verteidigungscharakter. Das zeigen der Graben und die dicken Mauern, vom oberen Stockwerk konnte man Eindringlinge mit heißem Wasser begießen. Das Innere ist prachtvoll ausgeschmückt. Für eine Pause empfiehlt sich der kleine Fischerort **Lundeborg**.

Lundeborg ⇢ Nyborg

Auf der Tour weiter gen Nyborg passieren Sie den **Damestenen**, auch Hessellagerstein genannt. Er wiegt ca. 1000 t, ist 13 m hoch und hat einen Umfang von 46 m. Er ist der größte Felsblock, den die Eiszeit nach Dänemark gebracht hat.

Dem Klischee einer typischen Ritterburg gleicht **Rygård**. Das Gut Glorup kann mit einem sehr schönen Park aufwarten. Kurz vor Nyborg erblicken Sie dann noch Schloss Holckenhavn, ein Renaissancebau aus dem 16. Jh. Dann ist **Nyborg** erreicht. Dort lohnt vor allem der Besuch des alten Schlosses. Dieser Abschnitt ist ca. 40 km lang.

Nyborg ⇢ Fyns Hoved

Von Nyborg geht es Richtung Avnlev weiter und von dort Richtung Küste und vorbei an Risinge und Lundsgård. In **Kerteminde** können Sie sich das Ladbyschiff und das Johannes-Larsen-Museum anschauen. Dieser Abschnitt ist ca. 22 km lang.

Den Abstecher auf die Landzunge **Hindsholm** sollte man sich wegen der einmaligen Landschaft gönnen. Der Herrensitz Hverringe hat so manche bedeutende Person der dänischen Geschichte beherbergt. An Viby vorbei geht es zur Digerbanke, von wo aus man einen grandiosen Blick über den Großen Belt hat. Schließlich fährt man an Martofte vorbei zu **Fyns Hoved**. Hier fand der Maler Johannes Larsen viele seiner Motive, insbesondere für seine Vogelzeichnungen.

Stubberup ⇢ Odense

Auf dem Rückweg können Sie noch in Stubberup halten, die dortige Kirche führt den Beinamen »Die scheue Jungfrau«. Dalby und Mesinge sind die nächsten Stationen. Dann fahren Sie wieder nach **Kerteminde** hinein, orientieren sich dort Richtung Ladbyschiff und Ulriksholm. Christian IV. übernahm das Anwesen 1616 und schenkte es seinem Sohn Ulrik Christian Gyldenløve, von ihm stammt der Name des Hauses. Anschließend kommen wir über Rågelund und Åsum nach **Odense**. Der Abstecher nach Fyns Hoved ist ca. 40 km lang, von Kerteminde nach Odense sind es 23 km.

Odense ⇢ Middelfart

In Odense bieten sich Ihnen natürlich viele Attraktionen an, vom H. C. Andersen-Museum über Brandts Klædefabrik bis hin zu den Shoppingangeboten in der Fußgängerzone.

Von Odense geht es nordwestlich Richtung Bogense. **Anderup** und **Alllese** heißen die ersten Stationen, die Skamby kirke ist wegen ihrer reichhaltigen Ausstattung bekannt. Von hier aus bietet sich ein Abstecher zum **Glavendrupstein** an. Er wurde um 900 für den Priester Alle errichtet und enthält Dänemarks längste Runeninschrift. Des Weiteren kann man einen Gedenkstein an die Verfassung von 1849 sowie eine so genannte Schiffssetzung sehen. Diese Schiffssetzung, also ein Grab, in das dem Verstorbenen viele Beigaben mitgegeben wurden und auf das Steine in Schiffsform gestellt wurden, ist 132 m lang und 12 m breit. Über Melby und Sandagergård erreichen Sie **Gyldensten**, ein schönes Gut von 1640 mit einem breiten Wallgraben. Nach ca. 35 km sind Sie in **Bogense**, wo man sich im Hafen einen Fisch holen und pausieren kann.

30 km sind es auf der Weiterfahrt nach **Middelfart**. Bei Baring Mark und Varbjerg sind Sie der Küste wieder sehr nah, spektakulär erhebt sich die Küste bei Røjle Klint. Über Røjle kommen Sie hinein nach Middelfart. Die Stadt hat viele Jahrhunderte vom Fährverkehr profitiert, mit der Errichtung der ersten Brücken hinüber nach Jütland 1935 kamen die Eisenbahn und neue Industrien in die Stadt. Heute präsentiert sich Middelfart als schön erhaltener kleiner Ort. Unbedingt sehenswert ist das Keramikmuseum Grimmerhus.

Middelfart ⇢ Faaborg

Weiter fahren wir 35 km südlich bis nach Assens. Gamborg ist ein ganz hübsches Dorf, bei Føns gibt es gute Bademöglichkeiten. Gut Wedellsborg ist von 1706 und besitzt einen herrlichen Park. Über Sandager und Tvingsbjerg kommen wir nach Assens hinein. Hier lohnen der Besuch der Willemoes-Gedächtnisstube, in der der Seeheld einst lebte, und der Vor Frue Kirke, immerhin mit 60 m die zweitlängste Fünens.

Von Assens aus radeln Sie über Saltofte nach Sønderby Klint, wunderschön am Wasser gelegen. Skårup und Strandby sind weitere Stationen. In der Umgebung von **Damsbo** hat man viele frühzeitliche Gräber entdecken können. Wenn Sie **Østerby** erreicht haben, können Sie noch einen Abstecher nach **Horne** machen, denn dort steht Fünens einzige Rundkirche, heute in einen größeren Bau integriert. Unterwegs passieren Sie übrigens noch Steensgaard, ein vorzügliches Hotel auf einem alten Anwesen mit einer ebenso hervorragenden Küche. Ansonsten radeln Sie an Grubbe Mølle vorbei nach **Faaborg** hinein. Dort können Sie sich z. B. den Hafen oder das sehr schöne Kunstmuseum anschauen. Dieser letzte Abschnitt ist ca. 40 km lang.

Wer nun diese Tour rund um Fünen noch krönen möchte, fährt einmal rund um die idyllische Insel **Ærø**. Dazu nimmt man das Schiff von Faaborg aus und ist nach einer Stunde in **Søby**. Eine Rundtour ist ca. 55 km lang.

Auf der Inselumrundung per Fahrrad passiert man alte Fischersiedlungen und prächtige Schlösser, aber auch beschauliche Dörfer bieten nette Einblicke.

Mit dem Kanu von Tørring nach Silkeborg – Auf der Gudenå unterwegs in Jütland

Charakteristik: Sehr abwechslungsreiche Tour über die Silkeborger Seenplatte, anfangs ursprünglicher, später recht belebt; **Länge:** ca. 67 km; **Dauer:** 4 Tage; **Einkehrmöglichkeiten:** an den Campingplätzen; **Karte:** ---> S. 176, C 4–S. 179, D 5

Mit dem Kanu von Tørring nach Silkeborg

Das Hochland Mitteljütlands ist für Kanuten ein wahrer Traum. Die Gudenå, Dänemarks längster Fluss, schlängelt sich durch eine herrliche Landschaft. Gewiss, im Hochsommer, wenn überall Ferien sind, kann es hier schon einmal recht voll werden. Wer dann noch ein Kanu mieten möchte, könnte Pech haben.

Aber auch wer sein eigenes Kanu zu Wasser lassen will, sollte sich frühzeitig um erforderliche Genehmigungen kümmern. Denn zwischen Tørring und Mossø wird pro Tag nur einer bestimmten Anzahl von Booten die Durchfahrt erlaubt – aus Gründen des Naturschutzes.

Ideale Unterkunft sind natürlich die Zeltplätze, die entlang des Flusses liegen. Im Juli kann es auch auf ihnen recht voll werden, doch im Prinzip sind sie auf den Kanuten-Ansturm sehr gut vorbereitet. Empfohlen werden Tagesetappen von ca. 15 km.

Die Gudenå, der längste Fluss Dänemarks, ist eine ideale Strecke für Kanuten.

Tørring ---> Vestbirk

Die Tour beginnt in Tørring. Den Ort erreicht man am einfachsten über die A 7/E 45. Man passiert Vejle und verlässt die Autobahn an der Ausfahrt 59. Die Landstraße 13 führt dann direkt nach Tørring. Am dortigen Campingplatz kann man sein Auto stehen und das Boot ins Wasser lassen. Bis zum Zeltplatz in Åle sind es 10 km. Auf der Fahrt passieren Sie das unter Naturschutz stehende Gebiet Uldum kær. Hinter Åle zeigt sich die Landschaft sehr dicht bewachsen, bis Brestenbro sind es weitere 10 km.

Von Brestenbro schlängelt sich die Gudenå herrlich durch eine Moor- und Schilflandschaft. Nach gut 7 km wird der Fluss breiter. Hier liegt auch der Campingplatz Vestbirk, der im Vergleich zu vielen anderen an dieser Strecke wirklich luxuriös wirkt.

An der Vestbirk Kraftstation befindet sich eine erste Staustufe, das Kanu kann auf einem Bootswagen problemlos umgetragen werden. Nur wenige Kilometer weiter östlich erhebt sich übrigens mit Ejer Bavnehøj der höchste Punkt Dänemarks. Nun geht es auf 7 km weiter nach Voervadsbro.

Vestbirk ---> Øm Kloster

Wer von dort nach Klostermølle weiterpaddelt (6 km), mag sich fast wie auf dem Amazonas fühlen, so wild wirkt mitunter die dicht bewachsene Landschaft. Der Wald Højlund Skov, der diesen Abschnittt prägt, erhebt sich auf über 100 m, unterwegs sind zwei Staustufen zu passieren.

Es geht ein ganz kleines Stück über den Mossø, dann weiter auf der Gudenå. Das nahe Gudenåmuseet besitzt ca. 30 000 Exponate aus der älteren Steinzeit. Sie wurden alle in der Umgebung gefunden. Vor ca. 8000 Jahren wohnte entlang des Flusses ein Jägervolk, dessen erste Spuren man an dieser Stelle fand. Man nennt diese Kultur die Gudenåkultur.

Auf der rechten Uferseite lag das Øm Kloster, das im Jahr 1172 von Zisterziensern gegründet wurde. Sie wollten Schwache und Kranke unterstützen. Die Mönche waren nämlich für ihre Heilkünste berühmt, welche auf den zahlreichen Heilpflanzen beruhten, die sie im Klostergarten angepflanzt hatten. Dieser ist heute ebenso wieder rekonstruiert worden wie Teile des alten Gebäudes. Nach der Reformation hatte man das Kloster zunächst als Königsschloss genutzt, 1561 wurde es jedoch abgerissen, und aus seinen Steinen wurde das Schloss im nahen Skanderborg gebaut.

Hinter Klostermølle geht es wieder deutlich zivilisierter zu. 10 km sind es bis Ry. Dieser Ort entstand erst, als hier 1871 eine Bahnverbindung angelegt wurde. Neben den Bahnhof setzte man eine Gaststätte, und wenig später wurden die ersten Häuser gebaut.

Øm Kloster ⇢ Silkeborg

Der letzte Abschnitt führt von Ry ins 17 km entfernte Silkeborg. Erst auf dem Birksø, und ab dem Julsø geht es deutlich trubeliger zu, allein schon wegen der Ausflugsboote von Silkeborg in Richtung Himmelbjerg und Laven.

Der Himmelbjerg bietet eine grandiose Aussicht über die Silkeborger Seenplatte, die Wälder und die Heidelandschaft. Auch wenn er mit 147 m nicht der höchste Berg des Landes ist, so besitzt er für die Dänen eine ganz besondere Bedeutung. Vor gut 170 Jahren initiierte hier der populäre Schriftsteller Steen Steensen Blicher große Feste, die schon einer Art Volksversammlung gleich kamen. Als Blicher sich allerdings 1839 mit dem Eigner des Berges zerstritt, kaufte König Christian VIII. das Areal kurzerhand und machte es komplett der Öffentlichkeit zugänglich. Mittlerweile steht das gesamte Gebiet unter Naturschutz. Der 25 m hohe Turm auf dem Berg wurde 1875 zu Ehren von König Frederik VII. errichtet.

Zur dänischen Seenplatte bei Silkeborg gehören zahlreiche kleinere Gewässer, die durch die Gudenå miteinander verbunden sind.

Gerade auf dem Julsø kann es mitunter aber auch recht windig sein. In diesem Fall empfiehlt sich unbedingt das Paddeln auf der windgeschützten Seite.

In Silkeborg lohnt sich vor allem der Besuch der Museen, zur Auswahl stehen das Kunstmuseum, das Kulturhistorische Museum oder das AQUA Süswasser Aquarium.

Von Silkeborg aus fahren mehrmals täglich Busse nach Tørring, so dass man von dort problemlos zum Ausgangspunkt und dem dort geparkten Auto zurückkommt.

Rundkirchen, Wasser und eine Burg – Bornholms Norden entdecken

Charakteristik: Landschaftlich reizvolle Radtour zu einigen der bekanntesten Sehenswürdigkeiten; **Länge:** 65 km; **Dauer:** 1 Tag; **Einkehrmöglichkeiten:** Imbiss und Café bei Hammershus, Restaurant »Le Port« in Vang; **Karte:** ⇢ Umschlagkarte hinten, a 5–b 2

Diese wunderschöne Tagestour führt in den hügeligen Nordwesten der Insel. Hier und da kann man deshalb zum Schieben gezwungen sein. Andererseits gibt es vor allem bei schönem Wetter wohl keine reizvollere Tour auf Bornholm.

Ausgangspunkt der Fahrradtour ist der Marktplatz in Rønne. Man verlässt ihn auf der Nørregade in nördlicher Richtung gen Hasle. Am Stadtrand zeigt ein Radwegeschild in Richtung Nyker und Rø, dem Sie folgen. Über sehr ebenes Terrain und jenseits der Landstraße erreichen Sie die Rundkirche in Nyker. Hier lohnt nicht nur ein Besuch der Kirche, sondern auch der daneben liegenden Textilwerkstatt von Bente Hammer oder des Antikladens am Ortseingang.

Entlang der Landstraße kommen Sie dann nach Klemensker. Ein Abschnitt, der relativ ungeschützt liegt. Insofern müssen Sie mit einigem Gegenwind rechnen. Vor Klemensker wartet zudem ein mäßiger, aber lang gezogener Anstieg auf Sie.

Klemensker ⇢ Hammershus

Falls Sie eine Rast einlegen wollen – Klemensker bietet einen Brugsen und einen guten Bäcker. Ansonsten geradewegs durch den Ort durch und hinter der Tankstelle links auf den Radweg Richtung Rø. Nun beginnt ein landschaftlich überaus reizvoller Abschnitt der Fahrradtour. Sie radeln auf der ehemaligen Eisenbahnstrecke mitten durch eines der Spaltentäler, das das Eis auf seinem Rückzug gen Norden hier gebildet hat.

Nach einer ganzen Weile zweigt dann links der Radweg Richtung Olsker ab. Sie folgen ihm. Kurze, kräftige Steigungen warten auf Sie. Achten Sie auf den Hinweis auf den Rokkesten, einen der mächtigen »Rüttelsteine«, ebenfalls eine Hinterlassenschaft der Eiszeit.

Die ehemals aus Backstein gemauerten Reste von Hammershus lassen die einstigen Dimensionen der mittelalterlichen Burg heute noch erahnen.

Sie radeln nun durch ein dicht bewaldetes Gebiet. Am Ende geht es dann in einer mächtigen Abfahrt und einer ebensolchen Steigung (12 %) zur Olskirke. Sie ist die höchste und schlankste der vier Bornholmer Rundkirchen und lohnt einen Zwischenstopp. Nach dem Besuch der Kirche durchqueren Sie den Ort auf der Hauptstraße Richtung Alling und Sandvig. Am Ortsausgang geht es auf Höhe eines Antikladens wieder links auf den Radweg Richtung Hammershus.

Sie kommen schließlich an die Landstraße Rønne-Allinge. Hier ist beim Überqueren höchste Vorsicht geboten. Es geht geradewegs über die Straße hin zur Burg Hammershus. Da die Straße auf diesem letzten Abschnitt sehr eng und gleichzeitig viel befahren ist, sollten Sie sehr diszipliniert radeln.

Hammershus ···> Rønne

Hammershus ist der Scheitelpunkt Ihrer Route. Eine längere Pause haben Sie sich sicherlich verdient, die Imbissbude zu Füßen der Burg bietet die Möglichkeit zur Stärkung. Wer über die Burg herrschte, herrschte auch über Bornholm. Bei gutem Wetter sehen Sie sogar bis nach Schweden.

Für die Rückfahrt orientieren Sie sich zunächst wieder in Richtung der Landstraße. Doch noch vor deren Erreichen geht es rechts auf den Radweg Richtung Vang und Rønne. Leider müssen Sie auf diesem Abschnitt den Weg mit Autos teilen. Vor Vang müssen Sie dann nochmals kräftig in die Pedalen treten. Kein einfaches Stück Arbeit. Der Weg führt dann zu Jons Kapel. Wer mag, lässt das Rad am Parkplatz stehen und marschiert zur Kapelle des Mönchs. Aber denken Sie daran, dass zahlreiche Treppenstufen auf Sie warten!

Weiter geht's. Bald wartet ein Gefälle von 22 % auf Sie. Mutproben sind hier fehl am Platze. Steigen Sie unbedingt ab! Denn wer hier die Kurve nicht kriegt, landet im Meer.

Rund um den Kirchplatz von Rønne sind einige schöne Backsteinfachwerkhäuser aus dem 18. und 19. Jahrhundert erhalten geblieben.

Unten angekommen, wartet der vielleicht schönste Abschnitt auf Sie. Unmittelbar am rauschenden Meer radeln Sie durch die Dörfer Teglkås und Helligpeder. Kurz vor Hasle müssen Sie dann die vorletzte Steigung dieser Tour bewältigen.

Sie radeln auf der Hauptstraße durch Hasle durch. Wer noch hungrig ist, folgt den Schildern zur Heringräucherei südlich des Hafens. Ansonsten weist Sie das Schild Richtung Jugendherberge. Entlang einer nicht so stark befahrenen Straße geht es Richtung Rønne. Eine letzte Steigung, durch den Wald hindurch, dann erreichen Sie die Landstraße und können in aller Ruhe nach Rønne, dem Ziel der Tour, hineinradeln.

Wissenswertes über Dänemark

Wer mit dem Auto nach Dänemark reist, hat mehrere Möglichkeiten: Besonders spektakulär ist die Fahrt an Flensburg vorbei nach Odense und von dort über die Große-Belt-Brücke nach Seeland.

Von Anreisemöglichkeiten und Reiseknigge bis zu Internetadressen und Zollmodalitäten: Jede Menge nützlicher Informationen rund um das Reiseziel Dänemark sind hier übersichtlich aufgeführt.

Jahreszahlen und Fakten im Überblick

826–865
Ende der Wikingerzeit, Ansgar christianisiert Skandinavien.

900–940
Bau des »Danewerks«, ein Schutzwall quer durch das heutige Schleswig-Holstein.

986–1014
König Sven Gabelbart erobert Norddeutschland und England.

1157–1183
In der Regierungszeit von Waldemar dem Großen wird Kopenhagen 1167 gegründet.

1397
Durch die Kalmarer Union kann Königin Margarete (1353–1412) Dänemark, Schweden und Norwegen vereinigen.

1460
Schleswig und Holstein kommen zu Dänemark.

1523
Schweden verlässt die Kalmarer Union.

1534–1536
Bürgerkrieg. Der wegen des Ausscheidens der Schweden aus der Kalmarer Union abgesetzte König Christian II. soll wieder inthronisiert und gleichzeitig der Katholizismus wieder gestärkt werden.

1536
Reformation.

1658
Nach langjährigen Kriegen verliert Dänemark die Provinzen Skåne, Halland und Blekinge an Schweden.

1660
Einführung der absoluten und erblichen Monarchie.

1700–1721
Großer Nordischer Krieg um die Ostseeherrschaft.

1702
Die Leibeigenschaft der dänischen Bauern wird gelockert.

1773
Vereinigung von Dänemark, Schleswig und Holstein.

1766–1808
Regentschaft von König Christian VII. Großer deutscher Einfluss am Hof, besonders durch den königlichen Leibarzt Struensee.

1772
Struensee-Skandal. Dem Arzt wird eine Affäre mit der Königin unterstellt, er wird hingerichtet.

1778
Bauernbefreiung.

1801–1807
Dänemark nimmt an der Seite Frankreichs an der Kontinentalsperre teil. Die Engländer zerstören die dänische Flotte und zünden Kopenhagen an.

1813
Dänemark ist bankrott.

1814
Dänemark verliert Norwegen und Helgoland durch den Kieler Frieden.

1848
Deutsch-dänischer Krieg um Schleswig und Holstein, der 1850 mit dem Sieg der Dänen bei Idsted endet.

1849
Einführung des Grundgesetzes, der Verfassung und Bildung des Reichstages.

1864
Krieg zwischen Dänemark und Preußen sowie Österreich. Dänemark verliert Schleswig und Holstein.

1915
Allgemeines und gleiches Wahlrecht sowie Frauenwahlrecht.

1918
Island wird formal selbstständig, der dänische König bleibt allerdings isländisches Staatsoberhaupt.

1920
In einer Volksabstimmung im Zuge der deutschen Niederlage im Ersten Weltkrieg fällt der Nordteil von Schleswig wieder an Dänemark.

1924
Erstmals stellen die Sozialdemokraten die Regierung.

1940–1945
Das Deutsche Reich besetzt Dänemark.

1944
Island trennt sich endgültig von Dänemark.

1948
Die Færøer werden zum Teil selbstständig.

1949
Dänemark gehört zu den Gründungsmitgliedern der NATO.

1972
Königin Margrethe II. folgt ihrem Vater Frederik IX. auf den Thron.

1973
Dänemark tritt der EG bei.

1979
Grönland wird teilselbstständig.

1989
Die Ehe zwischen gleichgeschlechtlichen Partnern wird legalisiert.

1992
Die Dänen lehnen in einer Volksabstimmung die Maastrichter EU-Verträge ab.

1993
In einer zweiten Abstimmung entscheiden sich die Dänen für die Maastrichter Verträge.

1996
Kopenhagen ist Europas Kulturhauptstadt.

1997
Die Königin feiert ihr 25-jähriges Thronjubiläum. Die Verbindung über den Großen Belt wird für den Eisenbahnverkehr freigegeben.

1998
Die Brückenverbindung über den Großen Belt wird für Autos freigegeben.

2000
Die Tunnel-/Brückenverbindung nach Malmö/Schweden wird eröffnet.

In einer Volksabstimmung wird die Einführung des Euro abgelehnt.

2001
Die Grenzkontrollen von und nach Deutschland werden eingestellt.

2004
Kronprinz Frederik heiratet die aus Tasmanien stammende Mary Donaldson. Sein Bruder Joachim gibt die Trennung von seiner Frau Alexandra bekannt.

2005
Der Thronfolger wird am 15. Oktober geboren.

Nie wieder sprachlos

Im Dänischen stehen die Buchstaben Æ/æ, Ø/ø und Å/å am Ende des Alphabets. Das ist in diesem Buch auch so gehalten worden. AA/aa ist die alte Schreibweise von Å/å und wird gerne dort verwendet, wo man Wert auf Tradition und Geschichte legt, so z.B. wenn alte Städte oder traditionsreiche Gasthöfe bezeichnet werden.

Wichtige Wörter und Ausdrücke

Ja	*ja*
Nein	*nej*
Verzeihung, bitte	*undskyld*
Bitte	*værs' go*
Keine Ursache	*ingen årsag*
Vielen Dank	*mange tak*
Das ist nett, danke	*det er fint, tak*
Wie bitte	*hvad behager?*
Das tut mir leid	*det gøer mig ondt*
Ich heiße ...	*mit navn er ...*
Hilfe	*hjeælp*
Guten Morgen	*god morgen*
Guten Tag	*god dag*
Guten Abend	*god aften*
Ich möchte ...	*jeg vil gerne ...*
Gibt es ...?	*er der ...?*
Wann?	*hvornår?*
Wie lange?	*hvor længe?*
Wie viel?	*hvor meget?*
Wo?	*hvor?*
Wo ist/sind?	*hvor er ...?*
Was?	*hvad?*
Können Sie mir bitte sagen, wo ... ist?	*vil de være venlig at sige mig, hvor ... er?*
Wie geht es Ihnen (dir)?	*hvordan har de (du) det?*
Danke, gut	*godt tak*
Woher kommen Sie (du)?	*hvor kommer de (du) fra?*
Wann treffen wir uns?	*hvornår kan vi ses?*
Was heißt ... auf dänisch?	*hvad hedder – på dansk?*
Wie geht es?	*hvordan går det?*
Wie geht es Ihnen?	*hvordan har de det?*
Danke. Und Ihnen/dir?	*godt tak. hvad med dig/dem?*
Woher kommst du?	*hvor kommer du fra?*
Woher kommen Sie?	*hvor kommer de fra?*
Ich komme aus ...	*jeg kommer fra ...*
Wie lange bleiben Sie?	*hvar længe skal vi ikke ses igen?*
Auf Wiedersehen!	*farvel!*
Bis bald!	*vi ses!*
Alles Gute!	*hav' de godt!*
Gute Reise!	*god rejse!*

Wochentage: ugedage

Montag	*mondag*
Dienstag	*tirsdag*
Mittwoch	*onsdag*
Donnerstag	*torsdag*
Freitag	*fredag*
Samstag	*lørdag*
Sonntag	*søndag*

Monate: månader

Januar	*januar*
Februar	*februar*
März	*marts*
April	*april*
Mai	*maj*
Juni	*juni*
Juli	*juli*
August	*august*
September	*september*
Oktober	*oktober*
November	*november*
Dezember	*december*

Zeitangaben: tidsangivelser

morgen	*i morgen*
gestern	*i går*
heute	*i dag*
abends	*om aften*
am Wochenende	*i weekenden*
Wie viel Uhr ist es?	*hvad er klokken?*
es ist ...	*den er ...*
4 Uhr	*fire*
10 nach 4	*ti minutter over fire*

viertel nach 4	*kvart over fire*
5 vor 3	*fem minutter i tre*

Jahreszeiten: årstider

Frühling	*forår*
Sommer	*sommer*
Herbst	*efterår*
Winter	*vinter*

Wetter: vejret

Wie wird das Wetter heute?	*hvordan bliver vejret i dag?*
Wir bekommen schönes/schlechtes/unbeständiges Wetter	*vi får smukt/dårligt/ustadigt vejr*
Es wird wärmer/kälter	*det bliver varmere/koldere*
Es soll regnen/schneien	*det bliver regnvejr/snevejr*
Es zieht ein Gewitter auf	*det bliver tordenvejr*
Wir bekommen Sturm	*vi får storm*
Die Sonne scheint	*solen skinner*
Wie viel Grad haben wir heute?	*hvor mange grader er det i dag?*
Es ist 22 Grad	*det er 22 grader*

Im Restaurant: på restaurant

Wo gibt es ein gutes Restaurant?	*hvor er der en god restaurant?*
Reservieren Sie uns bitte für heute Abend einen Tisch für zwei Personen	*vuk de være venlig at reservere et bord til i aften til to personer*
Ist dieser Tisch noch frei?	*er dette bord ledigt?*
Wo sind die Toiletten bitte?	*hvor er toiletterne?*
Haben Sie vegetarische Gerichte?	*har de vegetariske retter?*
Was möchten Sie bitte?	*hvad ønsker de?*
Ich nehme ...	*jeg tager ...*
Was wollen Sie trinken?	*hvad ønsker de at drikke?*
Bitte ein Glas/eine Flasche ...	*et glas/et flaske..., tak*
Auf Ihr Wohl!	*Skål!*
Haben Sie noch einen Wunsch?	*ellers andet?*
Bezahlen bitte	*jeg vil gerne betale*
Hat es geschmeckt?	*smagte det godt?*
Das Essen war ausgezeichnet	*maden var udmærket*

Unterkunft: Tag over hovedet

Haben Sie noch Zimmer frei?	*har de ledige værelser?*
Können Sie mir bitte ein gutes Hotel empfehlen?	*kunne de anbefale mig et godt hotel*
Was kostet das Zimmer mit Frühstück/Halbpension/Vollpension	*hvad koster værelset med morgenmad/hjalvpension/helpension?*
Zum Frühstück nehme ich ...	*til morgendmad tager jeg ...*
Ich reise morgen um ... ab	*jeg rejser i morgen klokken ...*

Unterwegs: på vej

Können Sie mir sagen, wie ich nach ... komme?	*kan de sige mig, hvordan jeg kommer til ...?*
Wie weit ist es nach ...?	*hvor langt er det til ...?*
Wo ist bitte die nächste Tankstelle?	*undskyld, hvor er den nærmeste tankstation?*
Sie sind hier falsch	*de er kørt forkert*
Sie müssen zurückfahren bis ...	*de må tilbage til ...*
Können Sie mir die Strecke auf der Karte zeigen?	*undskyld, vil de vise mig strækningen på kortet?*
Wo ist die nächste Werkstatt?	*hvor er der et værksted?*
Zweimal ... hin und zurück, bitte	*to tur-retur ... tak*
Einen Fensterplatz?	*en vinduesplads?*
Hat der Zug aus ... Verspätung?	*er toget fra ... forsinket?*
Können Sie mir bitte helfen?	*undskyld, kan de hjælpe mig?*

Die wichtigsten kulinarischen Begriffe

Wichtige Redewendungen im Restaurant → S. 163

A
aborre: Barsch
agerhøne: Rebhuhn
agurk: Gurke
and: Ente
appelsin: Apfelsine
asparges: Spargel

B
biksemad: Bauernfrühstück
birkes: Mohnbrötchen
bitter: Magenbitter
blomkål: Blumenkohl
blomme: Pflaume
blæksprutte: Tintenfisch
blåmuslinger: Miesmuscheln
brød: Brot
bøf: Beefsteak

C/D
cacaomælk: Trinkschokolade
dagens ret: Tagesgericht
dansk vand: Mineralwasser
due: Taube

E/F
eddike: Essig
engelsk bøf: Rumpsteak
fedt: Schmalz
fersken: Pfirsich
fisk: Fisch
fjærkræ: Geflügel
flæskesteg: Schweinebraten
fløde: Sahne
forret: Vorspeise
franskbrød: Weißbrot
frikadeller: Frikadellen
frisk frugt: frisches Obst
frokost: Mittagessen
frugt: Obst
fuldkornbrød: Vollkornbrot
fyldt: gefüllt

G
gammel dansk: Magenbitter
gedde: Hecht
grønsager: Gemüse
grøn peberfrugt: grüner Paprika
gulerod: Möhre, Wurzel
gule ærter: Erbsensuppe
gåsebryst: Gänsebrust

H
hakket kød: Hackfleisch
hamburgerryg: Kassler
hare: Hase
havørred: Meerforelle
hellelfisk: Heilbutt
hindbær: Himbeere
honning: Honig
hornfisk: Hornhecht
hovedret: Hauptgericht
hvidløg: Knoblauch
hvidkål: Weißkohl
hvid vin: Weißwein
hvid øl: Malzbier
hønsebouillon: Hühnerbrühe

I/J
is: Eis
jordbær: Erdbeere

K
kaffe: Kaffee
kage: Kuchen
kalkun: Truthahn
kalvekød: Kalbfleisch
kanel: Zimt
kanelstang: Zimtkuchen
kantarel: Pfifferling
karry: Curry
kartoffler: Kartoffeln
kirsebær: Kirsche
klipfisk: Stockfisch
kogt: gekocht
kommen: Kümmel
kongeål: Seeaal
krydderier: Kräuter
kylling: Hähnchen
kærnemælk: Buttermilch
kød: Fleisch

L
laks: Lachs
lammekød: Lammfleisch

letmælk: fettarme Milch
letøl: Leichtbier
lever: Leber
leverpostej: Leberpastete
løg: Zwiebel

M/N
mad: Essen
makrel: Makrele
middag: Abendessen
mineralvand: Mineralwasser
morgenmad: Frühstück
mælk: Milch
musling: Muschel
mørbrad: Schweinefilet
mørbradbøf: Schweinefiletsteak
nudler: Nudeln

O
oksekød: Rindfleisch
olie: Öl
ost: Käse
othellobolle: Mohrenkopf

P/Q
pandekager: Pfannkuchen
peber: Pfeffer
peberfrugt: Paprika
peberrod: Meerrettich
piskefløde: Kaffeesahne
purløg: Schnittlauch
pære: Birne
pølser: Würstchen
pålæg: Aufschnitt

R
rå: roh
regnbueørred: Regenbogenforelle
rejer: Krabben
ris: Reis
ristet: gebraten
rosenkål: Rosenkohl
rugbrød: Roggenbrot
rundstykke: Brötchen
rødbeder: Rote Beete
rødfisk: Rotbarsch
rødkål: Rotkohl
rødspætte: Scholle
rødtunge: Rotzunge
rødvin: Rotwein
røget: geräuchert
rådyr: Reh

S
salt: Salz
sandart: Zander
sej: Seelachs
sennep: Senf
sild: Hering
skalle: Rotauge
skinke: Schinken
skubbe: Flunder
skummetmælk: entrahmte Milch
slethvar: Glattbutt
slik: Süßigkeiten
smør: Butter
smørrebrød: belegtes Butterbrot
solbær: Johannisbeere
spegepølse: Salami
sprængt: gepökelt
steg: Braten
stegt: gebraten
stenbider: Steinbeißer
sukker: Zucker
sur: sauer
svampe: Pilze
svinekød: Schweinefleisch
sød: süß
sødmælk: normale Milch
søtunge: Seezunge

T/U/V
tarteletter: Törtchen
te: Tee
torsk: Dorsch
tykmælk: Dickmilch
tyttebær: Preiselbeeren
vand: Wasser
vin: Wein

W/X/Y/Z
wienerbrød: Kopenhagener (Blätterteigkuchen)
Yogurth: Joghurt

Æ/Ø/Å
æble: Apfel
æblekage: Apfeldessert
æg: Eier
æggeblomme: Eigelb
ærter: Erbsen
øl: Bier
ørred: Forelle
østers: Austern
ål: Aal

Nützliche Adressen und Reiseservice

Auf einen Blick
Landfläche: 43 093 qkm
Hauptstadt: Kopenhagen
Höchste Erhebung: Ejer Bavnehøj 171 m
Einwohnerzahl: 5,20 Mio.
Staatsform: konstitutionelle Monarchie
Sprache: Dänisch
Religion: Evangelisch
Wirtschaft: Dienstleistung 70 %, Industrie 23 %, Landwirtschaft 7 %

Anreise

Mit dem Auto

Die wohl bekannteste Verbindung ist die zwischen Puttgarden (Fehmarn) und Rødby (Lolland). Im Sommer fahren die Fähren fast alle 15 Min., im Winterhalbjahr alle 30 Min., Fahrtdauer 45 Min. Für die Sommerwochenenden empfiehlt sich unbedingt eine rechtzeitige Reservierung.

Bis auf ein Teilstück zwischen Lolland und Falster ist die Autobahn jetzt auch auf dänischer Seite bis hinauf nach Helsingør durchgehend. Für aus Westdeutschland Reisende nach Lolland, Falster, Møn und Seeland ist dies sicherlich der ideale Weg, um an ihr Urlaubsziel zu kommen.

Alternativ kann man über die A 7 an Flensburg vorbei bis Kolding fahren und dort auf die E 20 Richtung Odense wechseln. Weiter geht es gegebenenfalls dann über die Brücke über den Großen Belt nach Seeland.

Eine weitere Möglichkeit ist eine Autofahrt auf der A 7 bis kurz hinter die Grenze, dort ostwärts auf der Straße 8 an Kruså und Sønderborg vorbei nach Fynshav und mit der Fähre nach Bøjden (eine knappe Stunde). Von dort geht es dann auch Richtung Storebæltsbro.

Wer aus Ostdeutschland kommt, kann als Alternative zu Puttgarden–Rødby auch mit der Fähre von Rostock nach Gedser (Falster) fahren, die E 55 führt, abgesehen vom ersten Teilstück, ebenfalls als Autobahn nach Helsingør.

Wer nach Jütland will, nimmt die A 7 nach Flensburg hinauf. Will man an die Westküste, empfiehlt es sich, bis Kolding zu fahren und dort dann die E 20 Richtung Esbjerg zu wählen.

Alternativ hierzu kann man von Hamburg aus auch auf der A 23 Richtung Itzehoe und Heide fahren, wo dann aber bald mit der Autobahn Schluss ist und es dann auf der Bundesstraße gen Norden geht. Sie überqueren die Grenze dann südlich von Tønder.

Mit dem Schiff

Wie schon erwähnt, nimmt man aus Westdeutschland kommend die Vogelfluglinie ab Puttgarden, sofern man ins östliche Dänemark will. Von Ostdeutschland aus wählt man die Verbindung Rostock–Gedser.

Nach Bornholm kann man von Neu Mukran (Rügen) direkt nach Rønne reisen. Alternativ fährt man über die Vogelfluglinie oder Rostock-Gedser sowie die Øresundbrücke (Kopenhagen-Malmö) ins südschwedische Ystad. Von dort legen die Fähren nach Rønne ab. Sie können allerdings auch von Travemünde oder Rostock mit dem Schiff ins südschwedische Trelleborg fahren und von dort weiter nach Ystad. Die reine Autofahrzeit von Trelleborg nach Ystad beträgt eine knappe Stunde.

Mit dem Zug

Sie können mit der Eisenbahn über Hamburg und Flensburg ins jütische Fredericia fahren. Von dort aus geht es dann entweder weiter nördlich oder nach Osten auf die Insel Fünen beziehungsweise nach Kopenhagen.

Direkt nach Kopenhagen können Sie auch mit der Bahn über Hamburg,

Lübeck, Puttgarden und Rødby fahren. Die Fahrzeit von Lübeck beträgt ca. vier Stunden.

Von Kopenhagen startet auch ein Zug bis zum Fähranleger im südschwedischen Ystad, von wo die Fähren Richtung Bornholm ablegen.

Mit dem Flugzeug

Knotenpunkt des dänischen Flugroutensystems ist selbstverständlich Kopenhagen. Von dort gibt es innerdänische Anschlussflüge nach Jütland und auf die meisten Inseln. Kopenhagen wird von Berlin, Düsseldorf, Frankfurt, Hamburg, Hannover und München direkt angeflogen. Wer direkt nach Jütland möchte, kann allerdings auch von Frankfurt nach Billund fliegen.

Mit dem Fahrrad

Problemlos ist die Überfahrt von Rostock nach Gedser. Sowie von Puttgarden nach Rødby. Allerdings ist die Anfahrt nach Puttgarden nicht sonderlich schön, da die Strecke den Fahrradfahrern weder Schutz vor dem manchmal wahrlich stürmischen Wind noch vor den unzähligen Autos bietet.

Auskunft

Dänisches Fremdenverkehrsamt

Auch für Österreich und die Schweiz zuständig.

Glockengießerwall 2, 20095 Hamburg; Tel. 0 18 05/32 64 63 (0,12 € pro Minute), Fax 0 40/650 319 30; www.visitdenmark.de

Ausweise

Seit März 2001 sind die Grenzkontrollen an der deutsch-dänischen Grenze aufgehoben. Auf den Flughäfen wird aber weiterhin kontrolliert.

Buchtipps

Natürlich fällt einem zuerst Hans Christian Andersen ein. Seine Märchen gibt es in ganz verschiedenen Ausgaben, empfehlenswert sind auch die Biografien von Erling Nielsen (Rowohlt), Gisele Perlet (Suhrkamp) und Jens Andersen (Insel). Unter den dänischen Klassikern sind Jens Peter Jacobsen (»Frau Maria Grubbe«, »Niels Lyhne«) und Hermann Bang (»Das weiße Haus«, »Das schwarze Haus«) erwähnenswert. Jacobsen verfasste Ende des 19. Jh. so genannte Desillusionsromane, deren Hauptpersonen nach Höherem streben, in der Desillusionierung aber zu ihrem tatsächlichen Ich finden. Kritische Gesellschaftsbetrachtungen stellte auch Bang in seinen Romanen an, dieses mit höchster psychologischer Beobachtungsgabe. Beide Bücher sind derzeit aber nur antiquarisch erhältlich.

Auch zwei deutsche Klassiker sind zu empfehlen, nämlich Theodor Fontane über seinen Kopenhagenbesuch mit »Im Paris des Nordens« (Aufbau). Und Thomas Mann lässt »Tonio Kröger« (Fischer) nach Kopenhagen kommen. Wer dort lieber den Spuren Hans Christian Andersens folgen mag, wählt das von Ulrich Sonnenberg verfasste Buch »Hans Christian Andersens Kopenhagen« (Schöffling). Sehr schön ist die von Sven H. Rossel und Alexander Sitzmann zusammengestellte Auswahl »Kopenhagen« (Wieser). Dort äußern sich bekannte Dänen wie Ludvig Holberg und Tove Ditlevsen ebenso zu Wort wie Ausländer wie Julien Green und Erich Kästner.

Eine gelungene Mischung aus eindrucksvollen Bildern und hervorragend recherchierten Reportagen bietet das 2005 erschienene MERIAN-Heft »Kopenhagen«.

Wer nach Bornholm reist, stößt unweigerlich auf Martin Andersen Nexø. Die »Bornholmer Novellen« (Aufbau) sind noch heute absolut lesenswert.

Unter den Krimiautoren, welche ohne durchgehenden Ermittler auskommen (→ MERIAN-Spezial »Mit Smørrebrød und Pistole«, S. 122), ist Leif Davidsen (Zsolnay bzw. Ullstein) in seiner Heimat besonders populär. Sein großes Thema sind das Ende des

Kalten Krieges, die Unruhen auf dem Balkan und in Arabien und die daraus resultierenden Verbrechen. Bjarne Reuter (Diana) lässt das Verbrechen in vorgebliche Idyllen einbrechen, geordnete Verhältnisse geraten plötzlich und unerwartet durcheinander, Paare und Familien erkennen einander nicht wieder.

Per Helge Sørensen (Bastei-Lübbe) siedelt seine Krimis im IT-Milieu an und fragt, was Internet und E-Mail mit uns anrichten. Und schließlich sollte auch einer der ganz großen dänischen Krimis nicht vergessen werden, nämlich Peter Høegs »Fräulein Smillas Gespür für Schnee« (Rowohlt).

Diplomatische Vertretungen

Deutsche Botschaft

→ Umschlagkarte hinten, d 1

Stockholmsgade 57,
2100 Kopenhagen Ø; Tel. 35 45 99 00

Österreichische Botschaft

→ Umschlagkarte hinten, e 1

Sølundsvej 1, 2100 Kopenhagen Ø;
Tel. 39 29 41 41

Schweizer Botschaft

→ Umschlagkarte hinten, f 2

Amaliegade 14, 1256 Kopenhagen K;
Tel. 33 14 17 96

Feiertage

Am 1. Jan., Gründonnerstag, Karfreitag, Ostermontag, Großer Bettag (vierter Freitag nach Ostern), 1. Mai (ab 12 Uhr), Christi Himmelfahrt, Pfingstmontag, 5. Juni (Verfassungstag, ab 12 Uhr) und am 25. und 26. Dez. bleiben die Geschäfte geschlossen.

Fernsehen

Die Dänen haben zwei große Fernsehsender, nämlich das staatliche, werbefreie Danmarks Radio (DR) und das kommerzielle TV2. Daneben gibt es noch Kabelkanäle. Im Norden des Landes sind außerdem die norwegischen Sender, im Osten die schwedischen und im Süden die deutschen ohne Probleme zu bekommen. Satellitenschüsseln erfreuen sich in Dänemark großer Beliebtheit, so dass oft auch englische und deutsche Pro-

Wechselkurse

Kronen	Euro	Franken
1	0,13	0,21
5	0,67	1,03
10	1,34	2,06
20	2,67	4,12
30	4,01	6,19
50	6,68	10,31
100	13,36	20,62
250	33,40	51,55
500	66,80	103,10
750	100,20	154,64
1 000	133,60	206,19
1 500	200,40	309,29
10 000	1 336,00	2 061,90

Nebenkosten in Euro

1 Tasse Kaffee	3,22
1 Bier (Liter)	12,07
1 Coca Cola (Dose)	1,05
1 Brot (Weißbrot)	2,30
1 Schachtel Marlboro	4,03
1 Liter Benzin (Normal)	1,14
Fahrt mit öffentl. Verkehrsmitteln (Einzelfahrt)	1,65
Mietwagen/Tag	120,35

Stand: Januar 2006

gramme zu empfangen sind. Dies gilt auch für die meisten Ferienhäuser.

FKK

Jeder muss selbst wissen, was er seinen Mitmenschen zumutet, scheint das Motto der Dänen zu sein. Es gibt keine Vorgaben, wo nackt gebadet und gesonnt werden darf und wo nicht. Insofern gibt es auch keine Kontrollen. Nacktbaden ist ebenso selbstverständlich wie das Sonnen in Textilien, es wird kaum Aufhebens um dieses Thema gemacht.

Geld

Eine Krone = 100 Øre. Münzen gibt es als 25 und 50 Øre sowie 1, 2, 5, 10 und 20 Kronen (DKK). Scheine als 50, 100, 200, 500 und 1000 Kronen.

Leicht zu verwechseln sind die beiden Øre-Münzen und die 10- und die 20-Kronen-Münze, da sie farblich einander ähnlich und auf den ersten Blick nur durch die Größe voneinander zu unterscheiden sind. Beträge zwischen einer und 24 Øre werden ab- bzw. aufgerundet.

Günstig ist der Umtausch per Scheck, beim Bargeldtausch wird eine Gebühr von 20–50 Kronen abgezogen. An Geldautomaten mit der Aufschrift »Kontanten« können Sie Bargeld mit Kreditkarten und Euroscheckkarten abheben.

Kreditkarten, insbesondere Visa und Eurocard, werden fast durchgehend akzeptiert. Vorsicht ist bei freien Wechselstuben, wie etwa in der Kopenhagener Fußgängerzone, geboten, da hier eine horrende Umtauschgebühr verlangt wird.

Kirche

Gute 92 % aller Dänen gehören der evangelisch-lutherischen Volkskirche an, gleichwohl ist die Zahl der regelmäßigen Kirchgänger niedrig. Neben religiösen Minderheiten wie Katholiken, Methodisten oder Juden finden auch verschiedenste Sekten hier sporadischen Zuspruch.

Kleidung

Norddeutsch sollte sie sein, die Reisekleidung. Die Badehose gehört ebenso dazu wie das Regenzeug, Sie sollten auf Sonne wie auf Böen und Regen eingestellt sein. Egal, was Sie einpacken, auf keinen Fall sollte selbst im Sommer der dicke Pullover für die lauschige nordische Nacht fehlen.

Medizinische Versorgung

Das dänische Gesundheitssystem ist hervorragend ausgebaut, die Ärzte sprechen in aller Regel auch Deutsch oder zumindest Englisch. EU-Bürger, die in einer gesetzlichen Krankenversicherung versichert sind, sollten sich vor der Abreise den Auslandskrankenschein E 111 besorgen. Sie werden dann zumeist kostenlos behandelt, allerdings ist für Medikamente ein oft großer Eigenanteil zu entrichten. Privat Versicherte reichen zu Hause die Rechnung ein.

Notruf

Der landesweite Notruf ist 1 12.

Politik

Wie alle skandinavischen Länder ist auch Dänemark ein traditionell sozialdemokratisches Land. Jahrzehnte trieben die Sozialdemokraten im engen Schulterschluss mit den Gewerkschaften den Ausbau des Wohlfahrtsstaates voran, sicherten den Arbeitnehmern weitgehende Rechte und knüpften ein enges soziales Netz.

Da Dänemark ein Agrarland war, bildete die Opposition nicht eine bürgerliche Partei, sondern eine aus dem bäuerlichen Bereich. Die Venstre, also »Linke«, genannte Partei definiert sich selbst als rechtsliberal.

Erste Risse erhielt der sozialdemokratische Staat Anfang der 1970er mit der Ölkrise. Erste Zweifel an dem Wohlfahrtsstaat kamen auf. Der Bornholmer Rechtsanwalt Mogens Glistrup verkündete zu dieser Zeit, schon seit Jahren keine Steuern mehr zu zahlen. Gleichzeitig wetterte er gegen

Ausländer. Bei der folgenden Wahl erntete er riesigen Zulauf.

Die Bürgerlichen kamen zwischendurch immer nur kurz an die Regierung. Erst 1982 konnten sie sich die Macht dauerhaft sichern, ein Verdienst von Staatsminister Poul Schlüter. Er konnte sich mit wechselnden Mehrheiten immerhin bis 1993 halten. Minderheitsregierungen sind in Dänemark keine Seltenheit und werden als völlig normal betrachtet.

Schlüter koalierte vor allem mit den Konservativen, der bürgerlichen Rechten also. Wichtig waren aber auch immer die kleineren Parteien, die zwischen den beiden großen Lagern immer wieder wechselten. Eine Schlüsselrolle kam dabei oft der Radikale Venstre zu, einer linksliberalen, stark auf die bürgerlichen Rechte pochenden Partei.

Sie konnten sich auch bis heute halten, während andere, die Zentrums-Demokraten oder die Kristdemokraten, trotz einer Sperrgrenze von nur 2 % immer einmal wieder aus dem Parlament (Folketing) rutschen.

Von der Fremskridsparti (»Fortschrittspartei«) des Steuerrebellen Glistrup spricht heute niemand mehr. Die aber aus einer Abspaltung dieser Partei hervorgegangene Dansk Folkeparti (»Dänische Volkspartei«) prägt die dänische Politik umso intensiver.

Die Partei toleriert nämlich gegenwärtig die aktuelle bürgerliche Regierung. Und lässt sich diese Toleranz teuer bezahlen. Die Partei fordert eine restriktive Ausländerpolitik, und so zählen die dänischen Zuwanderungsgesetze heute zu den schärfsten in Europa. Zugleich fordert die Partei auch mehr finanzielle Zuwendungen für Geringverdiener und ältere Menschen. Damit bricht sie unmittelbar in die sozialdemokratische Wählerschaft ein. Auch die Sozialdemokraten nehmen sich der scharfen Ausländerpolitik an.

Links von den Sozialdemokraten gibt es noch zwei relevante Parteien. Die Socialistisk-Folkeparti sieht sich als Alternative zu den Sozialdemokraten. Und die Einheitsliste (»Enhedslisten«) ähnelt am ehesten unseren Grünen.

Nach der Regierung Schlüter folgte 1993 zunächst wieder eine sozialdemokratische Regierung mit Poul Nyrup Rasmussen an der Spitze. Sie koalierte mit der Radikale Venstre. 2001 aber konnte Venstre die Macht wieder zurückgewinnen und regiert mit Staatsminister Anders Fogh Rasmussen eigentlich unangefochten.

Schon unter Nyrup Rasmussen wurde jene Arbeitsmarktpolitik entwickelt, die das Land heute zum Vorbild für viele andere macht. Mit den Gewerkschaften und Arbeitgebern erweiterte man die Förderung und Weiterbildung von Arbeitslosen. Wer sich diesen Möglichkeiten entzog, muss allerdings heftige Einschnitte im Arbeitslosengeld in Kauf nehmen.

Ist man sich in diesen Maßnahmen zur Weiterentwicklung des Sozialstaates parteiübergreifend einig gewesen, so ist das in der Außenpolitik nicht der Fall gewesen. Fogh Rasmussen schickte dänische Soldaten in den Irakkrieg. Das war umstritten.

Post

Briefe und Postkarten kosten derzeit 6,25 DKK als Ökonomiebrief B, dann wird er nicht ganz so schnell transportiert. Soll es mit Ihrer Post doch etwas schneller gehen, lohnt sich der A-Brief für 6,50 DKK. Die Postämter haben in der Regel Mo–Fr 9–18, Sa 9–13 Uhr geöffnet. Selbstverständlich kann man von dort aus auch faxen.

Reiseknigge

Anrede

Bis auf das Königshaus und einige wenige andere Persönlichkeiten werden in Dänemark alle geduzt. Doch verwechseln Sie bitte diese Anredeform nicht mit Respektlosigkeit. Ob »Du« oder »Sie«, Höflichkeit ist immer angesagt.

Auftreten

Herrisches oder prahlerisches Auftreten befremdet. Gerade wenn es von Deutschen kommt. Zwar trifft man heute nur noch selten auf Ressentiments wegen der Besetzung des Landes im Zweiten Weltkrieg. Aber die Großmacht im Süden mit ihren über 80 Millionen Einwohnern wird von den 5 Millionen Dänen mit Skepsis betrachtet. Zudem gilt in Dänemark das »Jantelov«, eine Art stille Übereinkunft, die in etwa bedeutet: »Glaube ja nicht, dass du etwas Besonderes bist.« Man soll sich also nicht über andere erheben, etwa durch Statussymbole.

Deutsche gelten bei den Dänen als pflichtbewusst, pünktlich und genau. Und entsprechen damit nicht dem etwas lässigeren und gelasseneren Lebensgefühl der Dänen.

Bedanken

Werden Sie von Dänen eingeladen, beenden Sie die Mahlzeit mit »Tak for mad« (»Danke für das Essen«). Wenn Sie Ihre Gastgeber das nächste Mal sehen oder sprechen, bedanken Sie sich für die Einladung nochmals mit »Tak for sidst« (»Danke für letztens«).

Bestellen

In Cafés und Kneipen müssen Sie selbst direkt am Tresen bestellen. Getränke nehmen Sie gleich mit, Mahlzeiten werden eventuell an den Tisch gebracht, zuweilen aber auch nur auf den Tresen gestellt und ausgerufen. In Restaurants wird am Tisch bedient. **Trinkgeld** ist nicht üblich und wird nur in Ausnahmefällen und für außerordentliche Leistungen gezahlt.

Reisewetter

Natürlich ist das dänische Wetter gewohnt mitteleuropäisch, man sollte sich allerdings darauf einstellen, dass es hier etwas windiger zugeht.

Wenn die Temperaturen im Sommer die 20 Grad überschreiten, kann das allerdings ganz angenehm sein. Von Mitte Juni bis ca. 10. August hat Dänemark alljährlich seine großen Ferien. Kombiniert mit dem Ansturm aus Norwegen, Schweden und den deutschsprachigen Ländern, ist das Land dann entsprechend voll. Wer folglich nicht auf die Schulferien angewiesen ist, sollte einen Urlaub im Mai oder, besonders schön, im September ins Auge fassen. Die Temperaturen sind dann nicht viel niedriger,

Entfernungen (in km) zwischen wichtigen Städten Dänemarks

	Grenå	København	Odense	Ringkøbing	Rødby	Skagen	Thisted	Tønder	Århus	Aalborg
Grenå	–	345	209	188	374	235	193	241	62	132
København	345	–	136	320	152	486	384	383	283	382
Odense	209	136	–	184	161	346	250	146	147	244
Ringkøbing	188	320	184	–	345	277	124	149	128	174
Rødby	374	152	161	345	–	508	412	308	309	405
Skagen	235	486	346	277	508	–	175	377	214	103
Thisted	193	384	250	124	412	175	–	253	172	96
Tønder	241	383	146	149	308	377	253	–	180	275
Århus	62	283	147	128	309	214	172	180	–	111
Aalborg	132	382	244	174	405	103	96	275	111	–

und Sie haben mehr Platz für sich. Ab Oktober sinken die Temperaturen jedoch deutlich.

Insgesamt zeigt sich das dänische Wetter, insbesondere an der jütischen Westküste, durch das ozeanische Klima nicht sehr stabil. Ist der Morgen noch wolkenverhangen, so kann die Decke um 10 Uhr plötzlich aufreißen, und es beginnt ein Tag voller Sonne.

Rundfunk

Danmarks Radio (DR) besitzt vier Sender, P 1–P 4, von denen P 3 populäre Musik sendet, P 2 Klassik. Mittlerweile gibt es auch Privatsender. Verkehrsmeldungen alle halbe Stunde, wie man es bei uns kennt, gibt es nicht. Die Verkehrsdichte ist halt nicht so groß. Gemeldet wird also nur bei akutem Bedarf.

Sprache

Das Dänische hört sich komplizierter an, als es sich liest. Wer das Plattdeutsche oder auch das Niederländische kennt, wird genug Verwandtschaften erkennen.

Natürlich gibt es im Land selbst auch genug Dialekte. Ein westjütischer Fischer spricht ein deutlich anderes Dänisch als ein Bauer auf Bornholm oder ein Angestellter in Kopenhagen. Da gibt es Einflüsse aus dem Englischen und Schwedischen, in Südjütland insbesondere aus dem Deutschen.

Ein deutschsprachiger Besucher wird sich dennoch ob der Verständigung keine Sorgen machen müssen, da die Dänen allesamt hervorragend Deutsch sprechen. Je touristischer eine Region, desto besser das Deutsch. Und falls die Verständigung einmal doch nicht klappt, kommt man mit ein paar Brocken Englisch weiter.

Ebenso wie sich in England das »you« als Anrede durchgesetzt hat, wird in Dänemark zumeist geduzt, das Siezen verliert immer mehr an Bedeutung. Dieses Duzen entspricht dem dänischen Gemeinschaftsgefühl, sollte aber auf keinen Fall mit Respektlosigkeit verwechselt werden.

Das Dänische kennt übrigens kein »x« mehr, sondern hat es durch »ks« ersetzt, wenngleich es noch historische Schreibweisen gibt. Am Ende des Alphabets stehen die Buchstaben Æ/æ, Ø/ø und Å/å, dies ist auch in diesem Buch beibehalten worden.

→ **Sprachführer, S. 162**

Telefon

Auch in Dänemark gibt es neben den Münzapparaten mehr und mehr Kartentelefone. Karten erhalten Sie u. a. bei der Post, teilweise auch bei den lokalen Fremdenverkehrsbüros, auf dem Campingplatz etc. Mobiltelefone funktionieren überall problemlos. Bei den achtstelligen dänischen Telefonnummern definieren die ersten beiden Ziffern die Ortsvorwahl.

Vorwahlen

DK → D: 00 49
DK → A: 00 43
DK → CH: 00 41
D → DK: 00 45
A → DK: 00 45
CH → DK: 00 45

Tiere

Für das Einführen von Hund oder Katze nach Dänemark müssen Sie eine Tollwutimpfung vorweisen, die in den letzten ein bis zwölf Monaten stattgefunden hat. Für Ausflüge nach Norwegen oder Schweden müssen Sie bedenken, dass das Einreiseverfahren derart kompliziert ist, dass der Besuch nahezu unmöglich wird.

Verkehrsregeln

Auf Autobahnen dürfen 130 km/h gefahren werden, dort, wo der Verkehr besonders dicht ist oder sein könnte, aber nur 110 km/h. Außerhalb von Ortschaften gelten 80 km/h, in Ortschaften 50 km/h. Wagen mit Anhängern dürfen auf Autobahnen 70 km/h fahren. Die Geldbußen sind recht saftig und müssen sofort bezahlt werden. Andernfalls wird der Wagen in Verwahrung genommen. Tagsüber müssen Sie das Abblendlicht einschalten. Es besteht Gurtpflicht. Die Promillegrenze liegt bei 0,5 %.

Verkehrsverbindungen

Mit dem Auto

Ein Blick auf die Landkarte lässt erkennen, dass es in Dänemark nur wenige Autobahnen gibt. Die E 45, noch nicht durchgehend als Autobahn ausgebaut, führt die jütische Ostküste hinauf. Die E 47 führt von Rødby nach Kopenhagen und Helsingør. Die E 20 schließlich verbindet das westjütische Esbjerg über Fünen mit Kopenhagen.

Aber weshalb sollte dieses Land auch mehr Autobahnen benötigen? Schließlich leben gut 1,5 der fünf Millionen Einwohner im Großraum Kopenhagen. Abgesehen von Metropolen wie Odense, Århus und Aalborg ist der Verkehr im restlichen, ländlich geprägten Dänemark auch gering. Mit den hervorragend ausgebauten Landstraßen lässt sich somit auch problemlos und in aller Ruhe vorankommen. Denn eines ist den Dänen ohnehin fremd – Hektik.

Die **Margeritenroute** ist eine ausgeschilderte Route quer durch das Land, die die schönsten Landstriche und die größten Sehenswürdigkeiten miteinander verbindet. Die Strecke führt zumeist über kleine Landstraßen. Es hat durchaus seine Reize, das Land auf diese Weise kennen zu lernen, man muss dann allerdings tagtäglich nach einer neuen Unterkunft suchen und sollte, wegen der Überlandstraßen, viel Zeit einplanen (→ S. 149).

Mit dem Fahrrad

Neben den Niederlanden ist Dänemark sicherlich das europäische Radlerparadies. Die Kommunen haben ihre Radwege wunderschön ausgebaut, durch Wälder oder entlang alter Bahntrassen gelegt oder aber Strecken ausgewiesen, die größtenteils über Dorfstraßen führen. Daneben gibt es noch neun nationale Radrouten. So bleiben Radfahrer weitgehend vom lärmenden und manchmal auch gefährlichen Autoverkehr verschont.

Eine erste Orientierung über die Radwege bietet die Radwanderkarte des Dänischen Radfahrerverbandes DCF im Maßstab 1:510 000. Zum Radeln selbst eignen sich am besten entweder die topografischen Karten im Maßstab 1:100 000 oder jene speziellen Radkarten, die die Kommunen, in Dänemark als Amt bezeichnet, teilweise veröffentlicht haben (»Cykelkort« oder »Cykelruter i ...«). Auch deren Maßstab beträgt überwiegend 1:100 000.

Ein Vorurteil sollten Radfahrer allerdings gleich vergessen: dass Dänemark ein flaches Land sei. Dies trifft sicherlich für Lolland und Falster zu. Doch schon Møn, sicherlich Langeland und Fünen sowie Seeland fordern dem Radler mit ihren Steigungen mehr ab. Auch die jütische Ostküste besitzt so ihre Herausforderungen. An der Westküste machen den Radfahrern weniger die Höhenunterschiede als vielmehr der Wind zu schaffen. Insgesamt genießen Radfahrer in Dänemark auch mehr Beachtung als etwa in Deutschland. Man nimmt mehr Rücksicht auf sie. Vorsicht ist dennoch allzeit geboten.

Mit dem Zug

Das dänische Zugnetz ist hervorragend ausgebaut, die Züge selbst sind äußerst komfortabel. Die Dänische Staatsbahn (DSB) unterscheidet zwischen Regional- und Interregionalzügen. Ergänzt wird das Bahnsystem durch einige kleinere Privatbahnen und ein gutes Busnetz.

Die bei uns als »2. Klasse« bezeichnete Kategorie heißt dort »Standard«, die »1. Klasse« in Regionalzügen »DSB 1«. Eine Platzkarte ist teilweise für den Zug nach Bornholm vorgeschrieben, ansonsten aber nicht. Sie empfiehlt sich allerdings, da die Züge sehr gerne genutzt werden. In der ersten Klasse brauchen Sie die Platzkarte nicht, sondern besitzen eine Sitzplatzgarantie.

Mit dem Schiff

Knapp 80 innerdänische Fährverbindungen gibt es derzeit. Neben den notwendigen Verbindungen zu den Inseln wie Fanø, Ærø oder Samsø sind vor allem die große Fahrtstrecken ersparenden Verbindungen zwischen Jütland und Seeland wichtig. Die bekanntesten und wichtigsten sind Århus–Kalundborg und Ebeltoft–Sjælland Odde. Leider können diese Verbindungen von Jahr zu Jahr wechseln, da sich eine aufgenommene Verbindung womöglich schnell als unrentabel herausstellt. Das Dänische Fremdenverkehrsamt veröffentlicht alljährlich eine aktuelle Übersicht. Ob Sie mit dem Auto oder mit dem Rad unterwegs sind, eine Fährfahrt gehört einfach zum Dänemark-Urlaub.

Windenergie

Auffällig sind die im ganzen Land zu sehenden modernen Windräder, Dänemarks Beitrag zu einer umweltfreundlichen Energiegewinnung. Natürlich erhält auch Dänemark seine Energie vorzugsweise aus Erdöl, dennoch kann die Windenergie mittlerweile einen Anteil von stolzen 6 % verzeichnen. Der erste Windradpark entstand übrigens 1985 in Ebeltoft.

Wirtschaft

Vielfach besteht noch der Glaube, Dänemarks wirtschaftliche Säulen wären Fischerei und Landwirtschaft. Doch beide Erwerbszweige haben mittlerweile an Bedeutung verloren. Die dänischen Fischer spüren die Billigimporte aus Norwegen und Osteuropa. Fingen die Dänen noch vor 15 Jahren knapp 2 Milliarden kg Fisch, so sind es heute weniger als 1,5 Milliarden. Besonders dramatisch ist der Einbruch beim Dorsch gewesen. Die auch bei uns bekannte Krise der Landwirtschaft ist in Dänemark ebenso spürbar. Nur 5 % aller Dänen arbeiten in der Landwirtschaft, vor 15 Jahren waren es noch 8 %.

Bedeutendste Wirtschaftszweige sind die Industrie und die staatlichen Dienstleistungen. Weitere wichtige Erwerbszweige sind das Transport- und Kommunikationswesen sowie der Tourismus. Die deutlichsten Zuwächse bei den Beschäftigten hat es im Finanzbereich sowie im Gesundheits- und Sozialwesen gegeben.

Zeitungen

Fünf Zeitungen prägen den dänischen Zeitungsmarkt, die Boulevardblätter *Ekstra Bladet* (liberal) und *B. T.* (konservativ) sowie die Abonnementszeitungen *Politiken* (liberal), *Jyllands-Posten* (konservativ) und *Berlingske Tidende* (konservativ).

Deutsche überregionale Zeitungen erhält man im Sommer fast überall tagesaktuell, ebenso alle bekannteren Illustrierten und Wochenzeitungen. Außerhalb der Saison erhält man eine Auswahl (max. einen Tag später) in allen größeren Städten.

Zoll

Das Entfallen der Einfuhrbeschränkungen innerhalb der EU gilt für Dänemark nur begrenzt. Nach wie vor gelten für Tabakwaren und Alkohol Einschränkungen. Deutsche und Österreicher dürfen 1,5 l Spirituosen mitbringen, Schweizer 1 l. Bei Zigaretten dürfen von Deutschen und Österreichern 300 Zigaretten eingeführt werden, von Schweizern 200 Stück.

Für andere Waren wie Kaffee oder Bier gilt, dass diese für den persönlichen Gebrauch bestimmt sein müssen und der Zoll nicht einen eventuellen Handel mit den Waren unterstellen kann.

Kartenatlas

Orientierung leicht gemacht: mit Planquadraten und allen Orten und Sehenswürdigkeiten.

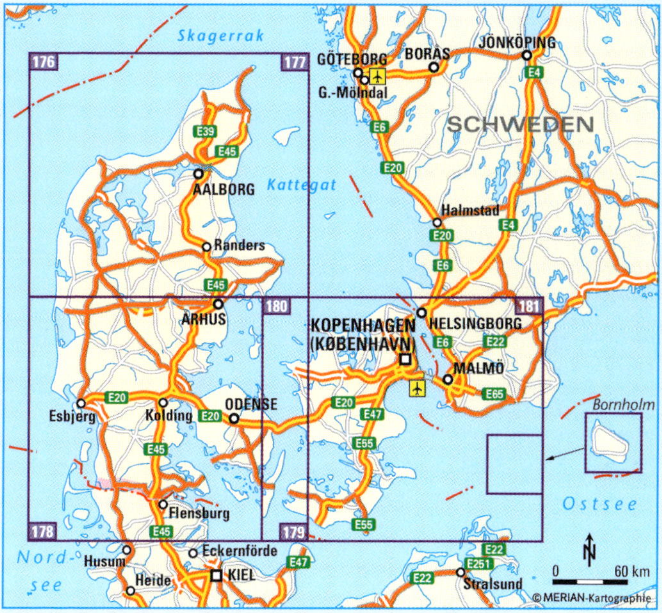

Legende

Routen und Touren
- Heerweg (S. 147)
- Margerite (S. 149)
- Fünen (S. 151)
- Kanutour (S. 154)
- Bornholm-Tour (S. 156)

Sehenswürdigkeiten
- MERIAN-TopTen
- MERIAN-Tipp
- Sehenswürdigkeit, öffentl. Gebäude
- Sehenswürdigkeit Kultur
- Sehenswürdigkeit Natur
- Kirche
- Kloster
- Klosterruine

Sehenswürdigkeiten ff.
- Schloss, Burg
- Museum
- Denkmal
- Leuchtturm
- Windmühle
- Aussichtspunkt

Verkehr
- Autobahn
- Autobahnähnliche Straße
- Fernverkehrsstraße
- Hauptstraße
- Nebenstraße
- Unbefestigte Straße, Weg
- Parkmöglichkeit

Verkehr ff.
- DSB Bahnhof
- S-Bahn
- U-Bahn
- Flughafen
- Flugplatz
- Schiffsanleger

Sonstiges
- Information
- Theater
- Botschaft, Konsulat
- Naturparkgrenze
- Friedhof

A
B
C
1
2
3
4
Nordsee
Skagerrak
Egersund, Haugesund
Bergen
Torshavn
Newcastle
Harwich
IJmuiden
Jammer
Bulbjerg
Lild Strand
47
Vust
Vigsø Bugt
Hanstholm
Vigsø
Ræhr
Hjardemål
Frøstrup
Fjerritslev
Kokkedal
Klitmøller
Østerild
Vester Vandet
Skinnerup
Vesløs
Aggersund
Thy
Thisted
Løgstør
Nørre Vorupør
Hundborg
Thisted Bredning
Limfjorden
Livø
Stenbjerg
Sundby
Sønder Dråby
Vilsted
89
Salgjerhøj
Vitskøl Kloster
Fur
Trend
Øsløs
Koldby
Nykøbing
Nederby
Agger
Villerslev
Jesperhus Blomsterpark
Mors
Strandby
Vestervig
Hurup
Glyngøre
Selde
Karby
64
Fovlum
Ydby
Mors
Højris
Roslev
Hvalpsund
Thyborøn
Øster Assels
Hessel
Vium
Breum
Nissum Bredning
Kås Bredning
Rødding
Lovns Bredning
Flovlev
Spøttrup
Vrist
Harboøre
Odby
Salling
Ørslevkloster
Sønder Balling
Lem
Skive
Klinkby
Nissumby
Hald
Humlum
Højslev Stby
Lynderupgård
Ferring
Bovbjerg
Lemvig
Venø Bugt
Estvad
Resenstad
Vinderup
Frilands-museum
Kalkgruber
Struer
Sevel
Stubber-kloster
Bovlingbjerg
Hand-bjerg
90
Bækmarksbro
Sjørup
Hald
Thorsminde
Nissum Fjord
Linde
Holstebro
Skave
Haderup
Grønhøj
Vemb
Storå
Nørre Vosborg
Tvis
Over Feldborg
Frederiks
Sønder Nissum
Lilleå
Nørre Felding
Husby
Over Simmelkær
Staby
Ulfborg
Aulum
Ilskov
111
Stadil
Tim
Ørnhøj
Sunds
Bording Kirkeby
Stadil Fjord
Vildbjerg
Grønbjerg
Søndervig
Harsyssel
Havnstrup
Herning
Ikast
Ringkøbing
Videbæk
Rind Kirke
Lind
Isenvad
Hvide Sande
Højmark
Astrup
Kibæk
Troldhede
Fasterholt
178

D
E
F
1
2
3
4
Skagen
Grenen
Oslo
Göteborg
Hulsig
Råbjerg Mile
Ålbæk
Ålbæk Bugt
Tannis Bugt
Hirtshals
Åbyen
Bindslev
Uggerby Å
Jerup
Bjergby
Mosberg
Hjørring
Frederikshavn
Sønderskov
Børglum-kloster
Løkken
Tårs
Understed
Vrå
Øster Vrå
Hørby
Sæbygård
Sæby
Vrensted
Serritslev
Rampen
Fårup
Vester Hjermitslev
Jerslev
Dybvad
Blokhus
Saltum
Brønderslev
Flauenskjold
Voergård Slot
Lyngså
Knøsen 136
Pandrup
Tylstrup
Voerså
Vendsyssel
Ryå
Agersted
Birkelse
Aabybro
Hjallerup
Asaa
Dronninglund
Lindholm Høje
Gerå
Gjøl
Nørresundby
Ulsted
Bredning
Langerak
Vester Hassing
Hou
AALBORG
Nibe
Storvorde
Hals
Svenstrup
Mou
Øster Hornum
Ellidshøj
Gudumholm
Mulbjerge 48
Støvring
Lille Vildmose
Lindenborg Å
Dokkedal
Aalborg Bugt
Lyngby
Sønderup
Skørping
Terndrup
Øster Hurup
Rold
Villestrup
Astrup
Store Binderup
Nørlund
Als
Nørager
Visborggård
Vebbestrup
Vive
Hadsund
Valsgård
Mariager Fjord
62
Hobro
Mariager
Udbyneder
Udbyhøj Vasehuse
Fytkat
Skals Å
Gassum
Råby
Udby
Handest
Spentrup
Tjele
Hammershøj
Mellerup
Bønnerup Strand
Sostrup
Gjerrild
Støvringgård
Mejlgård
Fussingø
Allingåbro
Fjellerup
Ørum
Avlsgård
Randers
Gammel Estrup
Ørum
Voldby
Alum
Fausing
Grenå
Ulstrup
Auning
Djursland
Langå
Clausholm
Gudenå
Kolind
Ulstrup
Ølst
Voldum
Alsø
Houlbjerg
Trustrup
Hadsten
Ødum
Rosenholm
Tirstrup
Balle
Vejerslev
Haldum
Hornslet
Rønde
Rugård
Løgten
Kalø Slot
Frijsenborg
Hammel
Agri Bavnehøj 137
Hyllested
Skovgårde
Sabro
Pokær Stenhus
Gjern
Lystrup
Ebeltoft
Automobilmus.
Risskov
Mols
Fuglsø
Silkeborg
ARoS Kunst-museum
Volden
Elsegårde
ÅRHUS
Linå
Hjelm
Skåde
Ry
Veng
Hørning
Moesgård
Himmelbjerget 147
Skanderborg
Beder
Aarhus Bugt
Mossø
Norsminde
Ejer Bavnehøj
Ørby
Helgenæs
Anholt
Varberg
Sjællands Odde
Århus
Vesterø Havn
Østerby Havn
Læsø
Byrum
Læsø Rende
0
30 km
N
© MERIAN-Kartographie
179

A
B
C
176
Horsyssel
Herning
Ringkøbing
Videbæk
Rind Kirke
Lind
Isenvad
Ikast
Hvide Sande
Højmark
Astrup
Kibæk
Troldhede
Fasterholt
Ejstrup
Ringkøbing Fjord
Stavning
Skjern
Borris
Skarrild
Nørre Havrvig
Tarm
Skjern Å
Sønder Felding
Brande
Nørre Snede
Lønborg
Stakroge
Thyregod
Gammel Blåhøj
Hoven
Sønder Omme
Vonge
Nymindegab
Hemmet
Omme Å
Filskov
Give
Nørre Nebel
Lyne
Ølgod
Grindsted
Lindeballe
Eg
Henne Strand
Horne
Varde Å
Billund
Engelsholm
Ovtrup
Hodde
Legoland
Stenderup
Hejnsvig
Vandel
Filsø
Nordenskov
Vejers Strand
Varde
Jütland
Janderup
Agerbæk
Hovborg
Årre
Egtved
Oksby
Alslev
Ho Bugt
Bække
Hjerting
Grimstrup
E20
Vester Nebel
Holsted
Esbjerg
Skads
Bramming
Vejen
Nordby
Rindby
Store Darum
Foldingbro
Kongeå
Gredstedbro
Skodborg
Fanø
Sønderho
Fanø Bugt
Sønder Hygum
Rødding
Harwich
Vester Vedsted
Ribe
Gram Å
Jels
Øster Lindet
Seem
Gram Slot
Gram
Kastrup
Gabøl
Vojens
Mandø
Nordsee
Vadehavet
Rejsby
Spandet
Frifelt
Toftlund
Bevtoft
Rømø
Brøns
Skærbæk
Rangstrup
Lakolk
Arrild
Rømø K.
Nordfriesische Inseln
Havneby
Randerup
Brede Å
Vongshøj
Løgumkloster
Rødekro
Bredebro
Arnå
Sylt
List
Hjerpsted
Øster Højst
Ravsted
Rotes Kliff
Abild
Bolderslev
Kampen
Højer
Vidå
Bredevad
Tønder
Westerland
Keitum
Autotransport Sylt-Niebüll
Tinglev
Burkal
Sylt Ost
Rantum
Neukirchen
Klanxbüll
Süderlügum
Ladelund
Nationalpark
Medelby
Padborg
Niebüll
Klixbüll
Nordfriesland
Schleswig-Holsteinisches Wattenmeer
Föhr
Wallsbüll
Leck
Hörnum
Oldsum
Rantzauhöhe
Utersum
Wyk
Dagebüll
Sande
Norddorf
Loheide
Großenwiehe
Wanderup
Amrum
Wittdün
Ockholm
E45
Bredstedt
DEUTSC
Nordmarsch-Langeneß
Jörl
Halligen
Viöl
Hattstedt
Oster-Ohrstedt
Treene
Pellworm
Schütting
Norderhafen
Husum
201

A

B

C

5

6

7

8

D
E
F
177
Silkeborg
Automobilmus.
ARoS Kunst museum
Århus
Pokær
Stenhus
Bavnehøj 137
Ebeltoft
Skovgårde
Mols
Fuglsø
Elsegårde
Volden
Hjelm
Ry
Veng
Himmelbjerget 147
Mossø
Ejer Bavnehøj 171
Østbirk
Skanderborg
Hørning
Skåde
Moesgård
Beder
Århus Bugt
Norsminde
Torrild
Odder
Hovedgård
Hundslund
Hov
Gedved
Lund
Søvind
Gylling
Horsens
Alrø
Hjarnø
Lindved
E45
Hedensted
121
Glud
Sønder Bjerre
Endelave By
Endelave
Daugård
Stouby
Juelsminde
Vejle Fjord
Børkop
Fredericia
Bogense
Æbelø
Ørby
Helgenæs
Sjællands Odde
Göteborg
Århus
Tunø
Nordby
Vejro
Samsø
Sælvig
Tranebjerg
Kolby
Kås
Brattingsborg
Samsø Bælt
Kattegat
Sejerby
Sejerø
Sejerø Bugt
Kirkeby
Ulstrup
Saltbæk Vig
Kalundborg
Lerchenborg
Rørby
23
Svallerup
Ubby
Tissø
22
Reersø
Kirke Helsinge
Drøsselbjerg
Nordskov
Digerbanke 35
Hindsholm
Kerteminde
Nærå
Krogsbølle
Nørre
Gyldensten
Uggerslev
Dalby
Otterup
Odense Fjord
Strib
Hindsgavl
Middelfart
Skovby
Søndersø
Brønderup
44
Lumby
Morud
Ladbyskibet
Sønder Stenderup
Udby
Ejby
Grønnemose
ODENSE
4
9
E20
Langeskov
Ullerslev
Juelsberg
Nyborg Slot
Nyborg
Halsskov
Korsør
180
Aarup
Husby
Hejlsminde
Brandsø
Bågø
Bavnehøj 131
Sandager
Krengerup
Fangel
Højby
Ferritslev
Store Bælt
Vonsbæk
Brahesborg
Assens
Glamsbjerg
Heden
Herrested
Årø
Ebberup
Hagenskov
Fünen
Ringe
Øksendrup
Agersø
Halk
Hillerslev
Rygård
Dammestenen
Arreskov
Stensgård
Faldsled
Arreskov Sø
5
Kværndrup
Egeskov Slot
Hesselager
Hov
Helnæs
Korinth
Broholm
Lohals
Barsø
Brahetrolleborg
Øre
Omø
Aabenraa Fjord
Als
Nordborg
Horne
Fåborg
Tved
Skårup
Snøde
7
Holm
Svenstrup
Asstrup
Svendborg
Thurø
Bøstrup
Lyø
Bregninge
Guderup
Fynshav
Høgebjerg 81
Avernakø
Tranekær
Tranekær Slot
Ulkerup
Valdemars slot
Augustenborg
Drejø
Dybbøl
Søby
Tåsinge
Rudkøbing
Spodsbjerg
Horslunde
Sønderborg
Bregninge
Ærøskøbing
Lindelse
Sandby
Tårs
Halsted
Broager
57
Sønderby
Ærø
Store Rise
Marstal
43
Kong Humbles Grav
Nakskov
Lille Avnede
Ristinge
Langelandsbælt
Flensburger Förde
Scheersberg 70
Marstal Bugt (Vejsnæs Bugt)
Magleby
Langø
Tillitse
Sterup
Gelting
Langeland
Bagenkop
Lolland
Sörup
Satrup
Kronsgaard
Kappeln
Kieler Bucht
Süderbrarup
Weidefeld
Böklund
Tolk
Thumby
Brodersby
Schleswig
Barkelsby
Waabs
Eckernförder Bucht
Kiel
Fehmarn
Niobe-Denkmal
Puttgarden
Fehmarnbelt
5
6
8
0
30 km
N
© MERIAN-Kartographie

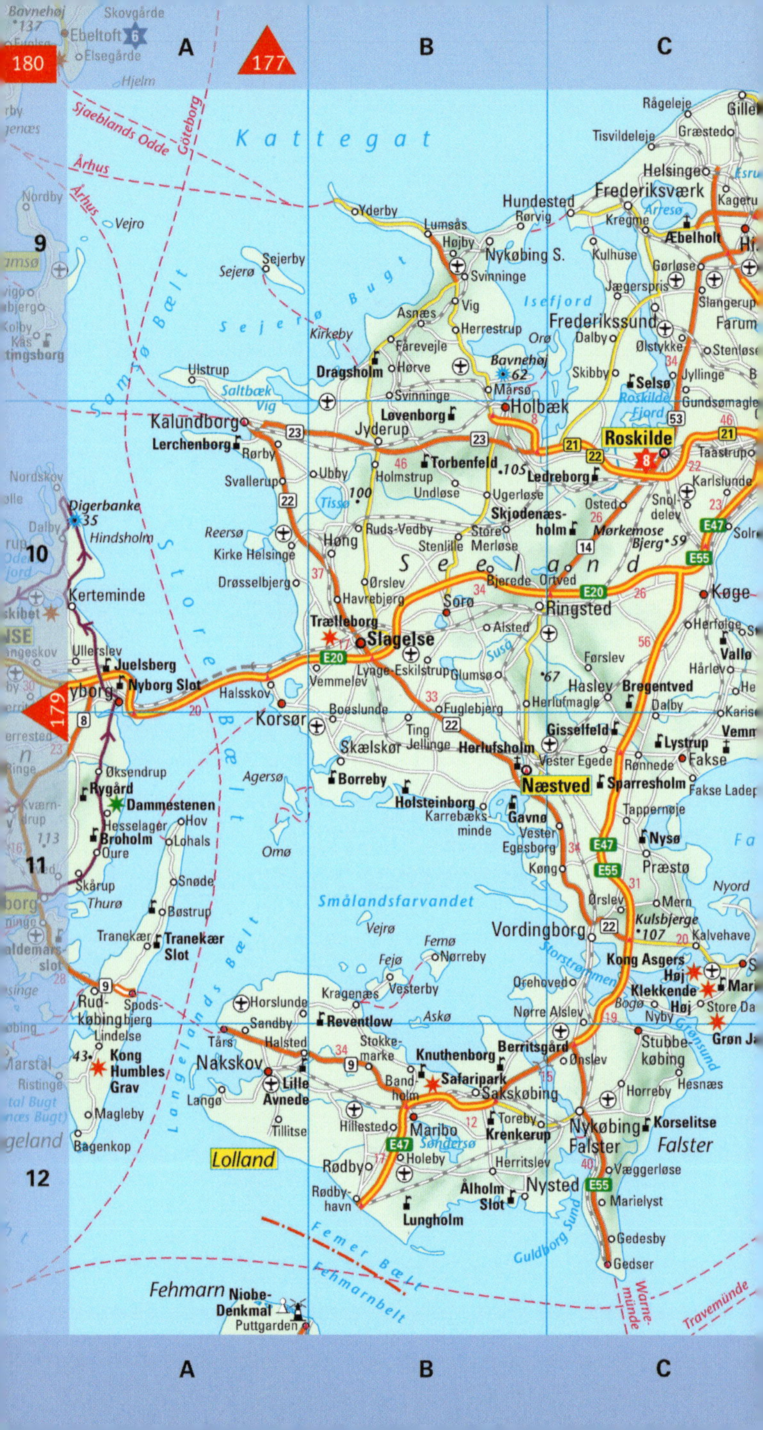

180
177
179
A
B
C
9
10
11
12
Kattegat
Sejerø Bugt
Samsø Bælt
Store Bælt
Langelands Bælt
Smålandsfarvandet
Isefjord
Roskilde Fjord
Storstrømmen
Guldborg Sund
Femer Bælt
Fehmarnbelt
Sjaebelands Odde
Göteborg
Århus
Travemünde
Warnemünde
Sejerø
Sejerby
Vejro
Nordby
Bavnehøj
Ebeltoft
Elsegårde
Hjelm
Rågeleje
Gilleleje
Tisvildeleje
Græsted
Helsingør
Hundested
Rørvig
Frederiksværk
Kregme
Arresø
Æbelholt
Kulhuse
Gørløse
Jægerspris
Slangerup
Frederikssund
Farum
Dalby
Ølstykke
Stenløse
Skibby
Selsø
Jyllinge
Gundsømagle
Roskilde
Taastrup
Karlslunde
Osted
Snoldelev
Mørkemose Bjerg 59
Solrød
Køge
Herfølge
Vallø
Hårlev
Karise
Vemmetofte
Yderby
Lumsås
Højby
Nykøbing S.
Svinninge
Asnæs
Vig
Herrestrup
Orø
Fårevejle
Kirkeby
Dragsholm
Hørve
Bavnehøj 62
Mårsø
Svinninge
Holbæk
Ulstrup
Saltbæk Vig
Kalundborg
Lerchenborg
Rørby
Jyderup
Løvenborg
Torbenfeld
Holmstrup
Undløse
Ugerløse
Ledreborg
Svallerup
Ubby
Tissø
100
105
Skjoldenæsholm
Ruds-Vedby
Store Merløse
Stenlille
Høng
Reersø
Kirke Helsinge
Drøsselbjerg
Ørslev
Havrebjerg
Bjerede
Ortved
Sorø
Ringsted
Sjælland
Trælleborg
Slagelse
Alsted
Suså
Førslev
Vemmelev
Lyngs-Eskilstrup
Glumsø
67
Haslev
Bregentved
Dalby
Halsskov
Korsør
Boeslunde
Fuglebjerg
Herlufmagle
Ting Jellinge
Skælskør
Herlufsholm
Gisselfeld
Lystrup
Fakse
Vester Egede
Rønnede
Borreby
Holsteinborg
Næstved
Sparresholm
Fakse Ladeplads
Agersø
Karrebæksminde
Gavnø
Vester Egesborg
Tappernøje
Nysø
Præstø
Omø
Kong
Ørslev
Mern
Nyord
Kulsbjerge 107
Kalvehave
Vordingborg
Vejrø
Femø
Nørreby
Fejø
Vesterby
Kragenæs
Askø
Kong Asgers Høj
Klekkende Høj
Marienborg
Store Damme
Grøn Jæger
Bogø
Nyby
Orehoved
Nørre Alslev
Stubbekøbing
Hesnæs
Horslunde
Sandby
Reventlow
Tårs
Halsted
Stokkemarke
Knuthenborg
Berritsgård
Ønslev
Nakskov
Lille Avnede
Bandholm
Safaripark
Sakskøbing
Horreby
Langø
Hillested
Maribo
Toreby
Krenkerup
Nykøbing Falster
Korselitse
Falster
Tillitse
Søndersø
Holeby
Herritslev
Væggerløse
Lolland
Rødby
Rødbyhavn
Ålholm Slot
Nysted
Marielyst
Lungholm
Gedesby
Gedser
Fehmarn
Niobe-Denkmal
Puttgarden
Digerbanke 35
Hindsholm
Dalby
Kerteminde
Ullerslev
Juelsberg
Nyborg
Nyborg Slot
Øksendrup
Rygård
Dammestenen
Hesselager
Hov
Lohals
Broholm
Oure
Snøde
Skårup
Thurø
Bøstrup
Tranekær
Tranekær Slot
Rudkøbing
Spodsbjerg
Lindelse
Kong Humbles Grav
Marstal
Ristinge
Magleby
Bagenkop
Langeland
Marstal Bugt
E20
E47
E55

D
E
F
9
10
11
12
Sofiero
Helsingør
Humlebæk
HELSINGBORG
Vallåkra
Glumslöv
Nivå
Rungsted
Ven
Hørsholm
Landskrona
Birkerød
Charlottenlund
Barsebäck
Gillhög
Bjärred
Lomma
KOPENHAGEN
(KØBENHAVN)
Saltholm
Tårnby
Dragør
Amager
Arlöv
MALMÖ
Limhamn
Klagshamn
Tygelsjö
Vellinge
Höllviksnäs
Falsterbo
Flintrännan
Bugt
Stevns Klint
Liselund
Møns Klint
Sukkertoppen
143
Klint-
holm
Ostsee
Vrams
Gunnarstorp
Herrevadskloster
Ljungbyhed
Skäralid
Kågeröd
Röstånga
Skånes
djurpark
Ask
Billinge
Tågarp
SCHWEDEN
Bosarp
Billeberga
Trollenäs
Saxtorp
Kävlinge
Borgeby
Eslöv
Svenstorp
Skarhult
Lund
Gårdstånga
Kävlingeån
Södra
Sandby
Dalby
Staffanstorp
Bara
Torup
Genarp
Skabersjö
Svedala
Börringesjön
Börringe-
kloster
Ö. Grevie
Trelleborg
Simremarken
Smygehamn
Beddingestrand
Abbekås
Skivarp
Skurup
Börringe
Svaneholm
Sövdeborg
Skönabäck
Veberöd
175
Hällestad
Vombsjön
Öved
Ovedskloster
Krankesjön
Löberöd
Högseröd
Östraby
Vallarum
Vollsjö
Sjöbo
Lövestad
Röddinge
Gussnava
Marsvinsholm
Ystad
Nybrostrand
St. Herrestad
Tomelilla
Smedstorp
Skåne-
Tranås
Brösarp
Christinehof
Långaröd
Degeberga
Huaröd
Hörby
Bosjökloster
Västra
Ringsjön
Östra
Ringsjön
Höör
Ludvigsborg
Linderöd
Tollarp
Gärds
Köpinge
Kristianstad
Norra
Mellby
Vätteryd
Tjörnarp
Norra
Rörum
Önnestad
Tyringe
Finja
Hässleholm
Hovdala
Matteröd
Finjasjön
Perstorp
Klippan
Astorp
Vegeholm
Viken
Kattarp
Bjuv
Ödeshög
Rønne
Klaipėda
Ystad
Køge
Neu-Mukran
Świnoujście
Helsinki
Kaliningrad
Ertholmene
Hammershus
Allinge
128
Rø
Gudhjem
Hasle
Østerlars
Østerlarsker
Svaneke
Nyker
Årsballe
Østermarie
162
Lilleborg
113
Rønne
Åkirkeby
Nexø
Pedersker
Snogebæk
Bornholm
Dueodde
Wittow
Putgarten
22
Altenkirchen
Tromper
Wiek
Jasmund
Wiek
Hiddensee
Vitte
Naturpark
Schloss Spyker
Glowe
Nationalpark
Neuendorf
Trent
Sagard
Sassnitz
Vorpommersche
Boddenlandschaft
Schaprode
Rügen
Neu-Mukran
Jasmund
Kluis
E04
E06
E20
E22
E65
E251
0
30 km
N
D
E
© MERIAN-Kartographie

Zeichenerklärung
❍ Orte
★ Sehenswürdigkeit

Hier finden Sie alphabetisch aufgeführt alle in diesem Band beschriebenen Orte und Ziele, Routen und Touren. Bei einzelnen Sehenswürdigkeiten steht jeweils der dazugehörige Ort in Klammern, bei Hotels steht zusätzlich die Abkürzung H für Hotel. Außerdem enthält das Register wichtige Stichworte sowie alle MERIAN-TopTen und MERIAN-Tipps dieses Reiseführers. Wird ein Begriff mehrfach aufgeführt, verweist die **fett gedruckte** Zahl auf die Hauptnennung im Band, eine *kursive* Zahl verweist auf ein Foto.

Liebe Leserinnen und Leser,
wir freuen uns, Ihre Meinung zu diesem Reiseführer zu erfahren. Bitte schreiben Sie uns, wenn Sie Berichtigungen und Ergänzungsvorschläge haben oder wenn Ihnen etwas besonders gut gefällt:

TRAVEL HOUSE MEDIA GmbH, Postfach 86 03 66, 81630 München
E-Mail: merian-live@travel-house-media.de, Internet: www.merian.de

Der Autor
Diesen Reiseführer schrieb **Jakob Hansen**, Jahrgang 1961. Seit er Dänemark 1967 zum ersten Mal betrat, lässt ihn das Land nicht mehr los, und er verbringt jährlich mehrere Wochen dort. Die restliche Zeit des Jahres lebt und arbeitet er in Hamburg.

Alle Angaben in diesem Reiseführer sind gewissenhaft geprüft. Preise, Öffnungszeiten usw. können sich aber schnell ändern. Für eventuelle Fehler übernimmt der Verlag keine Haftung.

Bei Interesse an Karten aus MERIAN-Reiseführern schreiben Sie bitte an:
iPUBLISH GmbH, geomatics
Berg-am-Laim-Straße 47
81673 München
E-Mail: geomatics@ipublish.de

Fotos
Titelbild: Strandhäuschen am Strand Eriks Hale bei Marstal, Insel Aero, Fünen (Bildagentur Huber/Gräfenhain)
Alle Fotos visitdenmark (Christian Alsing, Mads Armgaard, Reiner Büchtmann, Ireneusz Cyranek, Preben Eider; Jacob Friberg, Marianne Grøndahl, Morten Jac, Niclas Jessen, Bob Krist, Jørn Lerbech, Holger Leue, Ole Malling, Bent Naesby, Lennard Nielsen, Thomas Nykrog, Christian Petersen, Jørgen Schytte, John Sommer, Jimmy Lind Sørensen, Henrik Stenberg, ukendt, Cees van Roeden, Brigitte Wolfgang), außer:
Archiv Mountain Picture 50, 60; A. Blich 127; N. Bork 36; F. Dressler 142/143; R. Freyer 22, 42, 56, 62/63, 122/123; J. Friberg 33; U. Haafke 12/13, 17; Bildagentur Huber/Gräfenhain 4/5, 35; Bildagentur Huber/Simeone 40/41; Bildagentur Huber/Spiegelhalter 90, 158/159; O. Heinze 11, 39, 98, 109, 115, 119, 129, 153, 157; laif/Amme 31, 124; laif/Falke 34, 148; laif/Galli 64, 77; laif/Glaescher 58, 144; laif/Riehle 72; Look/H. Leue 7, 28, 151; T. und H. Herzig 8, 117; J. Scherping 24, 85; D. Schröder 111, 146; Wikipedia 70/71

Programmleitung
Susanne Böttcher
Redaktion/Lektorat
Birgit Chlupacek/Martina Gorgas
Gestaltung
wieschendorf.design, Berlin
Karten
MERIAN-Kartographie
Produktion
Martina Müller
Satz
Filmsatz Schröter, München
Druck Appl, Wemding
Bindung Auer, Donauwörth
Gedruckt auf
Nopacoat Edition von der Papier Union

1. Auflage
ISBN (10) 3-8342-0070-0
ISBN (13) 978-3-8342-0070-9

TRAVEL HOUSE MEDIA

Ein Unternehmen der
GANSKE VERLAGSGRUPPE

Dänemark

MERIAN-Tipps

Tipps und Empfehlungen für Kenner und Individualisten

1 **Gemütlich: Svinkløv Badehotel (Svinkløv)**
Das Hotel an der Jammerbucht ist einfach, aber äußerst gemütlich (→ S. 17).

2 **Fein: Restaurant Fakkelgaarden (Kollund)**
Französische Küche, serviert in herrlicher Lage (→ S. 20).

3 **Originell: Volden (Århus)**
Die kleine Straße im Latinerkvarter bietet höchst originelle Läden (→ S. 24).

4 **Eindrucksvoll: Jernbanemuseet (Odense)**
Ein Vergnügen für Eisenbahn-Enthusiasten: alte Loks, Waggons und natürlich eine Museumseisenbahn (→ S. 38).

5 **Den Hirschsprungske Samling (Kopenhagen)**
Eine vorzügliche und überschaubare Sammlung dänischer Kunst (→ S. 51).

6 **Aufregend: Molskroen (Ebeltoft)**
Eine wagemutige und nie langweilige Küche in einem schönen Kro (→ S. 79).

7 **Modern: Kunstmuseet Trapholt (Kolding)**
Das Museum glänzt vor allem durch seine Möbelsammlung (→ S. 80).

8 **Nostalgisch: Hjejlen (Silkeborg)**
Eine Fahrt mit dem ältesten Raddampfer der Welt ist ein wirkliches Erlebnis (→ S. 88).

9 **Besonders: Brandts Klædefabrik (Odense)**
In der alten Textilfabrik sind heute verschiedene Museen eingerichtet (→ S. 103).

10 **Fein: Dueodde (Bornholm)**
Der Ort an Bornholms Südspitze bietet Seiten allerfeinsten Strand (→ S. 134).

← MERIAN-TopTen finden Sie auf Seite 1